HADのトリセツ

フリー統計分析ツール

心理学データの分析から
結果のまとめ方まで

ひとりでできる！

横田 晋大
Yokota Kunihiro

ナカニシヤ出版

はじめに

　本書を手に取っていただき，ありがとうございます。本書は，心理学を学んでいて，卒業論文のための分析やその結果をまとめることに苦しんでいる学生の皆さんと，毎年，その指導に奮闘している大学教員の皆さんに向けて書いたものです。そのため，本書の読者としては，すでに心理学統計法の授業を受けたことがあり，Excel をある程度使うことができる方々を想定しています。

　HAD は，関西学院大学社会学部（2024 年度現在）の清水裕士先生 [1] が開発した心理統計専用の統計ソフトです。それまで，統計ソフトといえば SPSS や SAS など，心理統計を専門とせず，様々な分野で使われる分析に対応したものが主でした。そのため，心理統計で用いられる用語が使われておらず，その上，操作が複雑だったり，プログラミングが必要だったりして，初心者にとって使いやすいものではありませんでした。ソフトの操作ができず，ただでさえ苦手な心理統計をさらに嫌いになる学生を，大学教員の方であれば数多く目撃してきたのではないかと思われます。その問題を全て解決したのが HAD です。心理学の用語に対応しており，Excel のマクロ機能を用いているため，操作が非常に簡単です。また，Excel であるため，図や表を加工しやすいという利点もあります。このことは，統計ソフトを使うことに対する学生の抵抗を減らすだけでなく，教員の教育に費やす時間や労力も大幅に減らすことになりました。まさに，日本の心理統計教育に革命を起こしたと言っても過言ではないでしょう。

　HAD は，現在もバージョンアップを重ねて [2]，さらに使いやすくなっています。そして，小宮・布井（2018）[3] の『Excel で今すぐはじめる心理統計──簡単ツール HAD で基本を身につける』が出版されることで，HAD はさらに多くの大学で使われるようになりました。この本は，初心者にもわかりやすい説明で心理統計を解説しつつ，HAD の使い方まで教えてくれる素晴らしい本です。この本が出版されたことによって助けられた学生や大学教員の方々は，日本に数多くいると思われます。

　小宮先生と布井先生の著書は優れた HAD 教本です。ただ，これまで受講した内容を忘

---

1) 清水先生が執筆した『個人と集団のマルチレベル分析』（2014 年，ナカニシヤ出版）は，本人がその場で解説してくれているかのように，マルチレベル分析の説明がずっと頭に入ってくる良書で，「水玉本」と呼ばれ愛されています。彼はナイスガイなので，機会があればサインをもらいに行きましょう。
2) 恐ろしいほど使いやすい HAD を作成した清水先生はいわば「神」です。神とは気まぐれなものです。HAD も神の気まぐれで突然アップデートされます。そのたびに人間は振り回され，いつまでもいつまでもマニュアルを作り直します。ここで言いたいことは，HAD はバージョンアップされることがあるので，常にチェックしておきましょう，ということです。
3) 小宮あすか・布井雅人（2018）.『Excel で今すぐはじめる心理統計──簡単ツール HAD で基本を身につける』講談社

れてしまっている学生や，一人で分析を進めることを不安に思ったりする学生などにとっては，その教本でも難しいと感じるようです。そこで，本書は，小宮・布井（2018）の補助と説明の追加という位置づけになるように構成しました。そのため，本書の説明はこれでもかというほど丁寧に行うことを意識して書かれています。もし本書の説明にうっとうしさを覚えたのであれば，それはすでに理解ができているということです。さらなる高みを目指しましょう。

　本書は，学生の皆さんが一人で分析し，結果をまとめることを可能にするために作られました。ソフトの扱いにつまずくことなく結果にじっくりと向き合うことで，学生の皆さんには自分の研究について考える余裕が生まれることでしょう。教員の先生の中には，その過程を自分でできるようにすることが教育の一環である，と考える方もいらっしゃると思います。本書は，その意見に異論を唱えるために執筆したわけではありません。著者は，学生が一人で分析できるようになることで，その結果の意味や解釈について熟考するようになった場面をいくつも経験しています。少なくとも著者は，統計ソフトの使い方に時間を費やすことよりも，自分の研究に向き合い，しっかりと考えることにこそ「学び」があると思っています。本書は，その手助けになることを目指した手引書です。

　本書は，著者の心理学統計法の授業を受けた学生たちの「分からない」という声を反映させた集大成となる本です。学生の声は，自分の説明のどこが不十分だったか，どこが難しいと感じられたかを教えてくれます。その声に応えて説明をかみ砕き続けたものが本書の各統計手法に関する説明です。おそらく，ここまでいい加減な統計の説明をする本はほとんどないのではないかと自負（自嘲？）しています。そのため，説明に違和感を覚える先生方もいらっしゃると思います。しかし，正確な説明をすると言葉は難解になり，言葉を平易にすると正確性を欠くようになります [4]。本書の説明は分かりやすさを重視しています。教員の方々にお願いしたいのは，本書を使用する際，正確さに欠く説明だと判断された場合には，学生の皆さんに「これは正確ではないよ」と教えてあげてください。学生の理解を促す踏み台として使っていただければ幸いです。

　最後に，著者は心理統計を専門としておりません。そのため，心理統計そのものに関する質問などはご遠慮いただけると助かります。

◇本書の構成

　本書は，心理学の卒業論文のためのデータ分析を行う際に使われる一通りの分析についてまとめています。まず，各分析手法の簡単な説明があります。その後の内容は，基本的に次のような構成となっています。

---

4) 著者は，個人的にこの現象を「テレビ番組に出演する研究者のジレンマ」と名付けています。

- 分析方法
- 分析結果のまとめ方
- 表の作成方法
- 分析結果の見方
- 分析結果の書き方

　「分析方法」は，各統計手法を HAD で実行するための手順を説明しています。「分析結果のまとめ方」は，HAD で出力された結果を表などにどうまとめるか，一目でわかるようにしたものです。「表の作成方法」は，日本心理学会編「執筆・投稿の手びき」（2022年度版）に従って，HAD で出力された結果を表にする手順の説明です。「分析結果の見方」は，HAD で出力された結果について，どの値に注目して，その結果をどう解釈するか，そして統計値の書き方を詳細に説明しています。最後に，「分析結果の書き方」は，まとめた結果を文章にしたときの手本です。文章の変数名や数値などを自分のデータから得られたものに変えて書けるようにしています。文脈に合わせて，適宜，文章の書き方は変えてください。

◇サンプルデータ・付録について

　本書の分析で用いているサンプルデータを配布しています。データをダウンロードして，本書を読みながら実際に HAD を使ってみましょう。ただし，このサンプルデータは著者が作成した架空のデータです。

　また，よく見られる場面として，分析を行って担当教員の先生に報告すると，「あと，これやってみたらどう？」と追加の分析の提案をされることがあります。そのときによく使われる HAD の便利な機能を，「付録」として解説しました。以下のリンクからファイルをダウンロードすることができます。もし「こういう分析がしたいのだけど，どうしたらいいか分からない」というときには，こちらのファイルを参照してみるのもいいと思います。

サンプルデータと付録は，ナカニシヤ出版 HP の本書紹介ページよりダウンロードできます。Zip ファイルの解凍時にパスワードが必要です。

URL https://www.nakanishiya.co.jp/book/b10131833.html
パスワード HADtorisetsu2025

　なお，これらのダウンロードデータの個人利用以外での使用や無断配布は，著作権法上での例外を除き禁じられています。

◇本書を読むときの注意点（必ず読んでください）

　　まず，本書での HAD の操作法の説明は，<u>Windows</u> で HAD を起動させる場合を前提としています。Mac をお使いの方は，その点をご了承ください。

　　本書に掲載されている表の作成方法や結果の文章は**あくまでも見本**です。他にも効率的なやり方や上手な文章の書き方はあります。そのため，慣れてきたら，自分なりのやり方を見つけたり，自分の書き方で文章にしたりしていきましょう。

　　本書の有意／非有意を表す際の p 値の表記には，**有意な場合は必ず「$p < .05$」，有意でない場合は必ず「ns」**[5] を用いることにしています。p 値は，1% 有意の場合に「$p < .01$」と表記する，有意でない場合にも p 値を正確に表記する（「$p = .68$」）場合があります[6]。しかし，これらの表記は本書では使用していません。理由は，これら複数のパターンを教えると，学生の皆さんが新たな p 値の表記を作り出してくるためです[7]。文化の創出という意味では社会心理学者として非常に興味深い現象なのですが，指導するという点においては頭を抱える問題です。そのため，HAD の出力結果では異なる p 値である場合にも，本書では便宜上，有意であれば「$p < .05$」，有意でなければ「ns」と表記を統一することにしました。

　　また，本書の焦点は卒業論文の作成にあります。そのため，学術論文として掲載する手順や説明はしていません。表の作り方や結果をまとめた文章は，日本心理学会編「執筆・投稿の手びき」（2022 年度版）に従っています。しかし，**表を Excel で作成し，Word に「図」として貼り付けることは，投稿論文としては推奨されません。**そのため，今後，大学院への進学を見据えている方は，本書を参考にする際には十分気を付けてください。担当教員の先生とよく相談しながら作業を進めましょう。

　　本書で使用する Excel のバージョンは「MicrosoftExcel2021 MSO（バージョン 2407 ビルド 16.0.17830.20166）64 ビット」です。また，HAD のバージョンは「HAD18_006」および「HADon18_006」です。

　　最後に，本書を執筆するにあたり，本書を作成するきっかけを与え，多くの修正点を教えてくださった広島修道大学の中西大輔先生，そして原稿のチェックをしていただいた大学院生の藤川真子さん，棄田みな美さん，そして修正点を教えてくれた八木綾乃先生，竹

---

5) 有意ではなかった場合，non-significant を略した「ns」を記載します。ただし，この表現には慣習のようなものがあり，様々な書き方があります。最も一般的なのは，略称であることを示すピリオドを入れた「$ns.$」や「$n.s.$」というものです。本書では，日本心理学会編「執筆・投稿の手びき」（2022 年度版）および APA Style Guide (7th edition) に基づき「ns」と記載します。どの書き方にするかについては，授業の方針に従ったり，担当教員の先生に尋ねてみたりしましょう。

6) p 値には 10% 有意傾向（$p < .10$）もあります。最近，10% 有意を有意とみなすか否かは議論となっていることもあり，指導する教員の方針に基づくことになります。本書では，著者の経験と上述したシンプルさを重視して，10% 有意傾向は有意とみなさない立場をとっています。

7) 例えば，$p = ns.$，$p < ns.$，$p > .05$ など，そのバリエーションの多さから学生たちの創造性の豊かさを感じ，いつも感心せざるを得ませんでした。しかし残念ながら全て間違った表記です。気を付けましょう！

西海人君（北海道大学），本当にありがとうございました。

　そして，本書を担当していただいたナカニシヤ出版の井上優子さんと山本あかねさんには，感謝しかありません。ある日，原稿を突然送りつけた著者を温かく迎えて下さったこと，コミュニケーションを密に取っていただいたこと，その上でできる限り著者の意向を汲んで本書に反映してくださったことなど，いつもその対応には感激しておりました。膨大な量の原稿をチェックして有益なコメントを次々と下さった井上さん，その秀逸なセンスでふっと良いフレーズをくださった山本さん，お二人に担当していただき，著者は幸せでした。本書の功績はこのお二人のものと言っても過言ではありません。本当にありがとうございます。

　また，これまで著者の授業にたくさんの「分からない」をくれた広島修道大学人文学部心理学専攻および健康科学部心理学科の学生の皆さんに感謝の意を表します。そして最後に，この本の完成をずっと楽しみにしていた，著者の母（2023年12月4日に逝去）へ本書を捧げます。

＊本書は刊行にあたり 2024 年度広島修道大学教科書出版助成を受けました。

本書のマスコットキャラクター
HAD犬

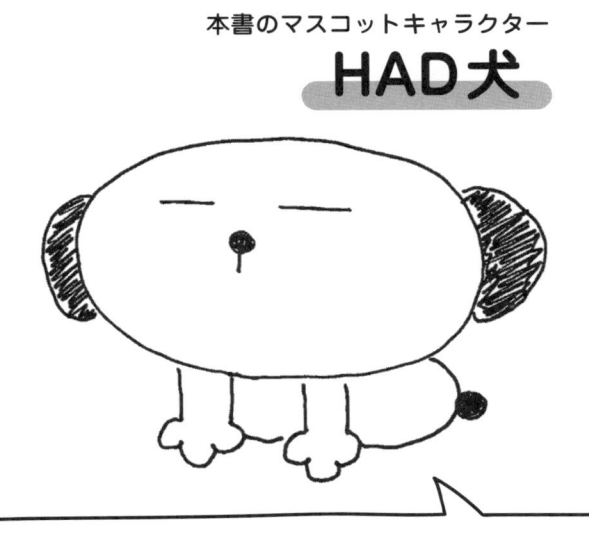

著者がかつて実験をしているときの待ち時間で何気なく描いた犬です。「HAD と何の関係が？」と思われる方も多いでしょう。一切，関係ありません。悩ましい心理統計に向き合う際の一服の清涼剤として，本書のいたるところに現れます。生暖かい目で見守ってあげてください。ちなみに，著者が描いたものを取り込んで，何の加工もなく使用しているため，クオリティには目をつぶっていただければ幸いです。

も　く　じ

【付録もくじ】

第 1 節 「これ，水準ごとに要約統計量を出しておいて」
——水準ごとの要約統計量の算出方法
第 2 節 「これ，水準ごとに相関係数を出しておいて」——水準ごとに分割して分析
する方法
第 3 節 「これ，男性だけで分析しておいて」——特定の水準を取り出して分析する
方法
第 4 節 「これ，「理解できなかった」のデータを削除しておいて」
——特定のデータを削除する方法
第 5 節 「うーん，年収 1000 万円以下のデータだけで分析しようか」
——ある値以上／以下のデータを取り出して分析する方法
第 6 節 「じゃあ，尺度得点を出して変数を作っておいて」
——複数の質問項目から尺度得点を算出してデータに追加する方法
第 7 節 「うーん，これ中央値分割して高低群に分けて」
——ある変数を中央値分割した変数を作成する方法
第 8 節 「あー，高中低群に分けて分析してみようか」
——ある変数を 3 つの群に分けて分析する方法
第 9 節 「このダミー変数作っておいてよ」——ダミー変数を作成する方法
第 10 節 「この変数，対数変換しようか」——変数の値を対数変換する方法
第 11 節 「サンプルサイズを推定しておいて」——サンプルサイズの推定方法

※本書の分析に用いるサンプルデータと付録は，ダウンロードデータとして提供して
おります。ダウンロード方法は本書の「はじめに」（p. iii）をご覧ください。
なお，これらのダウンロードデータの個人利用以外での使用や無断配布は，著作権
法上での例外を除き禁じられています。

【注　意】

HAD は「無保証」のソフトウェアとなります。清水裕
士先生の HP 内の「HAD とは」のページをご参照くだ
さい。（https://norimune.net/696, 最終確認日：2025 年
2 月 8 日）

第0章
HAD を用いた分析

◇ HAD とは

　「はじめに」でも説明しましたが，HAD は，関西学院大学社会学部（2024 年度現在）の清水裕士先生が開発した心理統計専用の統計ソフトです。Excel のマクロ機能を使った，フリーの統計分析用プログラムになります。基礎的な分析（要約統計量の算出など）から統計的検定（t 検定など），分散分析，回帰分析，一般化線形モデル，因子分析，構造方程式モデル，階層線形モデルなどの多変量解析まで，心理統計でよく用いられる様々な分析を実行することができます。ただし，大規模なデータ（データ数が 1 万になるなど）を扱う場合や多くの変数を用いた複雑な多変量解析を行う場合には向いていません。R や SAS などの統計ソフトを用いることをおすすめします。

◇ HAD を用いた分析の流れ

　心理学で行う分析の一連の流れは，下図のようになる場合が一般的です。

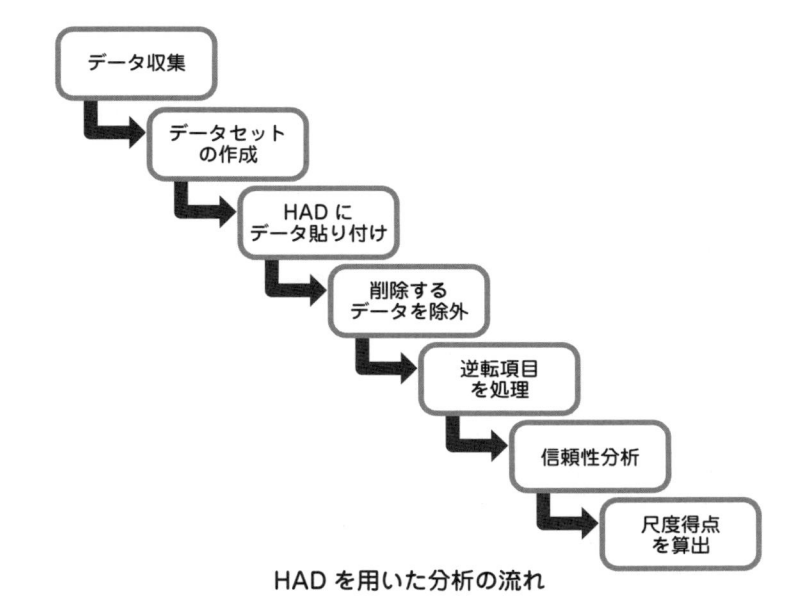

HAD を用いた分析の流れ

　まず，データの収集を行います。心理学では実験や調査など様々な研究法を用いてデータを集めます。最近では，Google フォームなどを用いて，web 上の質問紙でデータを収集することが多くなってきています。HAD で分析をする前に，ダウンロードしたデータを分析しやすいように成形した上で，他の人が再分析をする場合や，変数の情報（何点尺度なのか，など）を忘れたときのために，コード表を作成します。これらの作業は第 1 章で説明します。

　次に，データセットからデータをコピーして，HAD に貼り付けます。その際，「データ読み込み」をクリックすることを忘れないでください。

　データセットを作成する際，データに「問題」という変数を設けます。これは，何か問題があって分析から除外するデータが分かるようになっています。問題があるデータとは，例えば，回答自体がない欠損値が多すぎたり，メインの変数への回答がなされていなかったり，不真面目な回答（全ての回答が 4 など）が行われているものなどです [1]。HAD のフィルター機能（付録第 4 節を参照）を使って，これらのデータを分析から除外します。何人分のデータを除外したのかは論文中に必ず記載しなければなりません。そのため，データセットを作成する際に削除しないようにしましょう。

　そして，逆転項目の処理を行います。逆転項目とは，リッカート法を用いた心理尺度において，尺度で測りたい概念とは逆の概念を測定した項目のことです。例えば，幸福感を測定するときの逆転項目は，「あなたは今，不幸せですか」となります。これは不誠実な回答データを見つけるために設けられたもので，心理尺度には複数含まれている場合が多いです。分析の際には，尺度得点を算出するために，その数値を逆転させなければなりません。その方法は，尺度で取り得る最大値に 1 を足した数から，データの値を引きます。例えば，7 点尺度であれば，8（＝ 7+1）からデータの値を引くと，1 は 7 に，7 は 1 になります。HAD では，逆転項目を選択した上で，「データの作成」を使って逆転項目の処理を行います（第 13 章（p. 226）を参照）。

　全ての逆転項目の処理を終えたら，次は各尺度の信頼性分析を行い，内的一貫性を確認します [2]。内的一貫性とは，全ての尺度の項目が 1 つの「心」（構成概念と呼びます）を一貫して測定できている程度のことです。もし各項目がそれぞれバラバラに異なる「心」を測定していた場合，内的一貫性は十分ではないという結論になります。この内的一貫性が十分であることが確認されれば，尺度の項目の平均値や合計点を算出して，尺度得点として分析に使うことができます。しかし，内的一貫性が十分でない場合には，因子分析（第

---

1) 最近では，回答者がまじめに文章を読んで回答しているかを見極めるため，DQS（Directed Questionnaire Scale; 三浦・小林, 2018）という項目を尺度に含める方法が一般的となりつつあります。DQS は，例えば「この質問項目には 7 と回答してください」というものです。

2) 担当教員の先生によっては，まずは確認的因子分析（第 13 章を参照）を行うことを奨励する方もいらっしゃいます。それぞれのスタンスがありますので，先生と相談しながら進めましょう。

3) 信頼性係数として，最近では ω（オメガ）係数を用いることも多くなっています。α 係数は項目数が多いとその値が高くなる傾向がありますが，ω 係数はその点が改善されています。どちらを採用するかは担当教員の先生と相談しましょう。

13 章を参照）などを行って，どの項目がどんな「心」を測定しているのかを探ります。尺度の内的一貫性を確認する値，すなわち信頼性係数としては，クロンバックの α 係数 [3] が一般的に用いられています（算出方法は第 11 章を参照）。この値が .70 以上（0 から 1 の範囲）を示せば，十分な内的一貫性が得られたとみなすことができます。

　信頼性分析で十分な内的一貫性を確認できたら，「データの作成」にて尺度の項目の平均値を計算し，尺度得点の変数を作成します（付録第 6 節を参照）。得点の算出に主として用いられるのは平均値ですが，尺度によっては合計点を用いる場合もあります。先行研究でどのような得点が用いられているかを確認し，それに倣うのがよいでしょう。

　全ての尺度の尺度得点を算出すれば，分析の下ごしらえは完成です。要約統計量や相関係数を算出したり，仮説を検証する分析を行いましょう。

◇ HAD のダウンロード

　HAD は，インターネットにつながってさえいれば，いつでもどこでもダウンロードできます。以下からは，HAD をダウンロードする方法を紹介します。

❶検索エンジンで「清水 HAD」というキーワードを入れて検索する。

❷清水裕士先生の HP（https://norimune.net/had）に移動する。

Sunny side up!

| ホーム | 研究テーマ | 心理統計学 | 統計分析ソフト | HAD | 清水ゼミ（学部） |

統計分析ソフト　HAD

フリーの統計分析プログラムHADについて書いた記事です。

HADは，Excelで動くフリーの統計分析用プログラムです。基礎的な分析から統計的検定，そして分散分析，回帰分析，一般化線形モデル，因子分析，構造方程式モデル，階層線形モデルなどの多変量解析が実行できます。

HADを使った心理統計の本が出版されました！

❸「HAD のダウンロード」をクリックする。

◆HADとは

　　　HADについて説明しています。HAD利用前に，必ずこの記事を読んでください。

◆HADのダウンロード

　　　※リンク先をOneDriveに変えました。

　　　もしリンクがつながらない場合や前のバージョンが欲しい場合は，清水まで連絡ください（simizu706 あっとまーく norimune.net）。

　　　HADの使い方を習得するのに適したサンプルデータも用意しています。

④ 「HAD18」のフォルダをクリックする。

⑤ 「HAD18_008.xlsm」の左端の〇にチェックをつける[4]。

⑥ 「…」をクリックして，「ダウンロード」をクリックして，ファイルをダウンロードする。

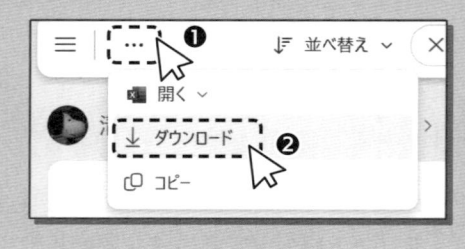

---

[4] 本書で使用している HAD は「HAD18_006」です。しかしながら，執筆中にバージョンアップが行われたようです。操作方法は変わりませんので安心してください。ただし，著者の心の声は「ひーーー‼ またバージョンアップしている⁉」（2024 年 11 月 7 日現在）となります。合掌。

第1章
データセットの作り方

　近年では，Google フォームや Qualtrics XM などを使って，web 上で質問紙を作成してデータを採る手法が主流となってきました。しかし，集めたデータをダウンロードすると，知りたい情報以外のデータも含まれています。この章では，ダウンロードしたデータを分析しやすい形（データセット）に変える方法を紹介します。

　データセットでは 2 つのシートを作ります。1 つがデータのシートです。HAD に貼り付けやすい形に整理します。もう 1 つのシートがコード表です。コード表はデータの説明書です。各変数が何を測定して，どんな質問項目だったか，何点尺度で測定したか，データの各数値のラベルが何だったかなどを書いておきます。コード表は備忘録であると同時に，他の人が再分析する際にも役立ちます。

　今回は，Google フォームで収集したデータをデータセットにする方法を紹介します。Qualtrics XM のデータを使用する場合も似たような手順です。参考にして下さい。

データをダウンロードする

❶ Google フォームを開く。

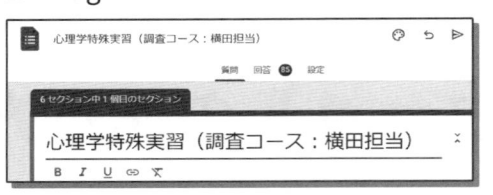

❷「回答」タブをクリックする。

❸緑色で示されている「スプレッドシートで表示」をクリックする。

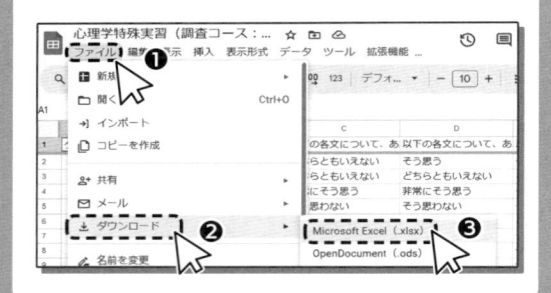

❹「ファイル」➡「ダウンロード」➡「Microsoft Excel（.xlsx）」を選択し，ファイルをダウンロードする。

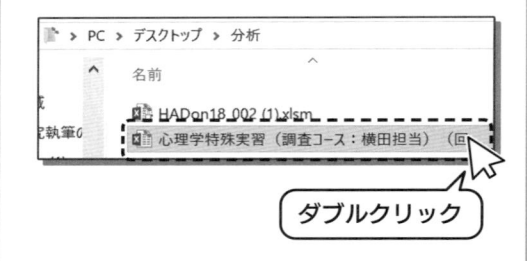

❺保存先のフォルダを開いて，今ダウンロードしたファイルを Excel で開く。

ダブルクリック

❻上のタブから「ファイル」を選択し，「名前を付けて保存」をクリックする。

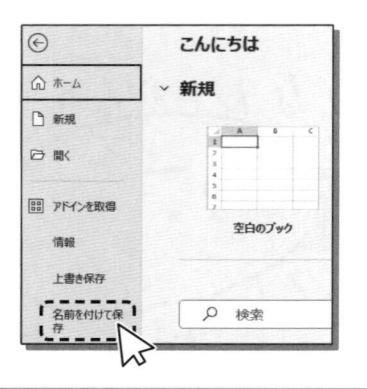

❼「分析用データセット」と名前を付け，データセット用の別のファイルを作る。

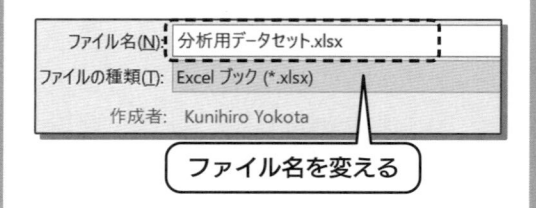

ファイル名を変える

余分なデータを削除する

❶「分析用データセット」のファイルを開く。

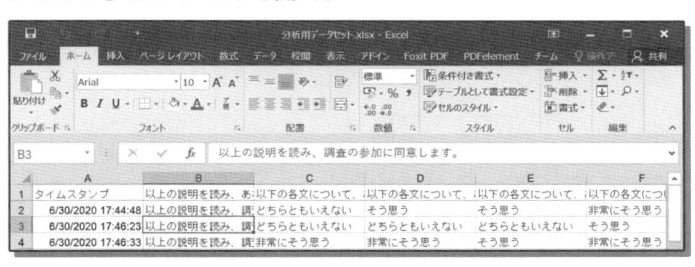

❷もしインフォームドコンセント[1]を確認する質問項目で「同意する」の回答がないデータがあれば削除する。

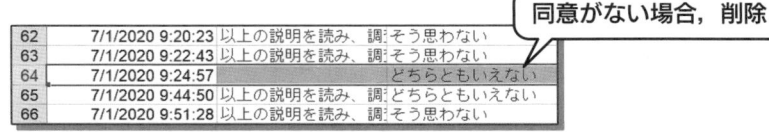

同意がない場合，削除

❸タイムスタンプとインフォームドコンセントの列を全て選択し，削除する。

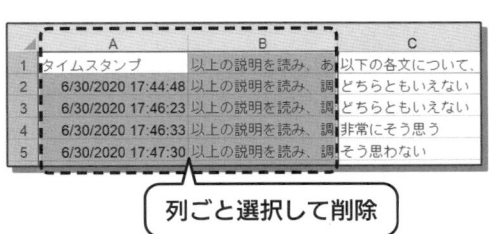

列ごと選択して削除

❹1列目を選択し，左側に空白の列を挿入する。

選択して1列挿入

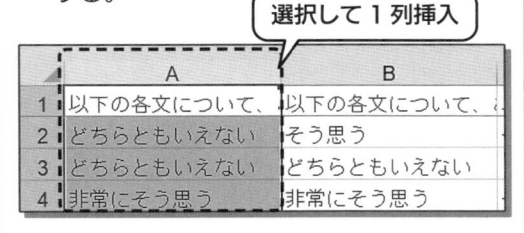

❺A1のセルに変数名「ID」を入力し，その下に順に「1，2，3」と入力した後，オートフィル機能を用いて一番下の行までID番号を入力する。

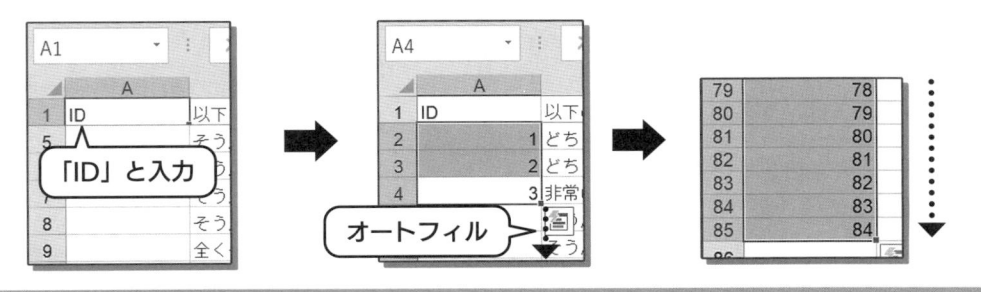

「ID」と入力

オートフィル

---

1) インフォームドコンセントとは，調査で調べようとしている内容を説明し，その内容に同意した上で調査に参加してもらえるかどうかを尋ねる項目です。もしインフォームドコンセントの質問項目に「同意しない」との回答があった場合，先生に確認した上で，そのデータは削除してください。また，データをこの時点で削除しない方法もあります。データに「問題」という名の変数を新たに設けて，分析の段階でフィルター機能を使って削除します（付録第4節参照）。

コード表を作る

❶ 新しいシートを作る。

❷ シート名を「コード表」に変更する。

❸「フォームの回答 1」シートに戻る。1 列目の「ID」のセルを選択し，Ctrl キーと Shift キーを同時に押しながら→キーを押して行の右端まで選択し，コピーする。

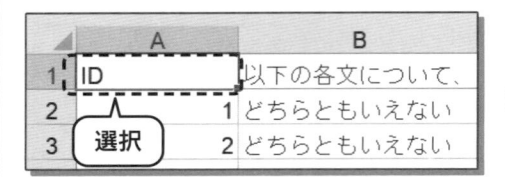

❹「コード表」シートに移動し，A2 セルを選択する。「行／列の入れ替え」[2] で貼り付ける。

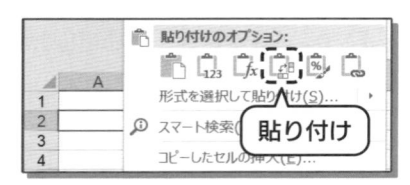

❺ 質問項目のセルを選択する。

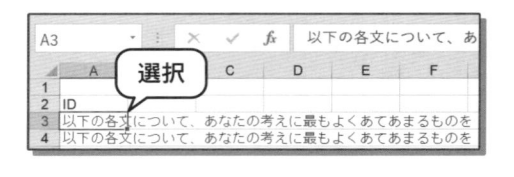

❻ 数式バーのスペースの下枠にカーソルを合わせ，下に引っ張って枠を広げる。

❼ カーソルを下に引っ張って，枠を広げる。

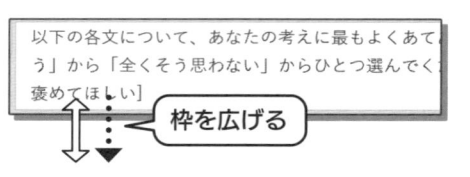

❽ 質問項目の文章（[ ]内）を選択してコピーする。

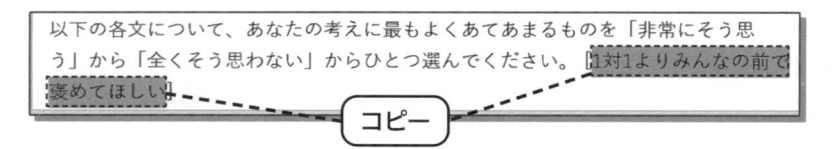

2) Office のバージョンによっては「行列を入れ替える」と表示されることもあります。

❾ 3 列目（C 列）に貼り付ける。

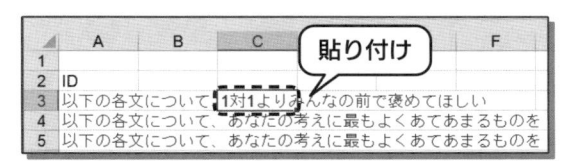

❿ 他の質問項目についても同様の作業を行う。

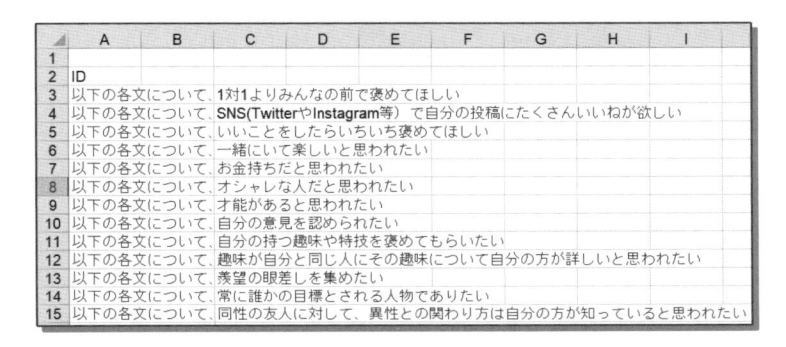

⓫ 変数名を概念名＋半角数字で付ける。変数名は自分が分かれば何でもよいが，短い略称がおすすめ。

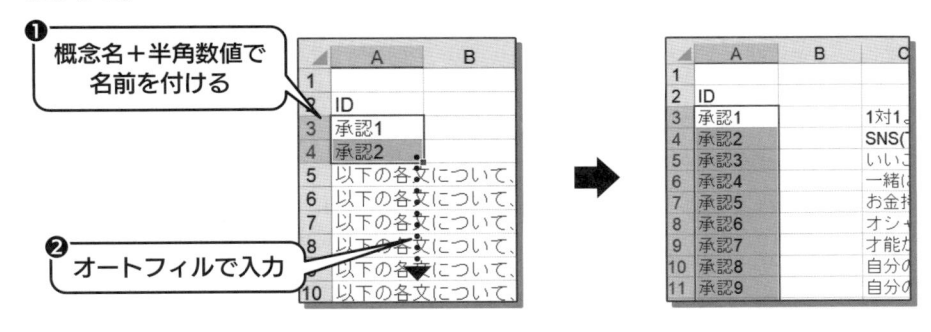

⓬ 年齢や性別などのデモグラフィックデータの質問項目を変数名に変える。

🔢「ID」の横のセルに「ID番号」と入力する。

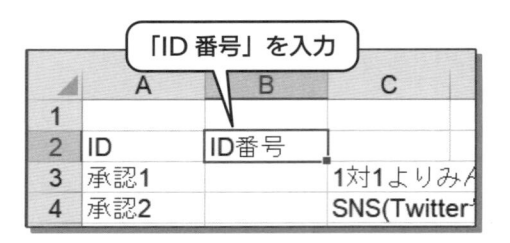

🔢ID番号の列に各項目が測定する概念名を入力する。もし下位概念 3) があったら，その名前を入れる。

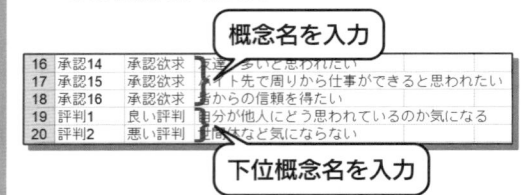

🔢タイトルとして，「変数名」「概念名」「項目内容」「ラベル」を入力する。

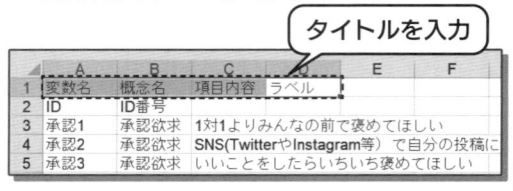

🔢ラベル列（D列）において，ID番号の下の最初の変数のセル（ここでは「承認1」）を選択する。

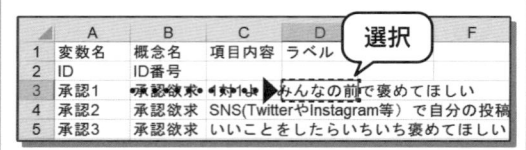

🔢数式バーにラベルを入力する

5点尺度の場合「1：全くそう思わない，2：そう思わない，3：どちらともいえない，4：そう思う，5：非常にそう思う」など

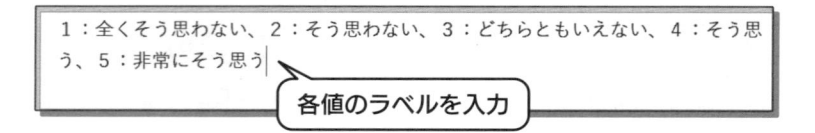

🔢🔢で入力したラベルのセルをコピーする。

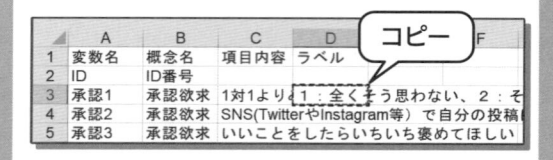

🔢そのラベルに当てはまる項目を全て選び，貼り付ける。この作業を各尺度で行う。

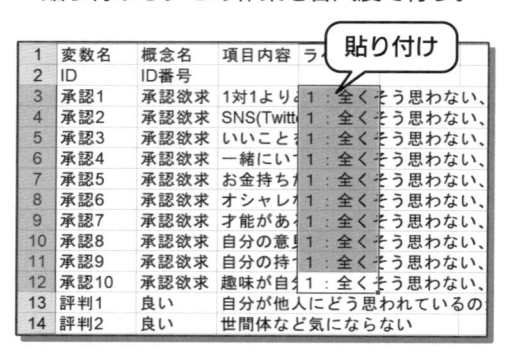

3) 下位概念とは，ある「心」を成り立たせている細分化された要素のことです。言い換えれば，「心」が持つ様々な側面のことです。例えば「感情」には正の感情と負の感情が含まれます。この正と負の感情は「感情」の下位概念と言えます。さらに正の感情には喜び，楽しさ，心地よさ，負の感情には怒り，悲しみ，嫌悪などの側面があり，これらも下位概念と言えます。

⑳タイトル以外の変数名を全て選択して，コピーする。

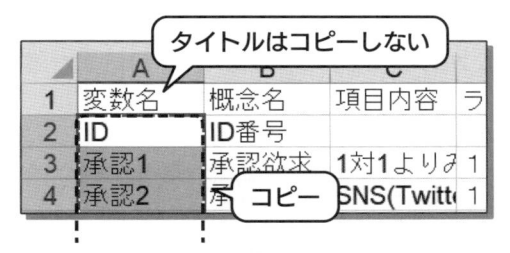

㉑「フォームの回答 1」シートに戻る。

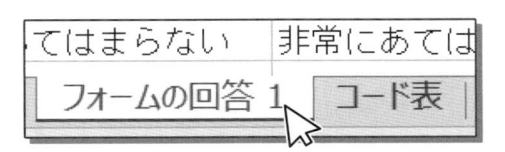

㉒ A1 のセルに「行／列の入れ替え」で貼り付ける。

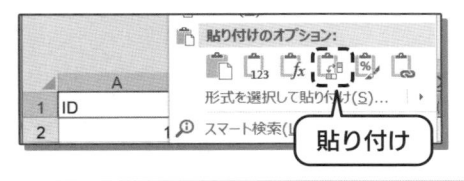

ラベルを数値に変換する

Google フォームでは，回答者が選んだ選択肢がそのままデータとなります。そのため，質問項目は，回答者が数値で回答するように作成することが望ましいです。しかし，もし「全くそう思わない」などのラベルで回答するよう設定した場合，ラベルのデータを数値に変える作業をする必要があります[4]。

❶「フォームの回答 1」のシートで ID 番号を選択し，コピーする。

❷データの一番下に，一行空けて貼り付ける。

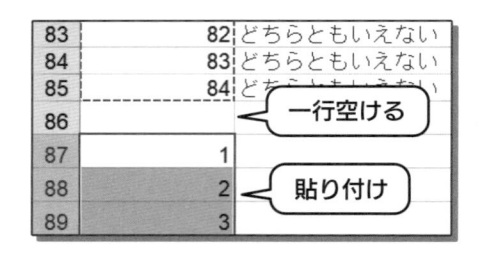

❸ ❷で貼り付けた番号 1 の右隣のセルを選択する。

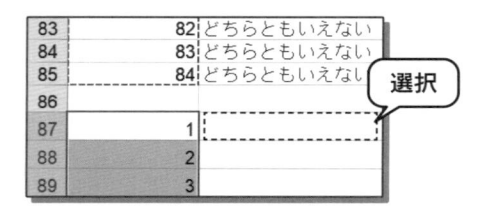

❹数式バーをクリックし，半角で「=IF」と入力し，IF 関数を選択する。

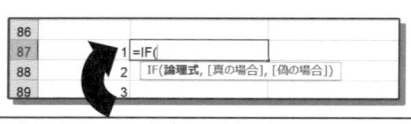

=IF(B2="全くそう思わない",1,IF(B2="そう思わない",2,IF(B2="どちらともいえない",3,IF(B2="そう思う", 4,IF(B2="非常にそう思う",5,".")))))

❺【IF 文を作成する】数値に変換するラベルのセル（今回は B2）を選択する[5]。

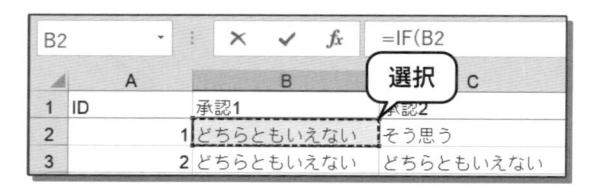

---

4) 質問項目で数字を選択肢とする場合，半角数字で作成することをおすすめします。全角数字だと，データをダウンロードした際，データの数字が数値ではなく文字列になってしまうからです。その場合，データを全て数字に変換させなければなりません。

❻ IF 文の意味（5 点尺度，1：全くそう思わない，2：そう思わない，3：どちらともいえない，4：そう思う，5：非常にそう思う，の場合[6]）。

※ラベルと尺度の点数（何点尺度か）に応じて，ラベルや数字を変えて入力する
※文字列（ピリオドも含む）は " " で囲む

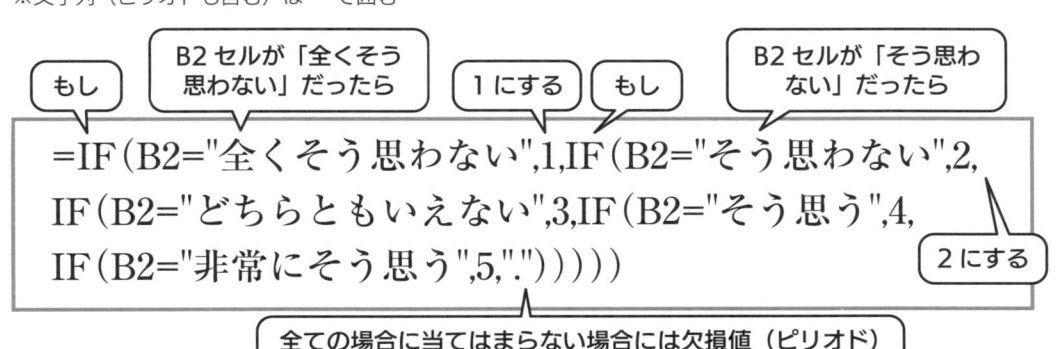

もし　｜　B2 セルが「全くそう思わない」だったら　｜　1 にする　｜　もし　｜　B2 セルが「そう思わない」だったら

=IF(B2="全くそう思わない",1,IF(B2="そう思わない",2,
IF(B2="どちらともいえない",3,IF(B2="そう思う",4,
IF(B2="非常にそう思う",5,"."))))))

2 にする

全ての場合に当てはまらない場合には欠損値（ピリオド）

❼ 尺度の最後の項目までオートフィルで入力する。

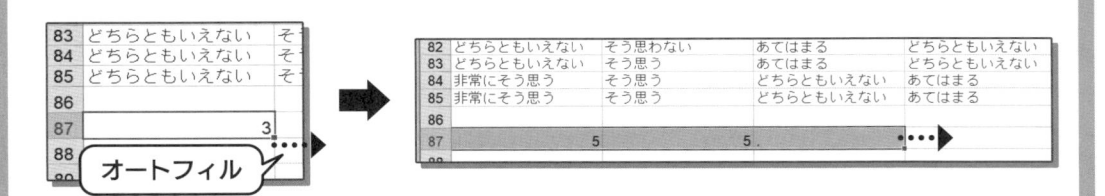

オートフィル

❽ 他の尺度に関しても同様に IF 文で数値に変換する（5 点尺度，1：全くあてはまらない，2：あてはまらない，3：どちらともいえない，4：あてはまる，5：非常にあてはまる，の場合）。

=IF(L2="全くあてはまらない",1,IF(L2="あてはまらない",2,IF(L2="どちらともいえない",3,IF(L2="あてはまる", 4,IF(L2="非常にあてはまる",5,"."))))))

IF(**論理式**, [真の場合], [偽の場合])

❾ 変換する必要のない変数（ここでは「年齢」）は，そのままそのセルを指定する。

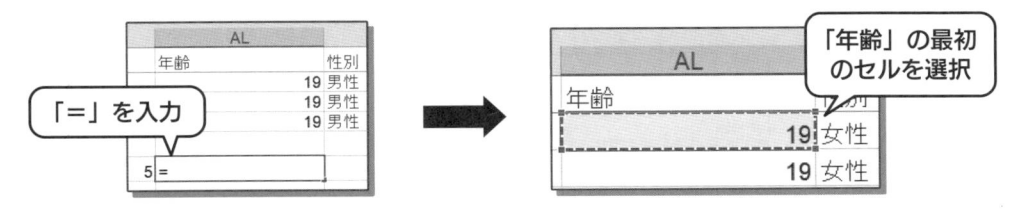

「＝」を入力　｜　「年齢」の最初のセルを選択

---

5) もし質問紙の選択肢を「1.　全くそう思わない」のように数字と文字の組み合わせにした場合，Excel の LEFT 関数が役に立ちます。LEFT 関数では，LEFT（選択したセル, 文字数）を指定すると，左から 1 文字目だけを抽出してくれます。つまり，数字だけを取り出してくれます。

6) 文字列（ひらがな，漢字，英語や記号）を関数に入れる場合，必ずその文字を " " で囲わなければなりません。ピリオド（.）も文字列にあたるため，" " で囲う必要があります。

⓾「性別」の質問項目があれば同様に IF 文で数値に変換する（1：男性，2：女性，0：答えたくない／回答しない，の場合）。

⓫ IF 文で数値に変換した最上行のセルを全て選択し，オートフィルでコピーする。

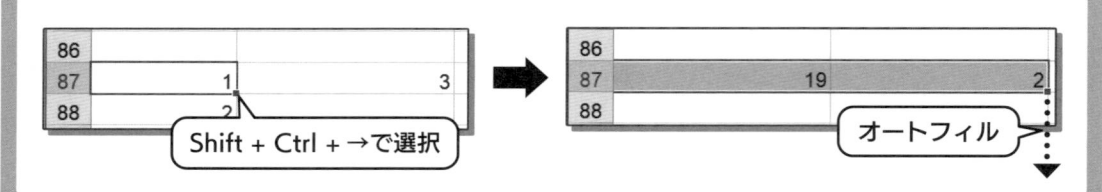

⓬ ラベルを数値に変換し終えたデータ。

82	81	全くそう思わない	そう思う	どちらともいえない	そう思う	そう思
83	82	どちらともいえない	そう思う	どちらともいえない	そう思う	そう思
84	83	どちらともいえない	そう思わない	そう思わない	そう思う	全くそ
85	84	どちらともいえない	そう思わない	そう思わない	そう思う	全くそ
86						
87	1	3	4	4	5	
88	2	3	3	3	4	
89	3	5	5	4	5	
90	4	2	2	2	4	
91	5	4	5	3	5	
92	6	2	4	2	5	
93	7	4	3	4	4	

⓭ 新しいシートを作成し，「データ」と名付ける。

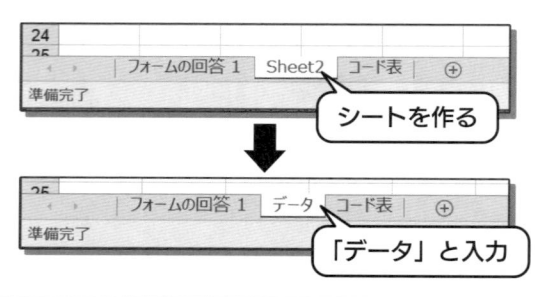

⓮「フォームの回答 1」シートに戻り，数値のデータを全て選択してコピーする。

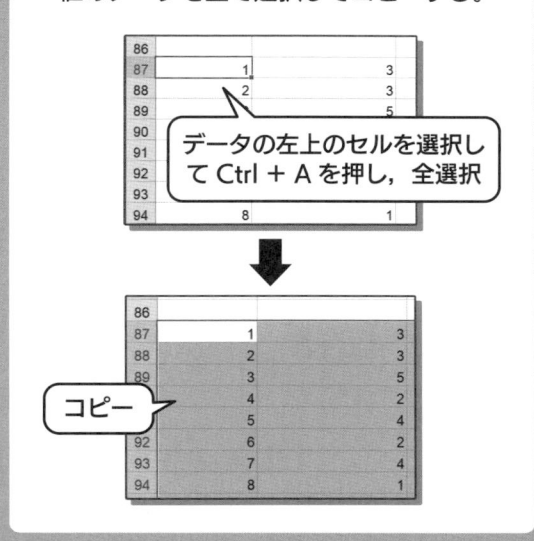

データの左上のセルを選択して Ctrl ＋ A を押し，全選択

コピー

⓯「データ」シートに移動し，A2 セルを選択して，「貼り付けのオプション」から「値」で貼り付ける。

値で貼り付ける

⓰「フォームの回答 1」シートに戻り，変数名を全て選択してコピーして，「データ」シートの 1 行目に貼り付ける。

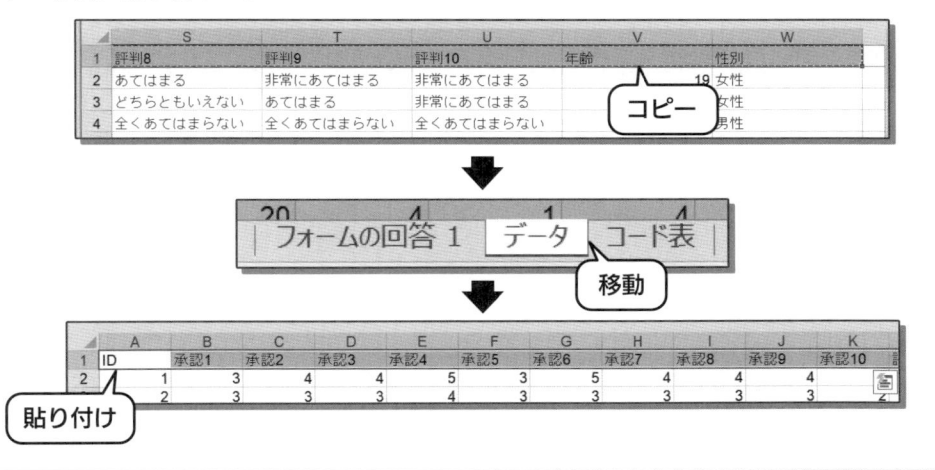

コピー

移動

貼り付け

⓱「コード表」シートに戻り，「性別」のラベルのセルに「1：男性，2：女性，0：答えたくない／回答しない」（⓾で変換したラベル）を入力する。

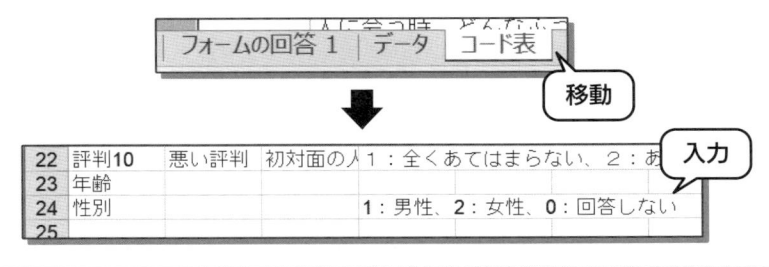

移動

入力

完　　成 [7)]

「データ」のシート

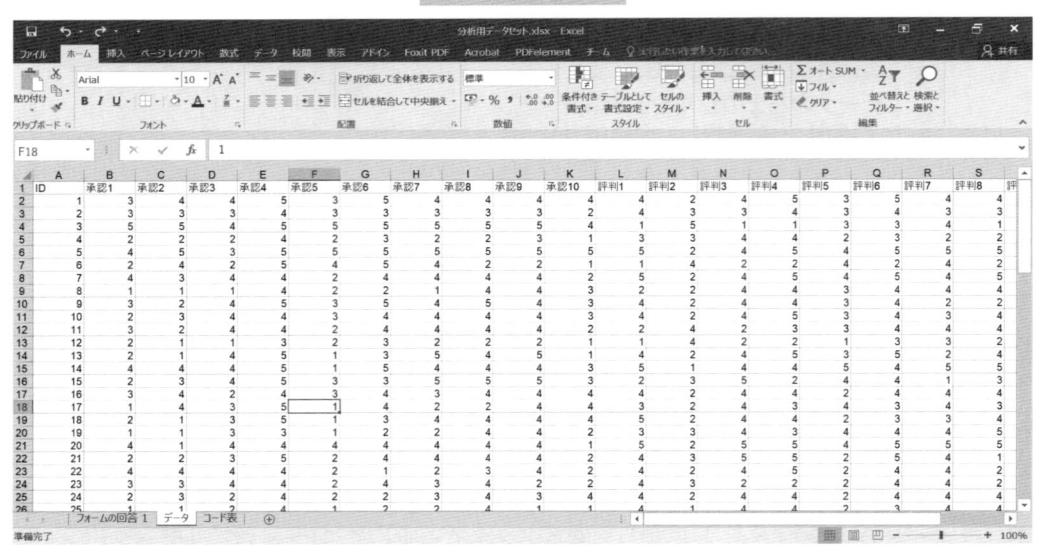

「コード表」のシート

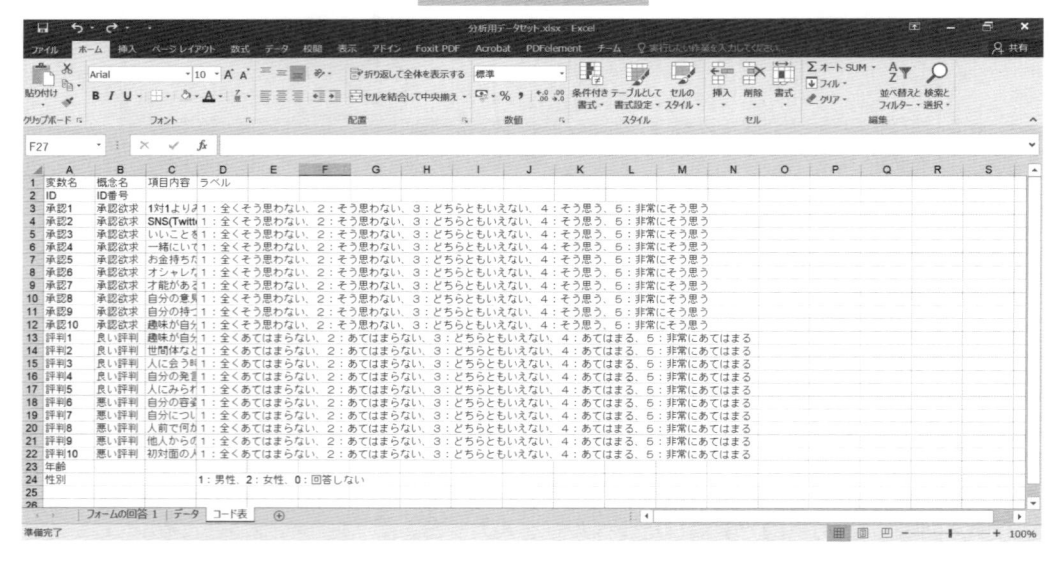

7) データの変換を行う前のExcelデータ（ダウンロードしたばかりのもの）はできるだけそのまま残しておくこと をおすすめします。何かトラブルがあったとき（誤ってデータの一部を削除して保存するなど）に役立つからです。

第2章
データの読み込み方

　通常，統計を用いた分析を行うソフトでは，分析するデータのページと分析するページ
が分かれています。これは，データの値を間違って変更しないようにするためです。
Excel のように，データを手入力で直接変えたり，関数などを用いた分析結果をデータの
シート上に表示することは，一見分かりやすく思えます。しかし，データを選ぶときや何
らかのタイプミスで値が変わってしまう危険もあります。そのため，HAD では，データセッ
トのデータをコピーして貼り付け，読み込ませるためのシート（「**データシート**」）と実際
に分析をするシート（「**モデリングシート**」）が分かれています。この章では，HAD にデー
タを読み込ませる方法を紹介します。

データシート

モデリングシート

データの読み込み方

❶ダウンロードした HAD ファイルをダブルクリックして開く。

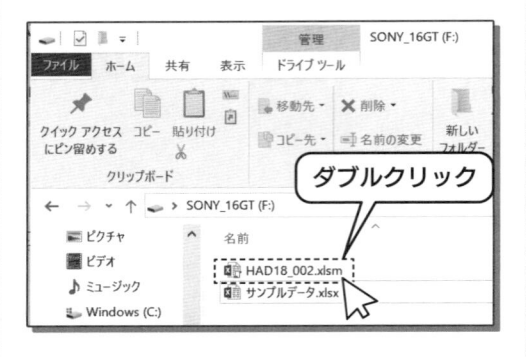

❷数式バー上に黄色の帯で表示される「コンテンツの有効化」をクリックする。

❸フォルダに戻って，分析するデータを開く。

❹データファイルの１列目に ID 番号である「ID」という変数があるか確認する。

❺「ID」のセルを選択し，Ctrl キー＋ A でデータを全選択する。

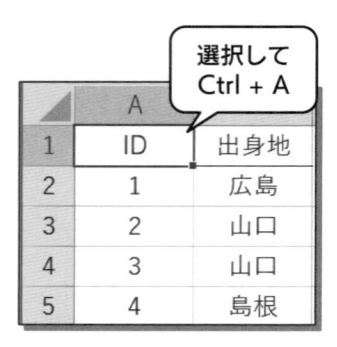

❻コピーする。

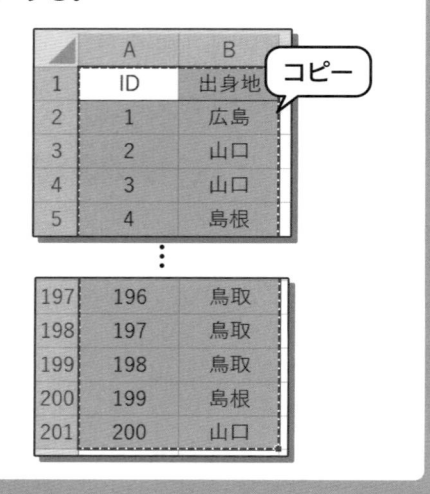

7 HAD のファイルに移動し，データシートの B1 のセルを選び，データを貼り付ける。

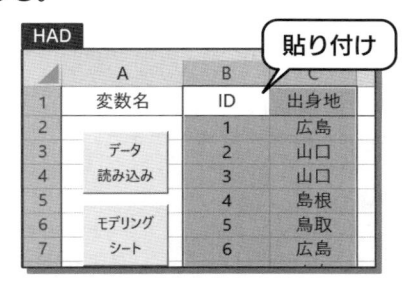

8「データ読み込み」をクリックする。

9 モデリングシートが表示されたら成功。

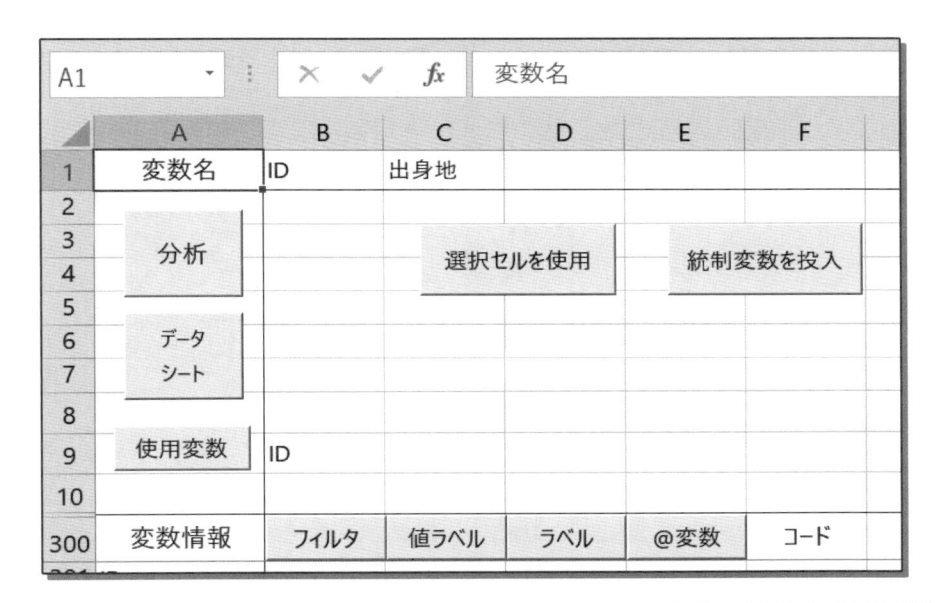

10 データの中に空白セルがあった場合には，以下のエラーが出る。空白セルを探して欠損値にしたり，値を埋めたりして空白セルをなくす。

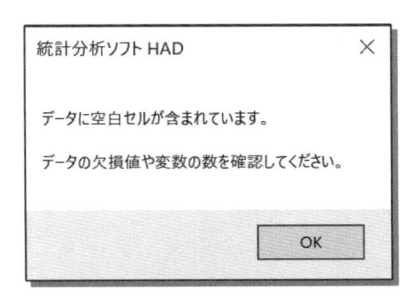

データ内の空白セルに欠損値を入力する方法

❶ データ内に回答されず，空白セルとなっている部分があることを確認する。

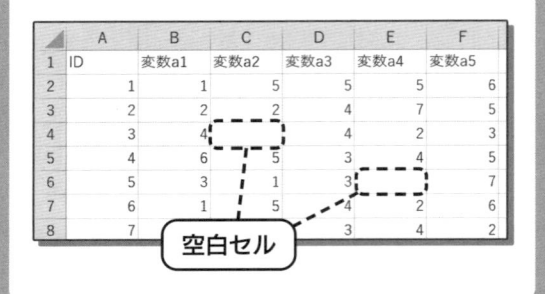

❷ ID のセルを選択し，Ctrl キー＋ A でデータ全体を選択する。

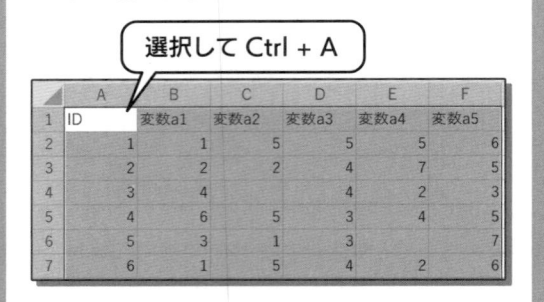

選択して Ctrl + A

❸ Ctrl キー＋ G でジャンプ機能のウィンドウを出し，「セル選択」をクリックする。

❹ 「空白セル」を選択し，OK をクリックする。

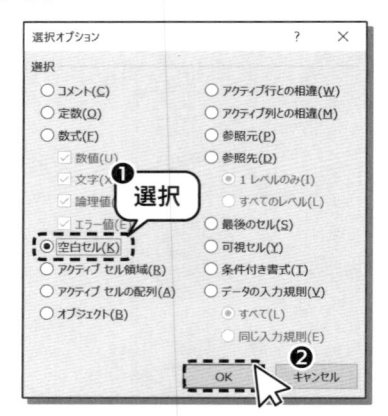

❺ 空白セルが選択されていることを確認したら，選択中のセルに欠損値（今回はピリオド）を入力する（まだ Enter キーは押さない）。

ピリオドを入力

❻ Ctrl キーを押しながら，Enter キーを押す。

Ctrl を押しながら Enter

残りの選択した
セルにも入力される

第**3**章
度数分布表

　第 1・2 章では，HAD で分析をするための下準備について説明してきました。本章からは，いよいよ具体的な分析方法の説明に入っていきます。

　心理統計は記述統計と推測統計の 2 つに大きく分けることができます。**記述統計**はサンプルの特徴を明らかにするものです。今回説明する度数分布や要約統計などが挙げられます。**推測統計**は，仮説を立て，その仮説が正しいかどうか（難しく言えば，妥当か否か）を確かめるための方法です。第 4 章以降の分析方法が推測統計にあたります。

　分析の準備が終わると，最初から仮説検証の分析をやってしまいたくなる衝動に駆られると思います。その気持ちをぐっとこらえ，まずは度数分布を確認することをおすすめします。分布の形によっては，分析方法の選択を間違えてしまう可能性があるからです。

　度数分布とは，質問紙で収集したデータの散らばり方です。度数とは人数のことです。例えば，ある心理尺度の 1 つ目の項目が 5 点尺度だったとすると，1 と回答した人が 10 人，2 と回答した人が 23 人……というように，それぞれの数値を何人が選択回答したのかをまとめます。このような回答の散らばり方のことを分布と呼びます。分布はサンプルの特徴を教えてくれます。そして，分布の特徴によっては，用いるべき分析方法も異なってきます（くわしくは第 8 章などを参照）。また，極端な値を示す外れ値[1] を見つけることにも役立ちます。外れ値がある場合にも用いる分析方法が異なってきます。つまり，度数分布によって分析方法が決まることがあるのです。

　度数分布を表にまとめたものを**度数分布表**と言います。度数分布は表で示されることも多いですが，図で示されることもあります。HAD で分析すると，表と図の両方が出力されます。まずは図で分布の形を確認した後，表でくわしい度数を確認しましょう。

---

1) 外れ値とはデータ全体の傾向や分布から大きく外れている値のことです。外れ値を見つける方法としては，Z 得点で ± 3 の範囲外のデータを見る，グラブス検定を行うなどがあります。

サンプルデータ

　度数分布のサンプルデータは，広島の大学 1 年生 200 名の出身地を調査したものです。今回は記述統計のため，特に仮説はありません。

○使用するサンプルデータ：「度数分布」シート

※データは著者が作成した架空のものです。分析結果を信用しないようにして下さい。

分析方法　あらかじめデータシートにデータを読み込ませておいてください（第 2 章参照）

❶「使用変数」をクリックする。

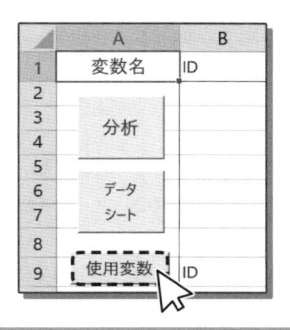

❷使用する変数を選び，「追加→」をクリックする。

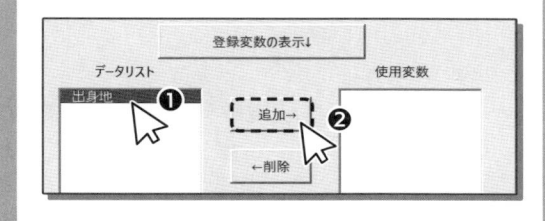

❸使用する変数が「使用変数」の欄に移動したことを確認したら，「OK」をクリックする。

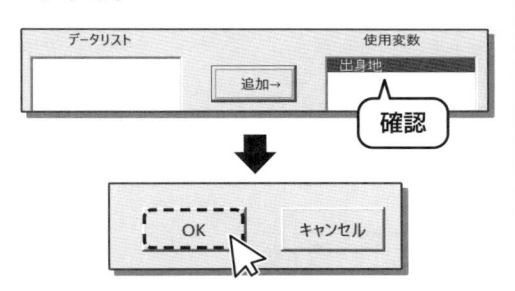

❹「分析」をクリックする。

❺「度数分布表」をチェックして，「OK」をクリックする。

分析結果のまとめ方

出力された度数分布表を Table（表）にする

度数分布表					
出身地					
出現値	度数	確率(%)	有効度数	有効確率	累積確率
広島	52	26.00	52	26.00	26.00
山口	48	24.00	48	24.00	50.00
島根	46	23.00	46	23.00	73.00
鳥取	54	27.00	54	27.00	100.00
欠損値	0	0.00			
合計	200	100	200	100	

▶ Table にまとめる。

Table 1
出身地の度数分布表

タイトルは左揃え

変数名は中央揃え

	度数	%	累積%
広島	52	26.00	26.00
山口	48	24.00	50.00
島根	46	23.00	73.00
鳥取	54	27.00	100.00
欠損値	0		
合計	200	100	

数値は右揃え

左揃え

表の縦線は消す

表の作成方法

1「Freq」シートに出力された度数分布表を選択して，コピーする。

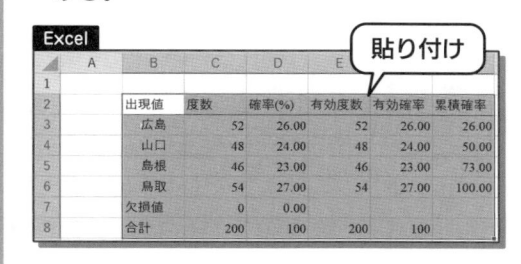

2 別に開いておいた Excel ファイルに貼り付ける。このとき，上 1 行と左 1 列を空ける。

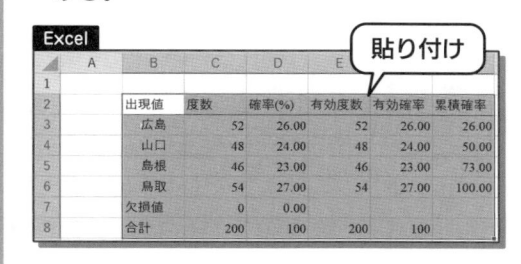

3「有効度数」と「有効確率」の列を選択し，削除する。

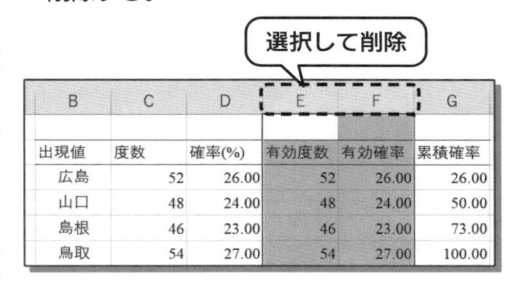

4「出現値」を削除する。

出現値	度数	確率(%)	累積確率
広島		26.00	26.00
山口	48	24.00	50.00
島根	46	23.00	73.00
鳥取	54	27.00	100.00
欠損値	0	0.00	
合計	200	100	

削除

5「確率（%）」を「%」に，「累積確率」を「累積%」に変更する。

確率(%) ➡ %
累積確率 ➡ 累積 %

	度数	%	累積%
広島	52	26.00	26.00
山口	48	24.00	50.00
島根	46	23.00	73.00
鳥取	54	27.00	100.00
欠損値	0		
合計	200	100	

6「度数」「%」「累積%」のセルを選択し，中央揃えにする。

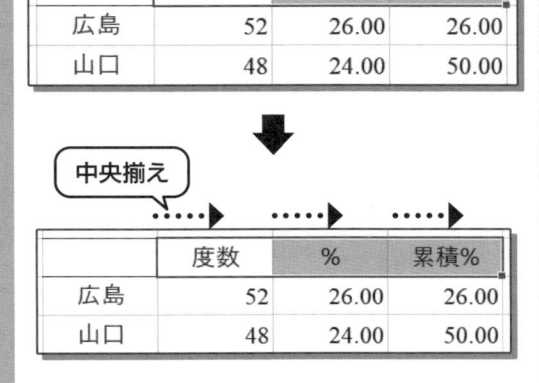

❼変数名のセルを選択し，左揚えにする。

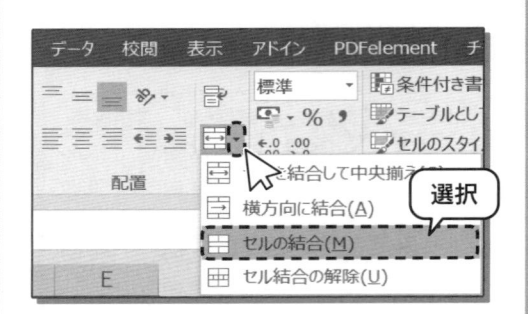

	度数	%	累積%
広島	52	26.00	26.00
山口	48	24.00	50.00
島根	46	23.00	73.00
鳥取	54	27.00	100.00
欠損値	0	0.00	
合計	200	100	

選択して左揃え

❽表の上のセルを選択する。

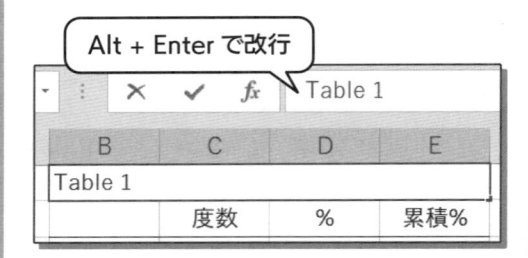

選択

B	C	D	
	度数	%	累積%
広島	52	26.00	26.00
山口	48	24.00	50.00

❾「セルの結合」で結合させる。

データ　校閲　表示　アドイン　PDFelement　チ

標準　条件付き書
テーブルとし
セルのスタイ
配置
選択
セルを結合して中央揃え
横方向に結合(A)
セルの結合(M)
セル結合の解除(U)
E

❿ Table のタイトルを入れる。まず "Table ?"（? には表番号が入る）と入力し，Alt キーを押しながら Enter キーを押して，セル内で改行する。

Alt + Enter で改行

× ✓ fx　Table 1

B	C	D	E
Table 1			
	度数	%	累積%

⓫タイトルを入力する。

× ✓ fx　出身地の度数分布表 ← 入力

B	C	D	E
出身地の度数分布表			
	度数	%	累積%
広島	52	26.00	26.00

⓬タイトルの行をクリックして選択し，2 行分に広げる。

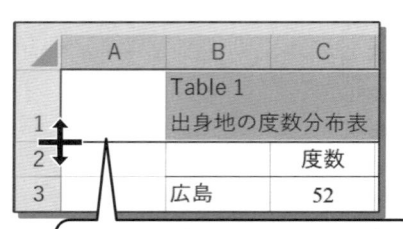

	A	B	C
1		Table 1	
2			度数
3		広島	52

➡

	A	B	C
1		Table 1 出身地の度数分布表	
2			度数
3		広島	52

タイトルが見えるように広げる

⓭ Table 全体を選択して，フォントの種類からまず「游明朝」を選択する。そのまま続けて，もう一度フォントの種類をクリックし，「Times New Roman」を選択すると，日本語は游明朝，英数字は Times New Roman で表示される[2]。

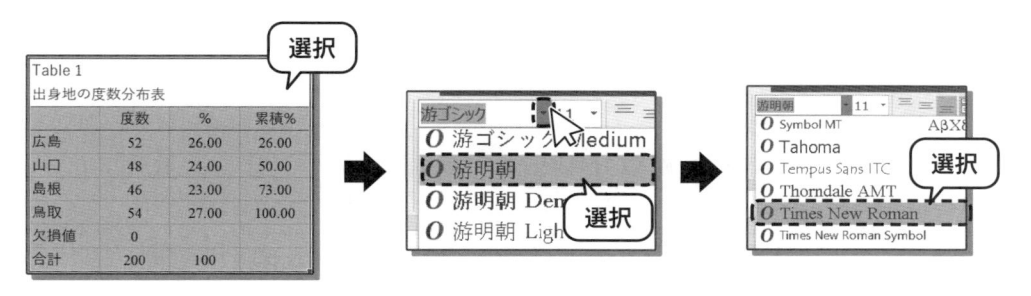

⓮ メニューの「ページレイアウト」のタブをクリックし，「枠線」の「表示」のチェックを外す。

⓯ Table 全体を選択してコピーする。Word に「図」で貼り付ける。

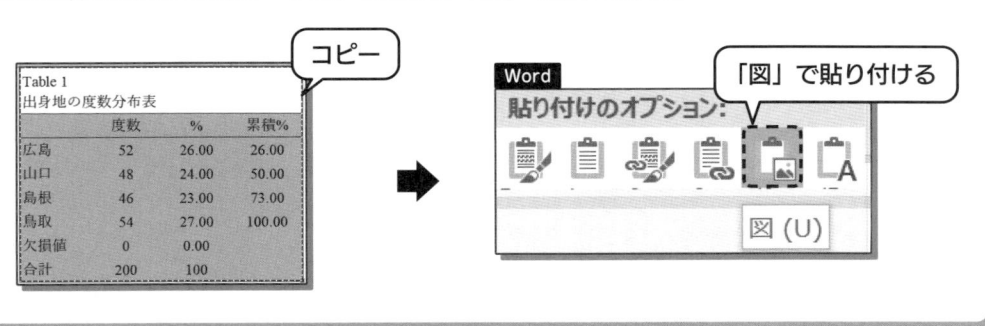

---

2) フォントの種類をこのように変更する理由の 1 つは，Office 16 以降，Word の日本語標準フォントが游明朝であるためです。卒論の執筆には Word を用いることが多いため，標準フォントに合わせました。もう一つの理由は，アルファベットを斜体にしたときの見栄えです。心理統計での結果の書式にはアルファベットを斜体にするルールがあります（ギリシア文字は斜体にしません）。フォントの種類によっては斜体にすると元の字がわかりにくくなることがあります。APA Style Guide (7th edition) でも Times New Roman が指定されていることを踏まえ，本書も英数字のフォントを統一しました。

分析結果の書き方

出身地の度数分布表を Table 1 に示す。

Table 1
出身地の度数分布表

	度数	%	累積%
広島	52	26.00	26.00
山口	48	24.00	50.00
島根	46	23.00	73.00
鳥取	54	27.00	100.00
欠損値	0		
合計	200	100	

第4章
各グラフの作り方

　第3章の度数分布で見たように，データを表やグラフで示すことによって得られる情報は多くあります。特に，分布（データがどのように散らばっているのか）を確認することは重要です。心理統計で分布の形を確認するためによく使われるグラフは，**棒グラフ**や**ヒストグラム**です。棒グラフは質的変数，ヒストグラムは量的変数で用いられます。棒グラフは各カテゴリーに含まれるデータ数（広島出身者は10名，など）を棒の長さで表現します。棒グラフの特徴として，棒と棒の間にスペースがあります。一方，ヒストグラムは連続する数値を図示するものであるため，グラフの棒と棒の間にスペースを作らないという特徴があります。最近では，**箱ひげ図**が使われることも増えてきました。箱ひげ図は，中央値と四分位偏差（中央値で二分した群それぞれの中央値でさらに2つの群に分けたときのデータのばらつき）で分布を表すグラフです。最近の社会心理学の論文では，量的変数を扱う際，分布を滑らかな曲線で表現するバイオリンプロットも見られるようになりました。

　相関分析（第10章参照）の際に使われるのが**散布図**[1]です。2つの変数を縦軸・横軸として，座標平面上に各データを示す点を配置し，変数どうしの関連を表したものです。データの散らばり方によって，どのような関連なのか，外れ値はないかなどが分かります。

　その他にも，時系列（時間が経つにつれてどう変化していくか）を表す際には折れ線グラフがよく使われます。またカテゴリー変数の割合（%）を図示するグラフとして**円グラフ**があります。円グラフは心理学の分析で使われることは多くありませんが，マーケティングなどで多く使われる傾向があります。HADには，折れ線グラフや円グラフを描くプログラムはありません。そのため，Excelの機能で描く必要があります。

1）HADでは，散布図を構成するデータにもう1つ量的な変数の値を加え，バブルの大きさで図示したバブルチャートを作ることもできます。バブルチャートは，個人単位のデータよりも，集団単位でのデータ（集団の平均値）を扱う際に使われる場合が多いです。ただし，卒論レベルでは使うことが少ないため，今回は使い方などの説明は控えます。

サンプルデータ

　棒グラフのサンプルデータは，第3章でも用いた，広島の大学1年生200名の出身地を調査したものです。

○使用するサンプルデータ：「度数分布」シート

　ヒストグラムおよび散布図のサンプルデータは，100名の一般人を対象に自尊心（自己に対する評価，つまり，社会の中で自分がどれくらいイケてると思っているか）と年収のデータ，そして6月，8月，10月の各時点での幸福度を測定したものです。ヒストグラムには自尊心，散布図には自尊心と年収のデータを用いています。各時点での幸福度のデータは，今回は，紙面の都合上，掲載しませんでしたが，折れ線グラフの作成の練習用に設けました。時間があったら，折れ線グラフも作ってみてください。

○使用するサンプルデータ：「グラフ」シート

※ データは著者が作成した架空のものです。分析結果を信用しないようにして下さい。

棒グラフ

分析方法

❶「使用変数」をクリックする。

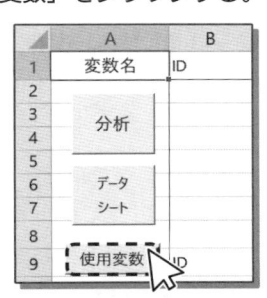

❷使用する変数を選び，「追加→」をクリックする。

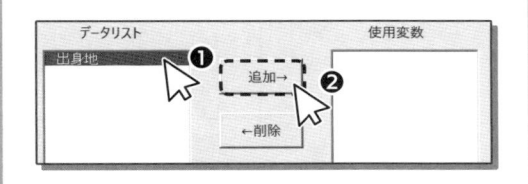

❸使用する変数が「使用変数」の欄に移動したことを確認したら，「OK」をクリックする。

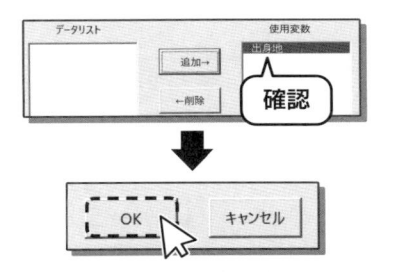

❹「分析」をクリックする。

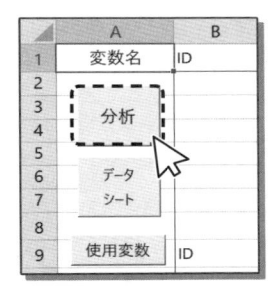

❺「度数分布表」をチェックして，「OK」をクリックする。

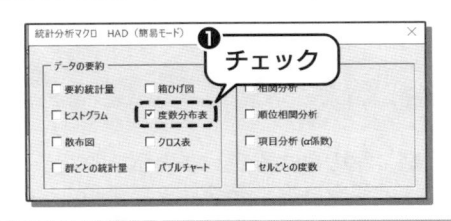

❻次のようなシートが表示されたら成功。

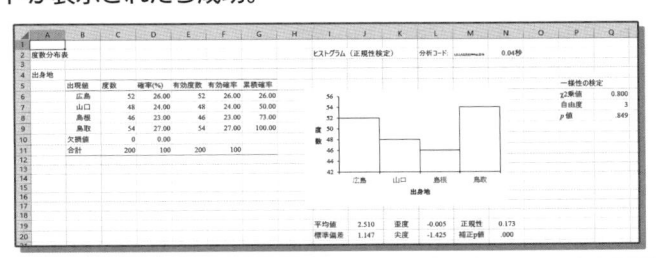

分析結果のまとめ方

出力されるグラフはヒストグラムの形式になっているため，棒グラフの形式に変更する。

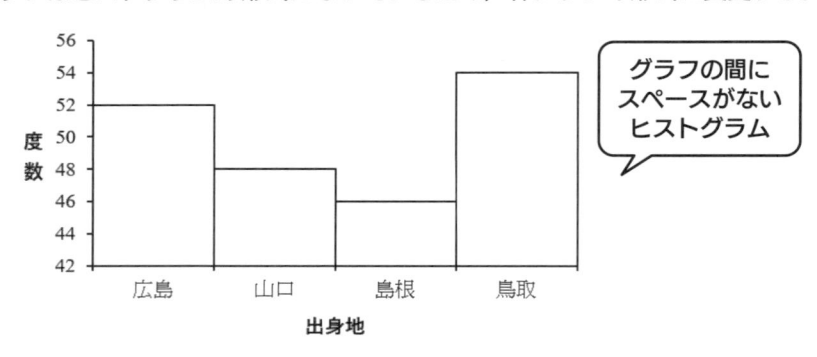

グラフの間に
スペースがない
ヒストグラム

棒の幅を調節する

❶ グラフの棒を右クリックして，「データ系列の書式設定」をクリックする。

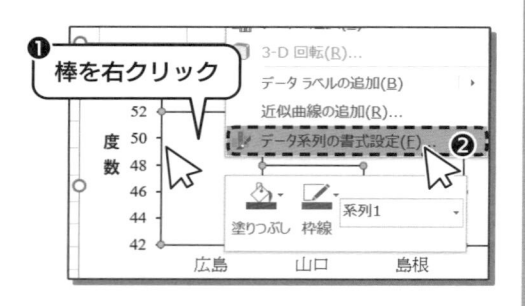

❷ 「要素の間隔」を 0% から 50% に変更する。

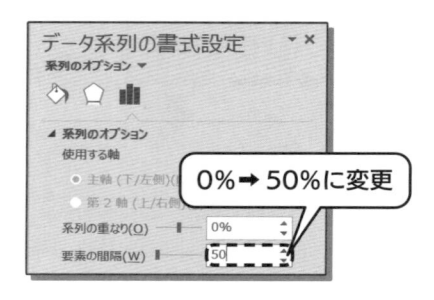

0%➡50%に変更

縦軸の数値の幅を調整する

❸ 「データ系列の書式設定」を開いたまま，グラフの縦軸の数値をクリックする。

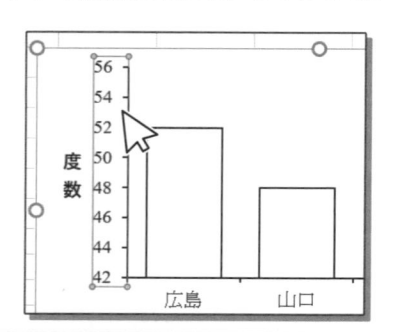

❹ 「軸の書式設定」が表示されたら，「軸のオプション」をクリックする。

軸の書式設定

軸のオプション ▼　文字のオプション

▲ 配置

垂直方向の配置(V)	中心
文字列の方向(X)	横書き
ユーザー設定の角度(U)	

5 「軸のオプション」をクリックする。

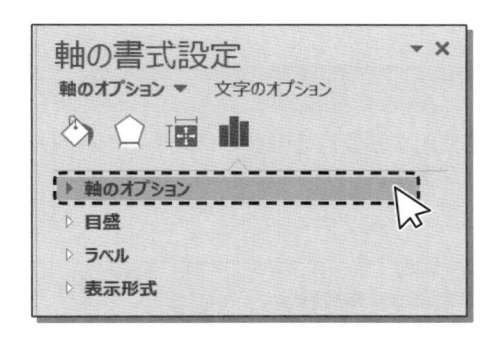

6 「最大値」と「最小値」,「目盛」の値を
それぞれ適切な値に変更する。

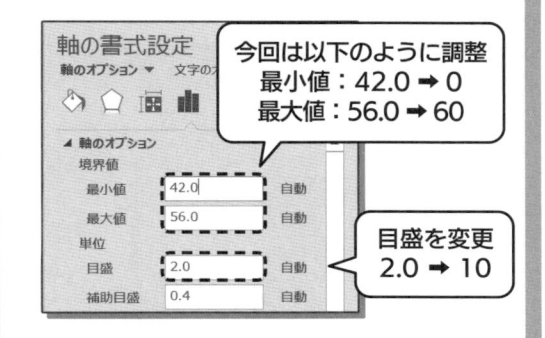

今回は以下のように調整
最小値：42.0 ➡ 0
最大値：56.0 ➡ 60

目盛を変更
2.0 ➡ 10

7 「軸の書式設定」を閉じる。

Word に貼り付ける

8 グラフの空白部分をクリックし，出てき
たグラフの周りの枠の「○」を右クリッ
クして，コピーする。

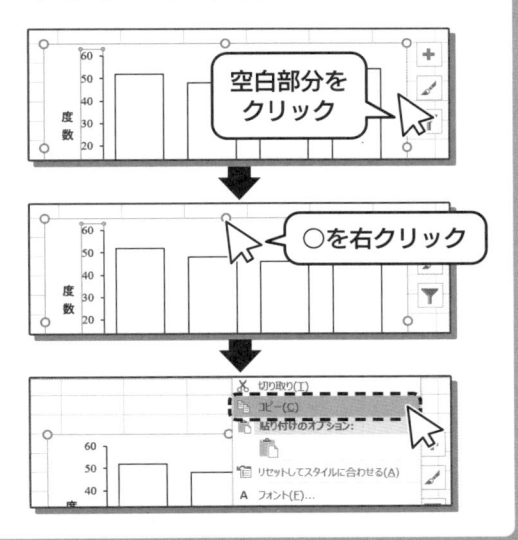

空白部分を
クリック

○を右クリック

9 Wordに移動して，貼り付け先を右クリッ
クし，「図」で貼り付ける[2]。

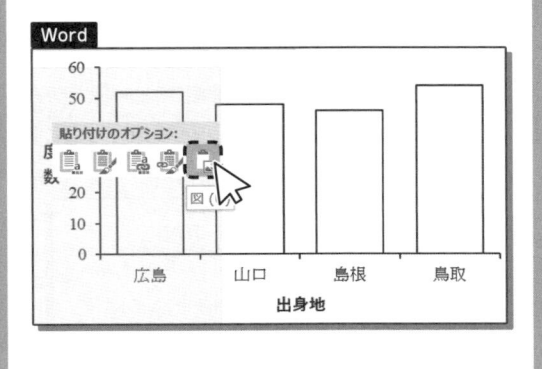

2）「図」で貼り付ける理由は，HAD から図を独立させるためです。そのまま「貼り付け」をすると，その図は
HAD とリンクしているため，HAD を閉じるとグラフの形が変わってしまいます。図として貼り付けると HAD
の影響を受けません。

ヒストグラム

分析方法

❶「使用変数」をクリックする。

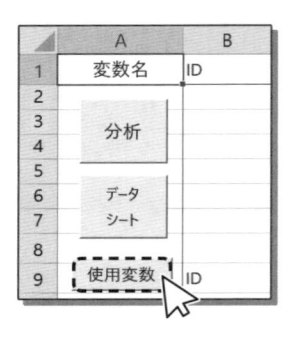

❷使用する変数を選び,「追加→」をクリックする。

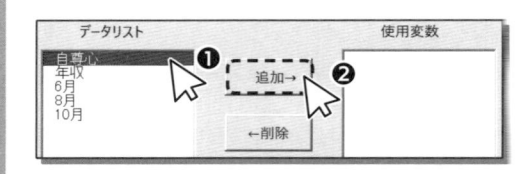

❸使用する変数が「使用変数」の欄に移動したことを確認したら,「OK」をクリックする。

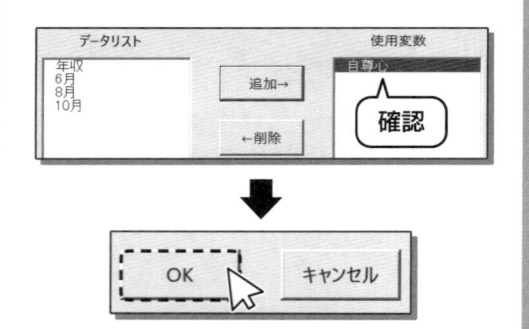

❹「分析」をクリックする。

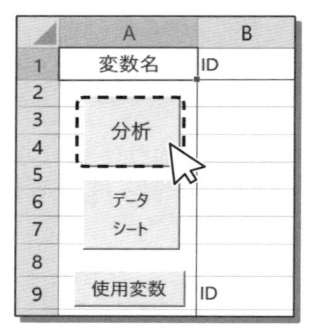

❺「ヒストグラム」をチェックして,「OK」をクリックする。

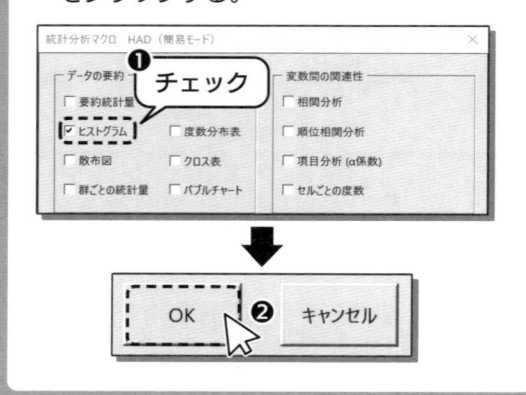

❻次のようなシートが表示されたら成功。

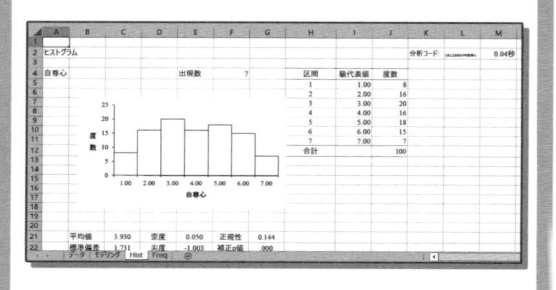

分析結果のまとめ方

横軸の数値を変更する

❶ 横軸の数値を右クリックし，「軸の書式設定」をクリックする[3]。

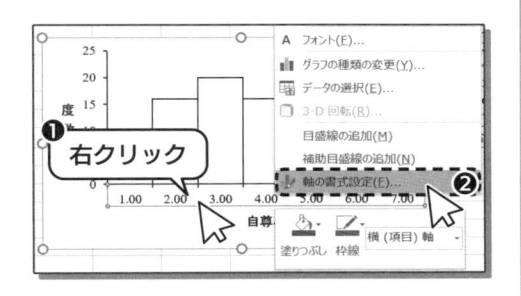

❷ 「軸の書式設定」が表示されたら，下へ移動する。

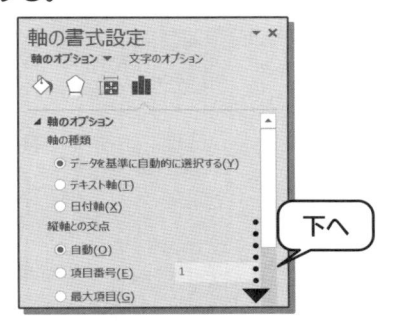

❸ 「表示形式」をクリックする。

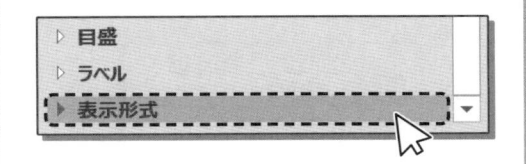

❹ 「カテゴリ」の▼をクリックする。

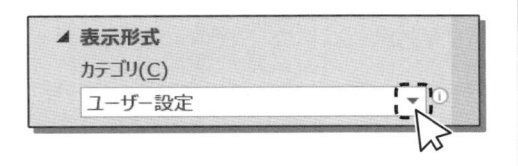

❺ 「標準」を選択する。

❻ 「軸の書式設定」を閉じる。

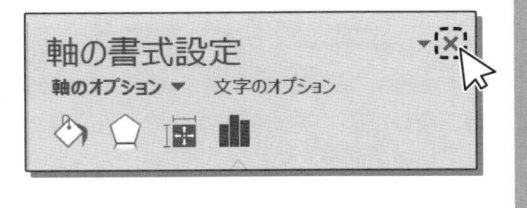

Word に貼り付ける

棒グラフの【Word に貼り付ける】（p. 33）を参照。

3）もし表示が適切である場合には変更する必要はありません。

箱ひげ図

分析方法

❶「使用変数」をクリックする。

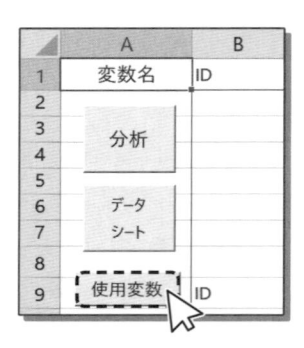

❷使用する変数を選び,「追加→」をクリックする。

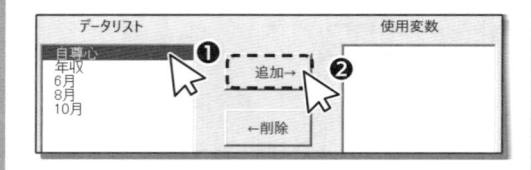

❸使用する変数が「使用変数」の欄に移動したことを確認したら,「OK」をクリックする。

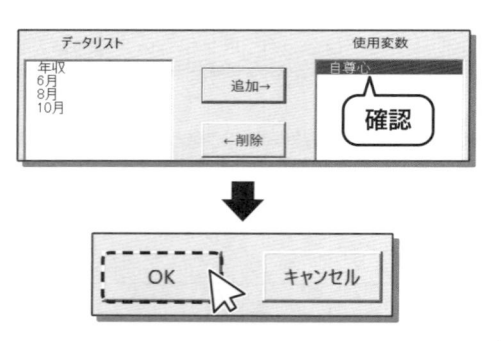

❹「分析」をクリックする。

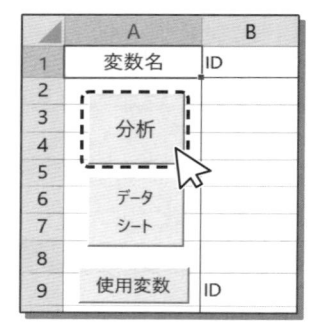

❺「箱ひげ図」をチェックして,「OK」をクリックする。

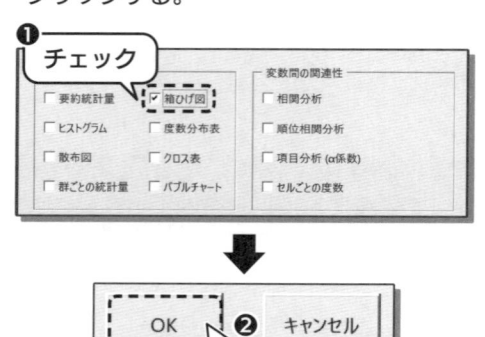

❻次のようなシートが表示されたら成功。

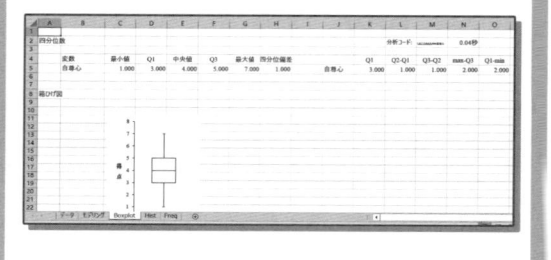

分析結果のまとめ方

縦軸の数値を変更する

❶縦軸の数値を右クリックし，「軸の書式設定」をクリックする [4] [5]。

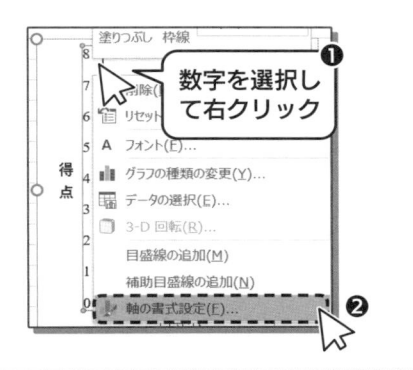

❷「軸の書式設定」が表示されたら，最小値と最大値を設定する（今回は 7 点尺度なので，最小値 1，最大値 7）。

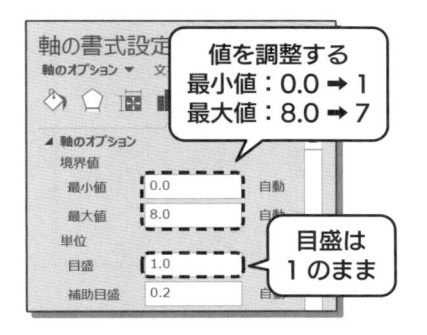

❸「軸の書式設定」を閉じる。

Word に貼り付ける

棒グラフの【Word に貼り付ける】（p. 33）を参照。

---

4) もし表示が適切である場合には変更する必要はありません。
5) 初期設定のままだと最小値が「0」になっていますが，心理尺度の場合，最小値が「0」である場合は少ないため，調整が必要です。

散 布 図

分析方法

❶「使用変数」をクリックする。

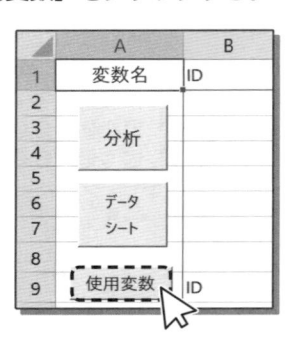

❷使用する2つの変数をドラッグして選び，「追加→」をクリックする。

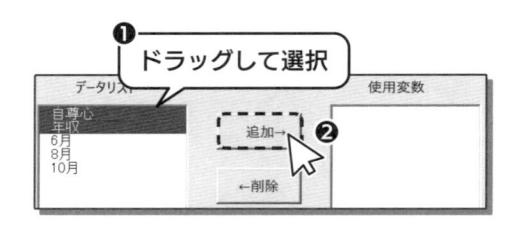

❸使用する変数が「使用変数」の欄に移動したことを確認したら，「OK」をクリックする。

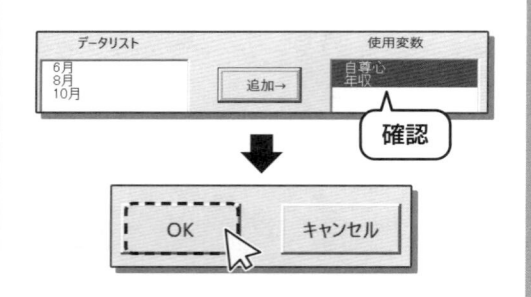

❹「分析」をクリックする。

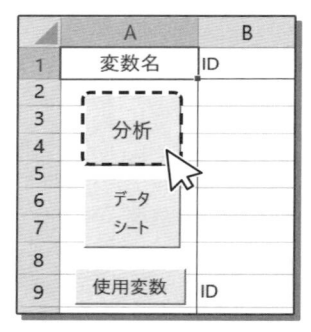

❺「散布図」をチェックして，「OK」をクリックする。

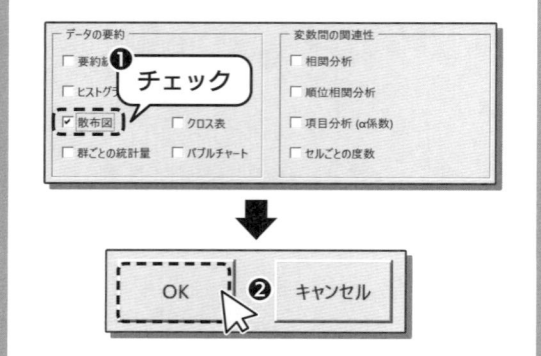

❻次のようなシートが表示されたら成功。

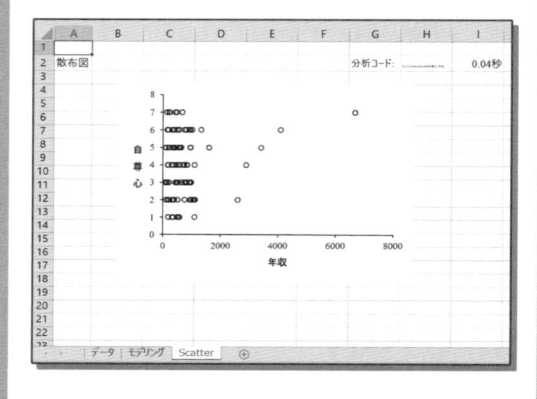

分析結果のまとめ方

縦軸の数値を変更する

❶縦軸の数値を右クリックし，「軸の書式設定」をクリックする[6][7]。

❷「軸の書式設定」が表示されたら，最小値と最大値を設定する（今回は 7 点尺度なので，最小値 1，最大値 7）。

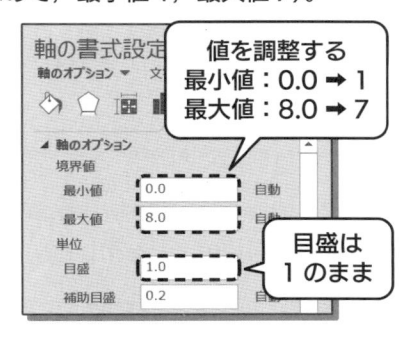

❸「軸の書式設定」を閉じた後，グラフの空白部分をクリックする。右に表示される「+」をクリックする。「グラフ要素」の右下にある▶をクリックして，「その他のオプション」をクリックする。

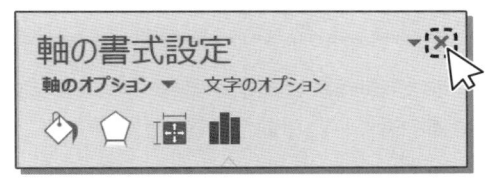

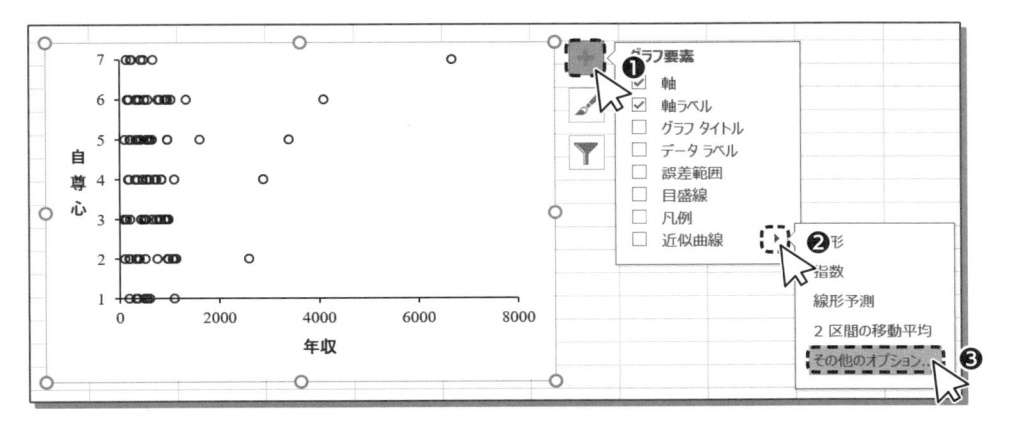

---

6) もし表示が適切である場合には変更する必要はありません。

7) 初期設定のままだと最小値が「0」になっていますが，心理尺度の場合，最小値が「0」である場合は少ないため，調整が必要です。

4 「近似曲線の書式設定」が表示されたら，スクロールして下を表示する。

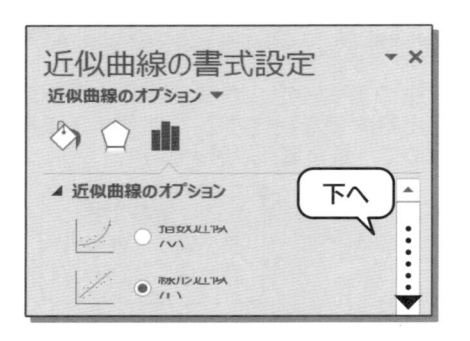

5 「グラフに数式を表示する」をチェックする。

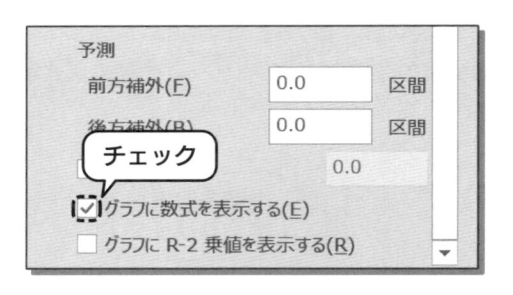

6 「近似曲線の書式設定」を閉じる。

7 数式を見やすい場所（直線の近く）に移動させる。

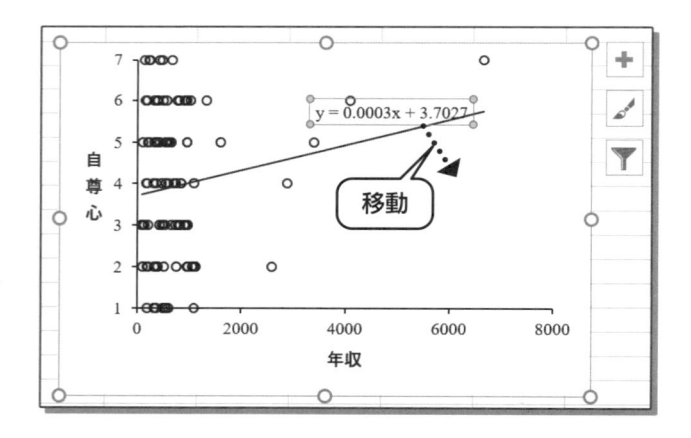

Word に貼り付ける

棒グラフの【Word に貼り付ける】（p. 33）を参照。

第**5**章
t 検定

第**1**節　対応のない *t* 検定 ……………………………………………………

　本章では *t* 検定のやり方・まとめ方を紹介します。***t* 検定**とは，ある変数における 2 つのグループ（水準）の平均値を比較して，その間に差があるかどうかを調べる分析です。推測統計を使うため，*t* 検定を行った結果，*p* 値を確認して，2 つのグループの平均値の差が有意かどうかを調べます。有意だった場合には，2 つのグループの平均値に差がある（正確には「ないとは言えない」）という結論になります。有意でなかった場合には，差があるとは言えない，となります。

　t 検定は様々な場面で使われます。実験では 2 つの条件を設けて，各条件で得られたデータの平均値を比較することが多いです。最もシンプルな実験は，**実験条件**（操作して心を動かした状況）と**統制条件**（心を動かさない状況）を比較するものです。統制条件での行動や心理尺度の平均値と，実験条件での平均値の差を調べるのが *t* 検定です。差が見られたら心が動いたということになります。一方，調査研究では，ある心理尺度の得点で男女に差があるかを調べるときなどによく使われます。

　また，*t* 検定には「対応のない *t* 検定」と「対応のある *t* 検定」の 2 種類があります。この 2 つのどちらを用いるかは研究計画によって変わります。研究計画とは，参加者をそれぞれのグループ（水準）にどのように割り振るかを決めることです。各グループに違う人たちを割り振ることを**参加者間計画**，同じ人を割り振ることを**参加者内計画**と呼びます。例えば，参加者間計画では，男性と女性，日本人とアメリカ人，若年層と高齢層などが当てはまります。男性グループと女性グループに所属する人は同じ人物ではありませんよね。このように，異なる人たちで構成された 2 つのグループ間の平均値に差があるかを検討するときには，**対応のない *t* 検定**が用いられます。第 1 節では，まず，参加者間計画で用いる対応のない *t* 検定を紹介します。

サンプルデータ

　今回は，大学 1 年生 20 名と 4 年生 20 名を対象として，普段，本を読む時間がどれくらいあるかについて調査を行ったときのデータを分析することとします。この場合，大学 1 年生のグループと 4 年生のグループはメンバーに重複はありません。そのため，参加者間計画となります。1 年生グループの人たちの本を読む時間の平均値と，4 年生グループの人たちの本を読む時間の平均値を比べます。もし差があるとしたら，どちらかのグループの人たちの方が長く本を読んでいることになります。用いる分析は対応のない t 検定です。推測統計は仮説を検証する分析方法です。そのため，次の仮説を立て，検証することにします。

仮説：「本を読む平均時間は，1 年生と 4 年生の間に差が見られるだろう。」

○**使用するサンプルデータ**：「対応のない t 検定」シート
※データは著者が作成した架空のものです。分析結果を信用しないようにして下さい。

分析方法

❶「使用変数」をクリックする。

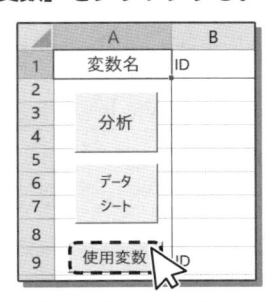

❷使用する<u>従属変数</u>[1]を選び，「追加→」をクリックする（今回は「年次」が独立変数，「本を読む時間」が従属変数）。

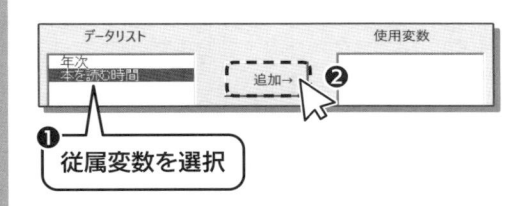

❶従属変数を選択

❸使用する<u>独立変数</u>を選び，「追加→」をクリックする。

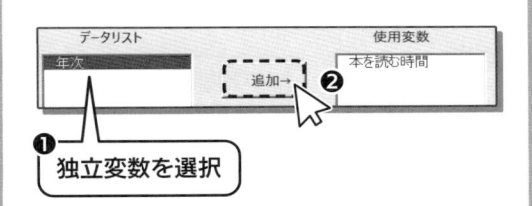

❶独立変数を選択

❹「使用変数」の欄に，上に従属変数，下に独立変数の順で移動したことを確認したら，「OK」をクリックする。

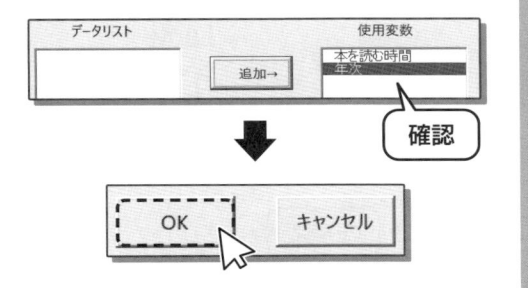

確認

❺「分析」をクリックする。

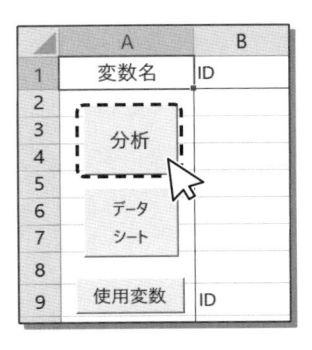

❻「平均の差の検定」をクリックし，「対応なし」をチェックして「OK」をクリックする。

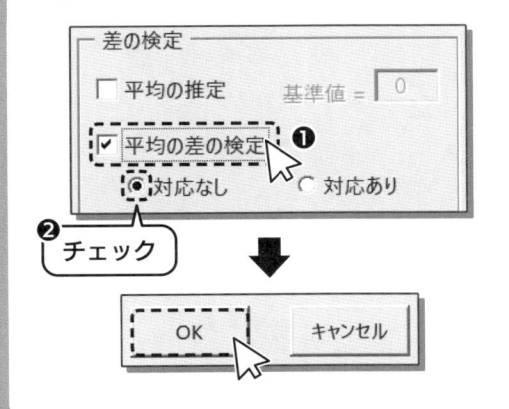

❷チェック

---

1) 独立変数と従属変数は，それぞれ原因と結果となる変数のことです。原因となる変数のことを独立変数（または説明変数），結果となる変数のことを従属変数（または目的変数）と呼びます。この原因と結果が明らかな関係のことを「因果関係」と呼びます。例えば，自尊心に性差があるかを検討する場合，性別という原因が自尊心の差を結果としてもたらすという仮説を立てます。このとき，独立変数は性別，従属変数は自尊心となります。

分析結果のまとめ方

HAD の結果：要約統計量

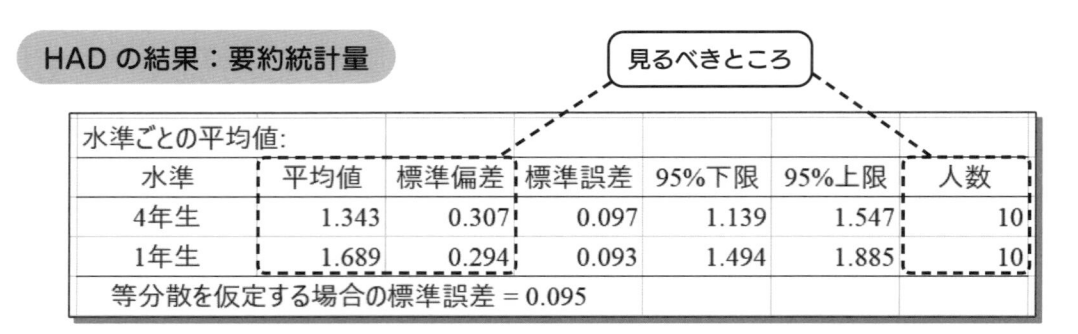

水準ごとの平均値：

水準	平均値	標準偏差	標準誤差	95%下限	95%上限	人数
4年生	1.343	0.307	0.097	1.139	1.547	10
1年生	1.689	0.294	0.093	1.494	1.885	10

等分散を仮定する場合の標準誤差 = 0.095

（見るべきところ）

Table（表）にまとめた完成形

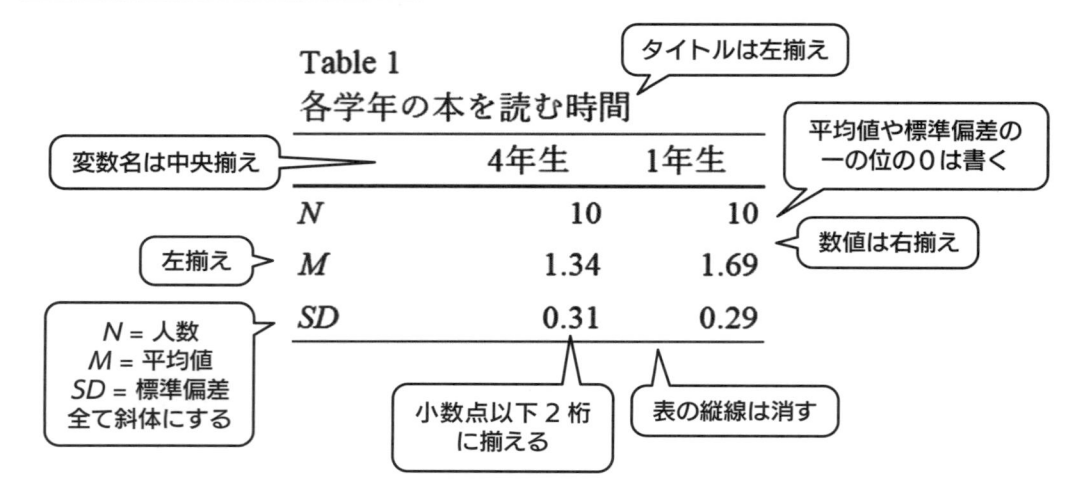

Table 1
各学年の本を読む時間

	4年生	1年生
N	10	10
M	1.34	1.69
SD	0.31	0.29

タイトルは左揃え

平均値や標準偏差の一の位の0は書く

変数名は中央揃え

数値は右揃え

左揃え

N = 人数
M = 平均値
SD = 標準偏差
全て斜体にする

小数点以下2桁に揃える

表の縦線は消す

表の作成方法

❶ 要約統計量のセルを選択して，コピーする。

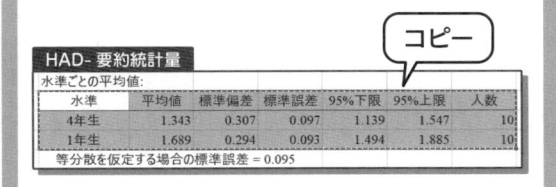

❷ ExcelのB2のセルに「行／列の入れ替え」で貼り付ける。

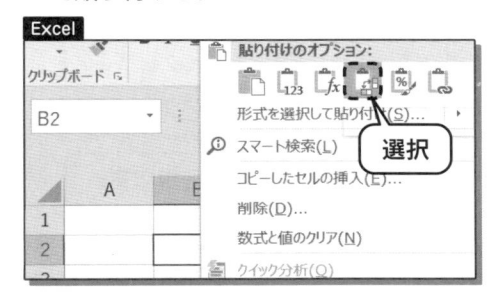

❸「人数」の行を切り取り，「平均値」のセルを選んで「切り取ったセルの挿入」で挿入する。

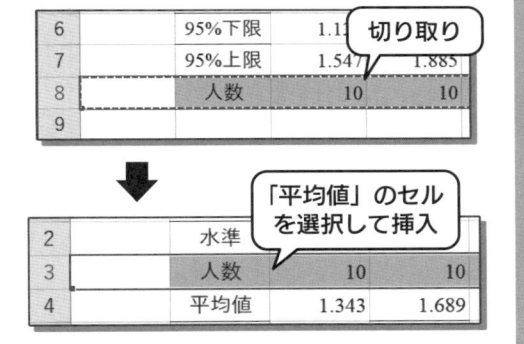

❹「標準誤差」から「95%上限」までの行を選択し，削除する。

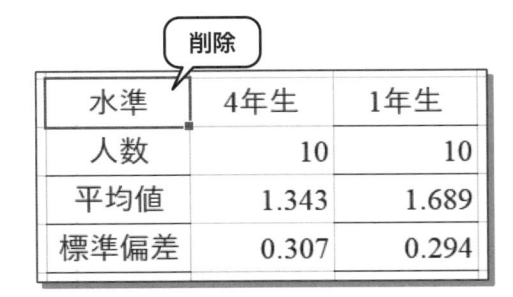

❺「水準」を削除する。

水準	4年生	1年生
人数	10	10
平均値	1.343	1.689
標準偏差	0.307	0.294

❻「度数」を "N"，「平均値」を "M"，「標準偏差」を "SD" に変える。その後，それらの文字を斜体にして，左揃えにする。

度数➡ N
平均値➡ M
標準偏差➡ SD

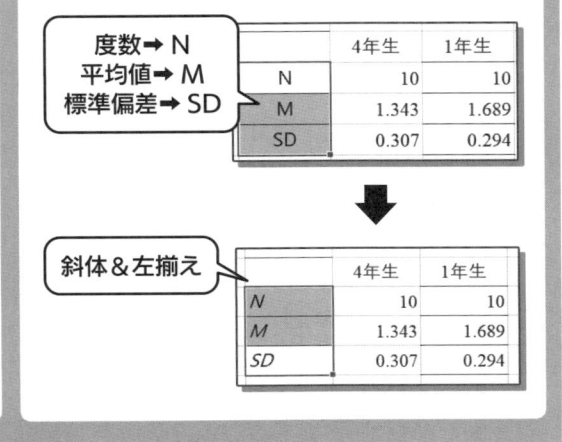

7 平均値と標準偏差を選択し，四捨五入して小数点以下 2 桁に揃える。

	4年生	1年生
N	10	10
M	1.34	1.69
SD	0.31	0.29

選択して小数点以下 2 桁にする

8 表全体を選択する。

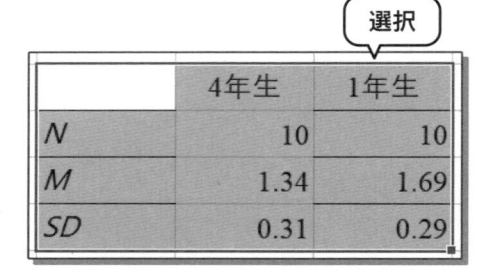

選択

	4年生	1年生
N	10	10
M	1.34	1.69
SD	0.31	0.29

9 メニューにおける「フォント」の「罫線」の「▼」をクリックして，「枠なし」を選択する。

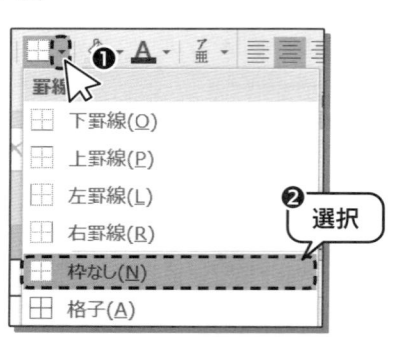

- 下罫線(O)
- 上罫線(P)
- 左罫線(L)
- 右罫線(R)
- ❷ 選択
- 枠なし(N)
- 格子(A)

10 水準の行を選択する。

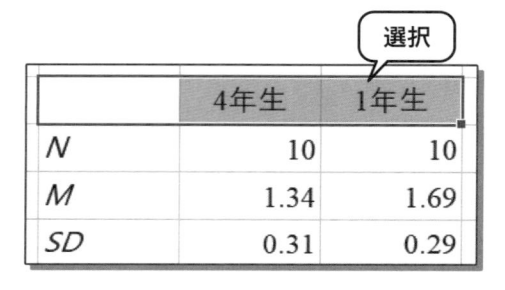

選択

	4年生	1年生
N	10	10
M	1.34	1.69
SD	0.31	0.29

11 「罫線」の「▼」をクリックして，「上罫線＋下罫線」を選択する。

- 下罫線(O)
- 上罫線(P)
- 左罫線(L)
- 右罫線(R)
- 枠なし(N)
- 格子(A)
- 外枠(S)
- 太い外枠(T)
- 下二重罫線(B)
- 下太罫線(H)
- ❷ 選択
- 上罫線 ＋ 下罫線(D)

12 統計値の名称の列と数値のセルを全て選択し，罫線をクリックする。

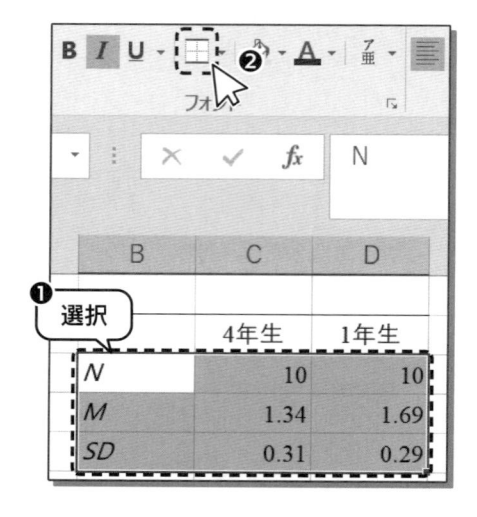

❶ 選択

	B	C	D
		4年生	1年生
	N	10	10
	M	1.34	1.69
	SD	0.31	0.29

⓭ 表の上のセルを選択する。

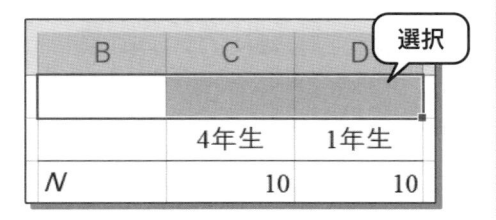

⓮ 「セルを結合して中央揃え」の「▼」を
クリックする。

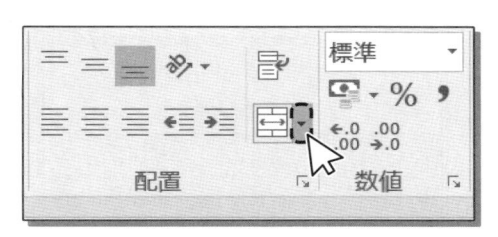

⓯ 「セルの結合」を選択する。

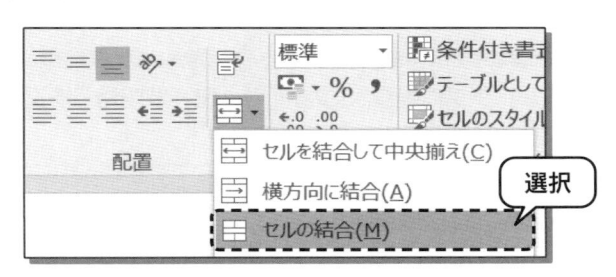

⓰ Table のタイトルを入れる。"Table ?"[2]（? には表番号が入る）と入力し，Alt キーを押し
ながら Enter キーを押してセル内で改行する。タイトルを入力して，Enter キーを押す。

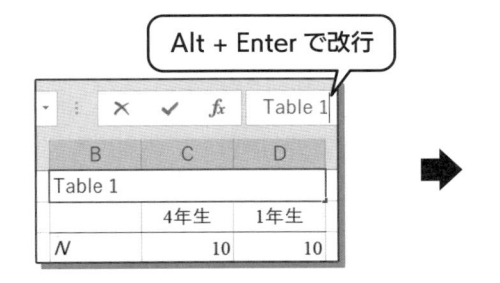

⓱ タイトルの行をクリックして選択し，タイトルに合わせて行に広げる。

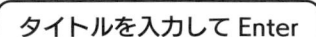

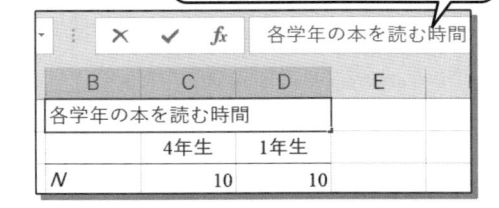

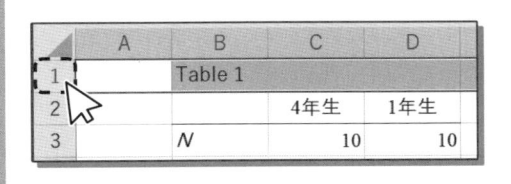

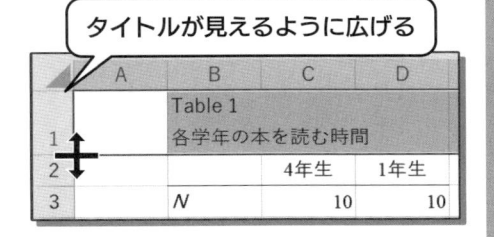

2) "Table" と数字の間には半角スペースを入れます。"Table1" という言葉はないからです。

⓲表全体を選択する。

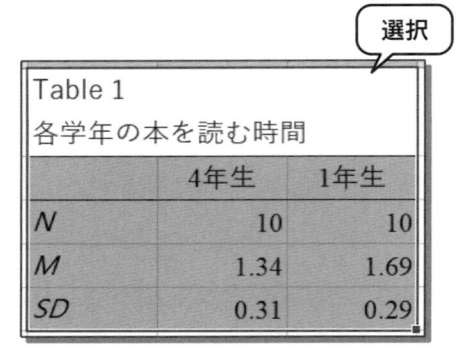

⓳「ページレイアウト」をクリックし，「枠線」の「表示」のチェックを外す。

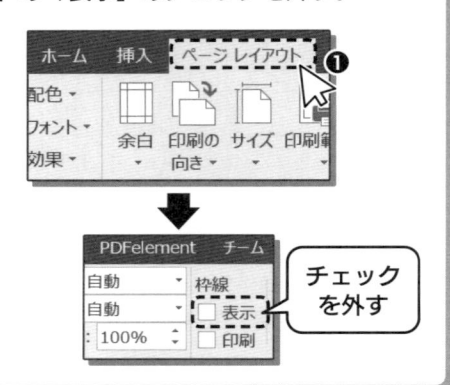

⓴メニューの「ホーム」タブに戻り，「フォント」の「▼」をクリックする。

㉑「游明朝」を選択する。

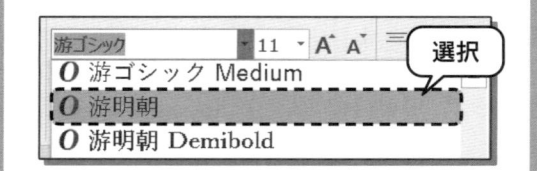

㉒そのままもう一度「▼」をクリックして，「Times New Roman」を選択する[3]。

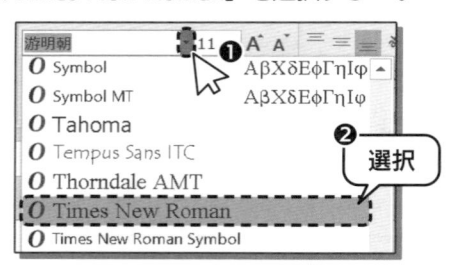

㉓ Table 全体を選択してコピーする。

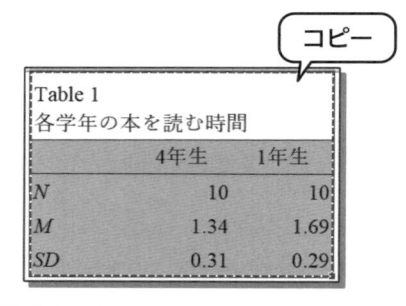

㉔ Word に「図」で貼り付ける。

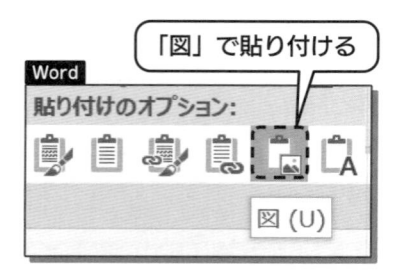

㉕中央揃えでページの中央に Table を移動させる。

3) わざわざ2度も書式を変えるのは，最初に「游明朝」に変えると数値なども同じく游明朝に変わってしまうからです。

分析結果の見方とまとめ方

自由度[4]，*t* 値，*p* 値（Welch 検定を参照する[5]）

> 見るべきところ

差の検定							
検定の種類	差	標準誤差	95%下限	95%上限	*t* 値	df	*p* 値
Welch検定	-0.347	0.134	-0.630	-0.063	-2.577	17.967	.019
t 検定	-0.347	0.134	-0.629	-0.064	-2.577	18	.019

効果量 *d*

> 見るべきところ

効果量			
	効果量	95%下限	95%上限
相関係数 *r*	-.519	-.782	-.099
効果量 *d*	-1.104	-2.017	-0.190
P rep	.957		

検定統計量のまとめ方

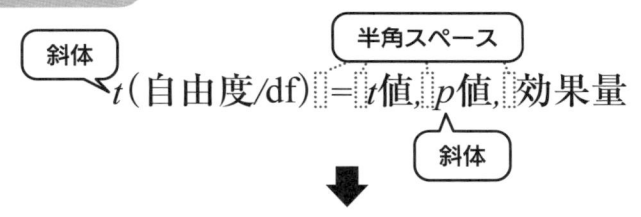

斜体　　半角スペース

$$t(\text{自由度/df}) = t値, \ p値, \ 効果量$$

斜体

▶有意の場合

$$t(17.97) = 2.58, \ p < .05, \ d = 1.10$$

> *t* 値と効果量は絶対値を書く
> （マイナスを削除する）

▶非有意の場合

$$t(17.97) = 0.58, \ ns, \ d = 0.10$$

斜体　　　*t* 値と効果量の一の位の 0 は書く

---

4) 自由度の表記には，英語の "degree of freedom" を省略した df がよく用いられます。よく出てくるため，覚えておきましょう。

5) 従来であれば「*t* 検定」の値を参照しますが，*t* 検定は 2 つのグループの分散が等しくないと使うことができません。一方，Welch 検定（正式名称は Welch の *t* 検定）は分散にかかわらず使用することができるため，近年では Welch 検定を採用するケースが増えています。ただし，Welch 検定では，分析するデータ数が少ない場合（60 名以下が目安）には，積極的に使わない方がいいと言われています。本書では Welch 検定の値を採用します。どちらの値を用いるかについては先生と相談してください。

分析結果の書き方

仮説：「本を読む平均時間は，1年生と4年生の間に差が見られるだろう。」

Table 1
各学年の本を読む時間

	4年生	1年生
N	10	10
M	1.34	1.69
SD	0.31	0.29

【差が有意だった場合】

　各学年の本を読む時間の平均値と標準偏差を Table 1 に示す。本を読む時間において学年の間で差があるか否かを検討するため，対応のない t 検定[6] を行った。その結果，学年の間に有意差が見られた（$t(17.97) = 2.58, p < .05, d = 1.10$）。よって，1年生と4年生では本を読む平均時間に差があることが示された。以上より，仮説は支持された[7]。

【差が非有意だった場合】

　各学年の本を読む時間の平均値と標準偏差を Table 1 に示す。本を読む時間において学年の間で差があるか否かを検討するため，対応のない t 検定を行った。その結果，学年の間に有意差は見られなかった（$t(17.97) = 0.58, ns, d = 0.10$）。よって，1年生と4年生では，本を読む平均時間に差がないことが示された。以上より，仮説は支持されなかった。

6）t 検定の「t」の文字を斜体にするのを忘れないようにしましょう。
7）結果はあくまで事実（統計量）を報告するところであるため，仮説の支持／不支持は考察に書くべきという見解もあります。どちらに書くのかについては先生に尋ねてみましょう。

第 2 節　対応のある *t* 検定 ···

　第 1 節で説明した通り，*t* 検定は 2 つのグループの平均値に差があるかどうかを調べる検定方法です。その際，対応のない場合と対応のある場合があることを書きました。この章では，対応のある *t* 検定について説明します。

　対応のない *t* 検定は，異なる人たちで構成された 2 つのグループの間の平均値の差を調べるものでした。一方，**対応のある *t* 検定**では，この「2 つのグループ」が同じ人で構成されている参加者内計画の時に用いられます。同じ人に 2 つのグループを当てはめるというのは，同じ人に 2 度，同じ質問項目に回答してもらうことを意味します。すなわち，「今のグループ」と「過去／未来のグループ」の間の平均値の差を調べる，つまり個人の中での変化量を調べる分析です。例えば，試験を受ける前と後で疲労度を比べて，試験を受けることでどれくらい疲れるかを調べるとします。このとき，試験を受ける前に答えた疲労度の得点の平均値と受けた後で答えた得点の平均値を算出して，その差があるかどうかを調べます。もし疲労度の平均値に差が見られ，試験を受ける前よりも受けた後の方が高くなっていた場合，試験を受けることは疲れる，との結論に至るわけです。

サンプルデータ

　今回は，大学生 20 名を対象として，1 年生の時と 4 年生の時にそれぞれ調査を行い，年次が上がることで本を読む時間がどれくらい変化したかについてのデータを分析することとします。この場合，同じ人が 1 年生から 4 年生になることで個人の中で変化が起きているかを検討します。参加者内計画であるため，対応のある *t* 検定を用います。今回は，1 年次と 4 年次では，本を読む時間に差があると考えました。もし 1 年次の本を読む時間の平均値と 4 年次の本を読む時間の平均値に差が見られたら，仮説が支持されることになります。

　推測統計は仮説を検証する分析方法です。そのため，次の仮説を立て，検証することにします。

仮説：「本を読む平均時間は，1 年次と 4 年次の間で差が見られるだろう」

○**使用するサンプルデータ**：「**対応のある *t* 検定**」シート
※データは著者が作成した架空のものです。分析結果を信用しないようにして下さい。

分析方法

1 「使用変数」をクリックする。

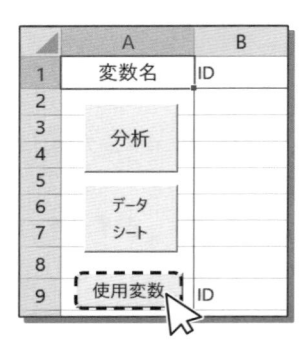

2 使用する変数をドラッグしながら選択し，「追加→」をクリックする。

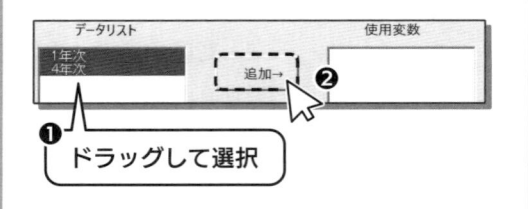

3 使用する変数が「使用変数」の欄に移動したことを確認したら，「OK」をクリックする。

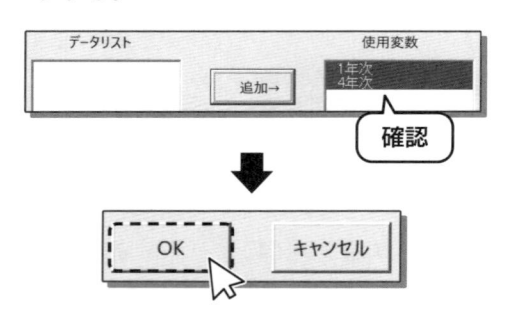

4 「分析」をクリックする。

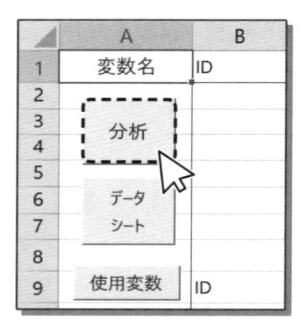

5 「平均の差の検定」をクリックし，「対応あり」をチェックして OK をクリックする。

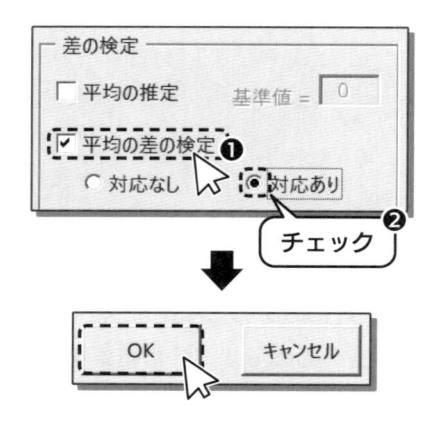

分析結果のまとめ方

HAD の結果：要約統計量

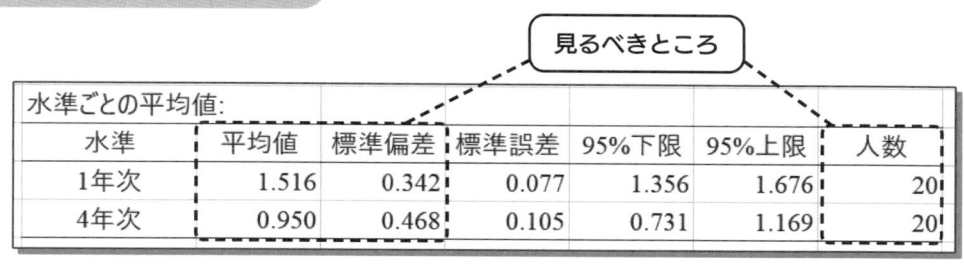

見るべきところ

水準ごとの平均値：

水準	平均値	標準偏差	標準誤差	95%下限	95%上限	人数
1年次	1.516	0.342	0.077	1.356	1.676	20
4年次	0.950	0.468	0.105	0.731	1.169	20

Table（表）にまとめた完成形

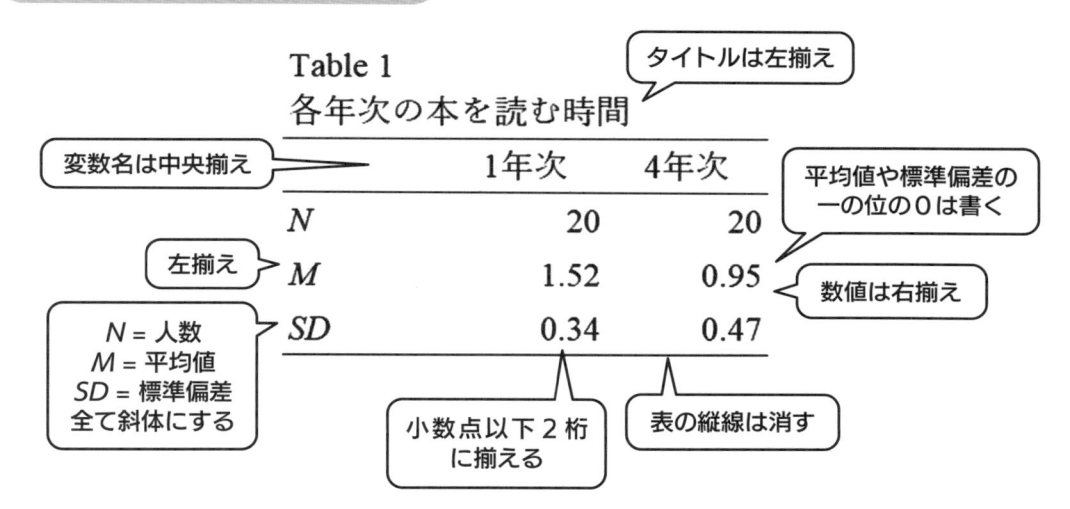

Table 1

各年次の本を読む時間

タイトルは左揃え

変数名は中央揃え

平均値や標準偏差の
一の位の0は書く

	1年次	4年次
N	20	20
M	1.52	0.95
SD	0.34	0.47

左揃え

数値は右揃え

N = 人数
M = 平均値
SD = 標準偏差
全て斜体にする

小数点以下 2 桁
に揃える

表の縦線は消す

表の作成方法

❶ 要約統計量のセルを選択して，コピーする。

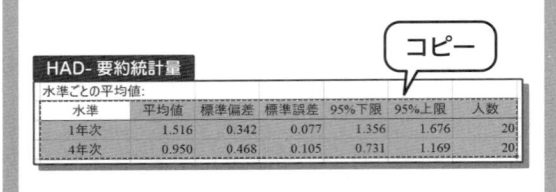

❷ Excel の B2 のセルに「行／列の入れ替え」で貼り付ける。

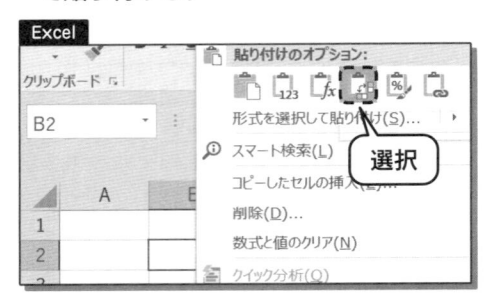

❸ 「人数」の行を切り取り，「平均値」のセルを選択して「切り取ったセルの挿入」で挿入する。

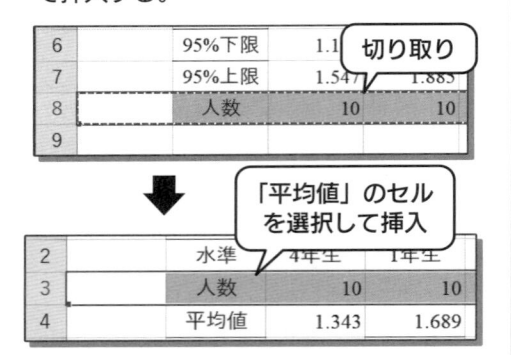

❹ 「標準誤差」から「95% 上限」までの行を選択し，削除する。

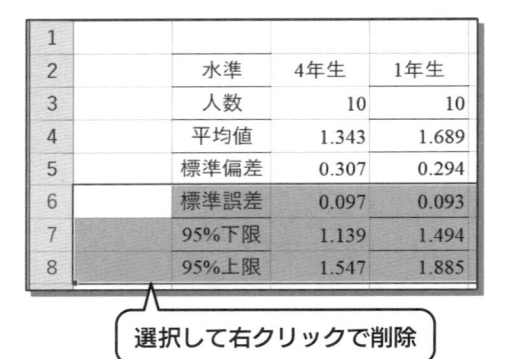

❺ 「水準」を削除する。

❻ 「度数」を "N"，「平均値」を "M"，「標準偏差」を "SD" に変える。その後，それらの文字を斜体にして，左揃えにする。

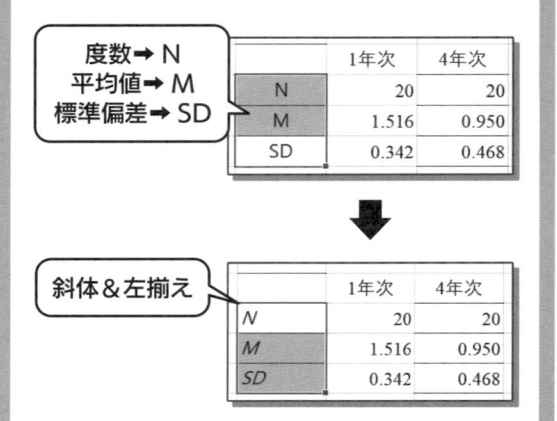

❼ 平均値と標準偏差を選択し，四捨五入して小数点以下 2 桁に揃える。

	1年次	4年次
N	20	20
M	1.52	0.95
SD	0.34	0.47

選択して小数点以下 2 桁にする

ここから先の作業は，本章第 1 節「表の作成方法」の❽〜㉕と同じです。pp. 46-48 を参照してください。Table のタイトルは，「各年次の本を読む時間」です。

分析結果の見方

自由度, *t* 値, *p* 値

差の検定							
水準の組	差	標準誤差	95%下限	95%上限	*t* 値	df	*p* 値
1年次 - 4年次	0.566	0.141	0.272	0.860	4.026	19	.001

見るべきところ

効果量 *d*

見るべきところ

効果量			
	効果量	95%下限	95%上限
相関係数 *r*	.588	.338	.760
効果量 *d*	1.389	0.663	2.114
dD	0.900		
Pr ep	.995		

検定統計量のまとめ方

斜体　　　　半角スペース

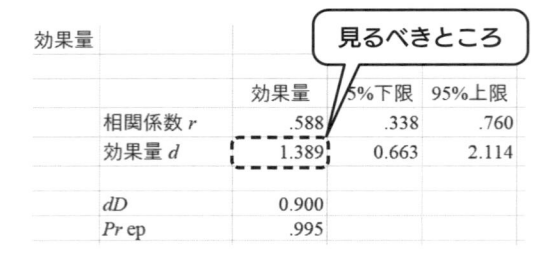

$$t(自由度/df) = t値, p値, 効果量$$

斜体

▶有意の場合

$$t(19) = 4.03, p < .05, d = 1.39$$

t 値と効果量は絶対値を書く
（マイナスを削除する）

▶非有意の場合

$$t(19) = 0.03, ns, d = 0.01$$

斜体

t 値と効果量の
一の位の0は書く

分析結果の書き方

仮説：「本を読む平均時間は，1年次と4年次の間で差が見られるだろう。」

Table 1
各年次の本を読む時間

	1年次	4年次
N	20	20
M	1.52	0.95
SD	0.34	0.47

【差が有意だった場合】

　各年次の本を読む時間の平均値と標準偏差を Table 1 に示す。本を読む時間について，学年の間で差があるか否かを検討するため，対応のある *t* 検定を行った。その結果，学年の間に有意差が見られた（$t(19) = 4.03, p < .05, d = 1.39$）。よって，1年次と4年次で，本を読む平均時間が異なることが示された。以上より，仮説は支持された。

【差が非有意だった場合】

　各年次の本を読む時間の平均値と標準偏差を Table 1 に示す。本を読む時間について，学年の間で差があるか否かを検討するため，対応のある *t* 検定を行った。その結果，学年の間に有意差は見られなかった（$t(19) = 0.03, ns, d = 0.01$）。よって，1年次と4年次では，本を読む平均時間に差があるとは言えないことが示された。以上より，仮説は支持されなかった。

第6章
一要因（一元配置）分散分析

第1節　対応のない一要因（一元配置）分散分析 ⋯⋯⋯⋯⋯

　分散分析は，3つ以上のグループの平均値を比べる分析です。この章で扱うのは，1つの独立変数が従属変数に与える影響を調べる分散分析です。こうした分析方法を「**一要因分散分析**」または「**一元配置分散分析**」といいます。独立変数は1つだけですが，それに含まれるグループ（水準）の数は3つ以上となります。例えば，10の国の幸福感の平均値の差を調べる，だとか，オリンピック開催1か月前，直前，直後，1か月後の人々の国への忠誠心に差があるかを調べるときなどに使われます。

　また，分散分析にも，t検定と同様に，「対応のない／対応のある」があります。これも，各グループを構成しているのが，違う人なのか同じ人なのかでどちらを使うかを選択します。先ほどの例だと，10の国の幸福感を検討する場合，各グループ（国）のメンバーは別々の人です。そのため，対応のない一要因分散分析を用います。一方，オリンピックの時期ごとの忠誠心を調査するときには，同じ人が各時期に同じ質問に答えて，その変化量を調べるという手続きをとるでしょう。そのため，対応のある一要因分散分析を用いることになります。

　比較するものが3つ以上になったことから，「どのグループとどのグループの間に差があるのか」という問題が生じます。t検定では，有意差が見られたら平均値を確認すれば，どちらが高いかが分かりました。しかし，分散分析では，「独立変数の効果が有意である」ことが分かっても，ただ「どこかに差がある」ことが分かっただけで，具体的にどことどこの間に差が見られたのかは分かりません。そこで用いるのが**下位検定**です。下位検定とは，グループ（水準）間の全ての組み合わせにおいて，それぞれ平均値に差があるかどうかを調べる分析です。そのため，分散分析を行う際には，この下位検定の結果も合わせてみないと，結論を出すことができません。下位検定には様々な種類がありますが，HADで採用されているのは，最も一般的なBonferroni法を改良したHolm法です。ただし，オプション機能を使えば，他の下位検定の結果を見ることもできます。

サンプルデータ

　今回は，日本，米国（アメリカ），中国の人たち 120 名を対象に，自尊心（自己に対する評価，つまり，社会の中で自分がどれくらいイケてると思っているか）を測定したデータを分析することとします。この場合，参加者間計画であり，独立変数は国，従属変数は自尊心です。日本，米国，中国という 3 つのグループ（水準）があります。各グループの人たちの自尊心の程度の平均値を算出して，その間に差があるかどうかを調べます。異なる人たちが所属する 3 つのグループの間の平均値を比べるため，用いる分析は対応のない一要因分散分析です。推測統計は仮説を検証する分析方法です。そのため，次の仮説を立て，検証することにします。

仮説：「中国，米国と比べて，日本の人たちの自尊心は低いだろう。」

○使用するサンプルデータ：「対応のない一要因分散分析」シート
※データは著者が作成した架空のものです。分析結果を信用しないようにして下さい。

分析方法

1 「使用変数」をクリックする。

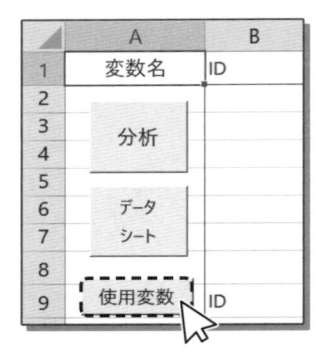

2 使用する従属変数を選び，「追加→」をクリックする（今回は「国」が独立変数，「自尊心」が従属変数）。

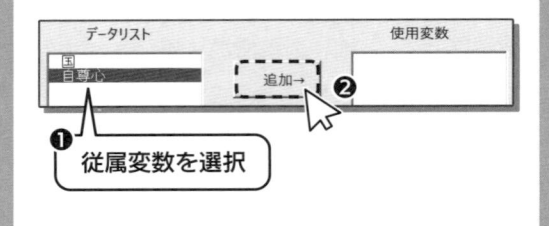

従属変数を選択

3 使用する独立変数を選び，「追加→」をクリックする。

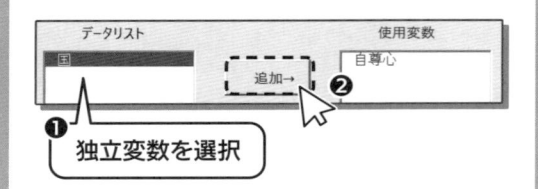

独立変数を選択

4 「使用変数」の欄に，上に従属変数，下に独立変数の順で移動したことを確認したら，「OK」をクリックする。

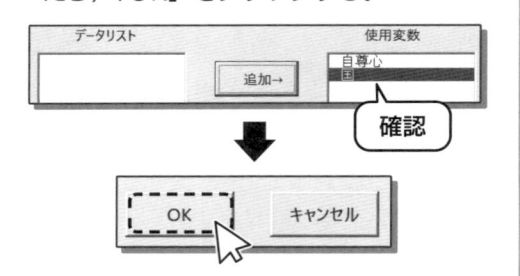

確認

5 「回帰分析」をチェックする[1]。

チェック

6 「モデル保存」というボタンの右にある「分散分析」をクリックする。

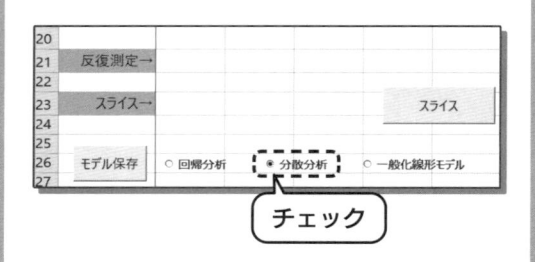

チェック

---

1) 今回は「回帰分析」で行う方法を紹介しますが，t 検定を選んでも一元配置の分散分析を行うことは可能です。

7 従属変数（ここでは自尊心）を選択し，「目的変数を投入」をクリックする[2]（目的変数＝従属変数）。

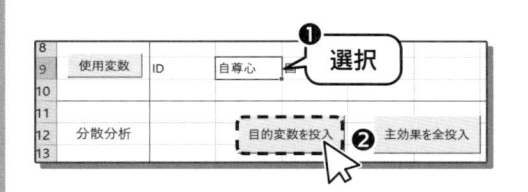

8 「主効果を全投入」をクリックする。

9 モデルスペースの下にある「各セルの平均値」をクリックして，水準ごとの要約統計量を算出する。

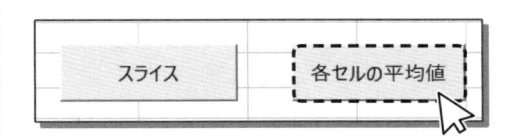

10 「CellMean」シートが出てきて，平均値と標準偏差が出てきたことを確認する。

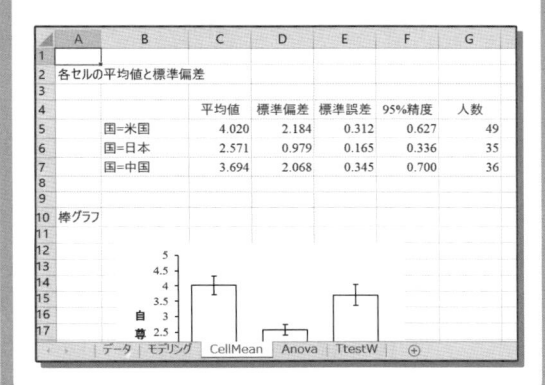

11 モデリングシートに戻り，「分析実行」をクリックする。

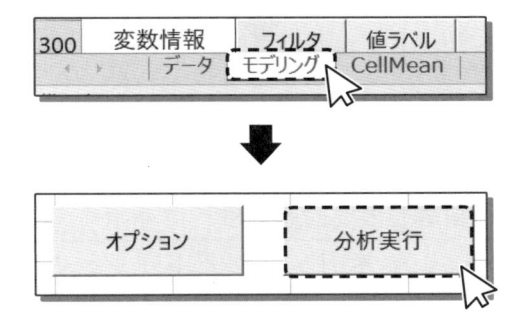

---

2) 独立変数と従属変数の別称は，それぞれ説明変数と目的変数です。どちらも意味は同じですが，独立変数と従属変数という名称は実験研究，説明変数と目的変数は調査研究で用いられる傾向にあります。本書では，因果関係の分かりやすさを重視して，独立変数と従属変数という呼び方を採用します。

分析結果のまとめ方

HAD の結果：要約統計量（「CellMean」シート）

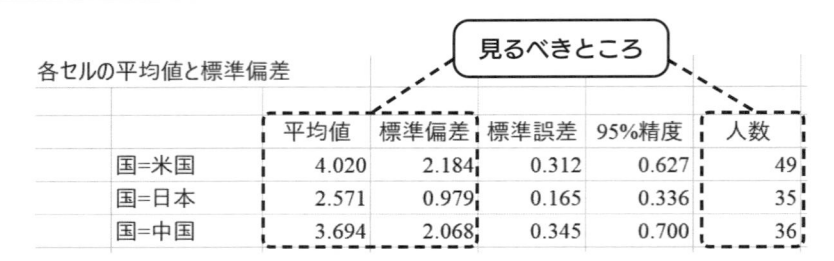

各セルの平均値と標準偏差

見るべきところ

	平均値	標準偏差	標準誤差	95%精度	人数
国=米国	4.020	2.184	0.312	0.627	49
国=日本	2.571	0.979	0.165	0.336	35
国=中国	3.694	2.068	0.345	0.700	36

下位検定の結果（「Anova」シート）

要因:国

水準ごとの平均値

水準	平均値	標準誤差	95%下限	95%上限	t 値	df	p 値
米国	4.020	0.268	3.490	4.551	15.012	117	.000
日本	2.571	0.317	1.944	3.199	8.115	117	.000
中国	3.694	0.312	3.076	4.313	11.824	117	.000

見るべきところ

多重比較	Holm法					主効果p 値	.000 **	
水準の組	差	標準誤差	95%下限	95%上限	t 値	df	p 値	調整p 値
米国 - 日本	1.449	0.415	0.627	2.271	3.492	117	.001	.002 **
米国 - 中国	0.326	0.412	-0.489	1.141	0.792	117	.430	ns
日本 - 中国	-1.123	0.445	-2.004	-0.242	-2.524	117	.013	.026 *

Table（表）にまとめた完成形

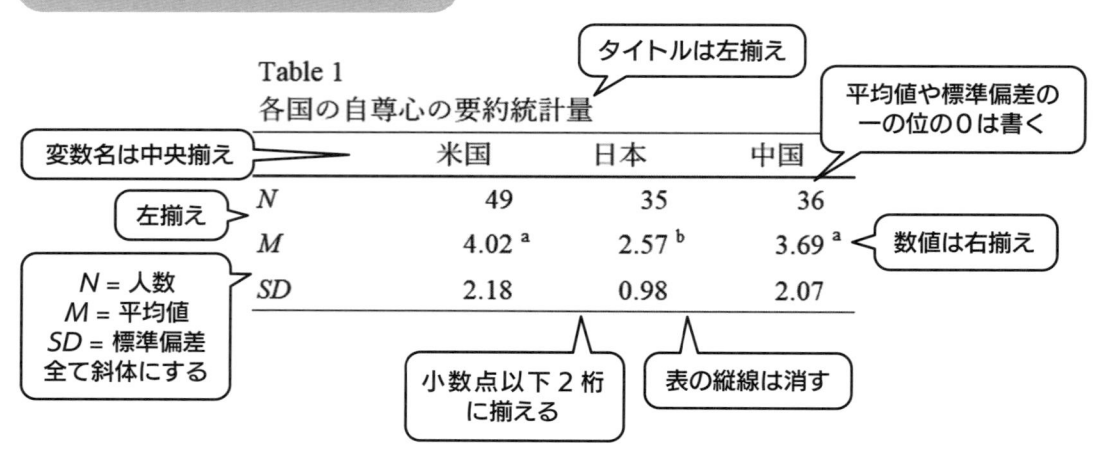

タイトルは左揺え

平均値や標準偏差の一の位の0は書く

変数名は中央揃え

Table 1
各国の自尊心の要約統計量

	米国	日本	中国
N	49	35	36
M	4.02 [a]	2.57 [b]	3.69 [a]
SD	2.18	0.98	2.07

左揃え

数値は右揃え

N = 人数
M = 平均値
SD = 標準偏差
全て斜体にする

小数点以下2桁に揃える

表の縦線は消す

表の作成方法

❶「CellMean」のシートをクリックして開く。

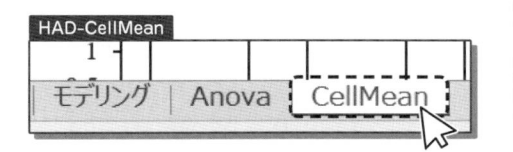

❷表を選択し，コピーする。

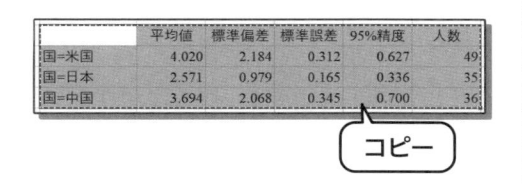

❸別に開いておいた Exce ファイルの B2 の
セルに「行／列の入れ替え」で貼り付ける。

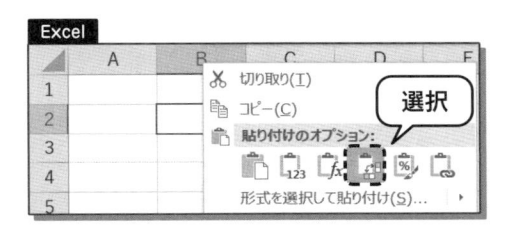

❹「標準誤差」と「95% 精度」の行を削除
する。

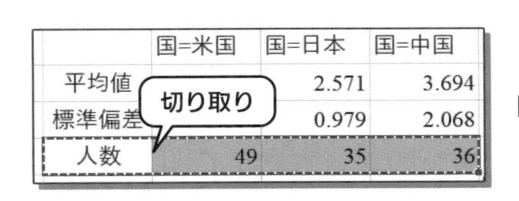

❺「人数」の行を切り取り，「平均値」のセルを選んで「切り取ったセルの挿入」で挿入する。

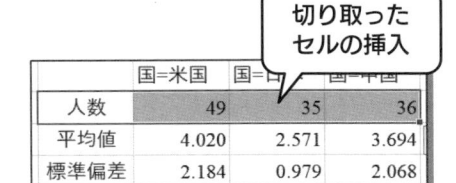

❻水準名から「国＝」を全て削除する。

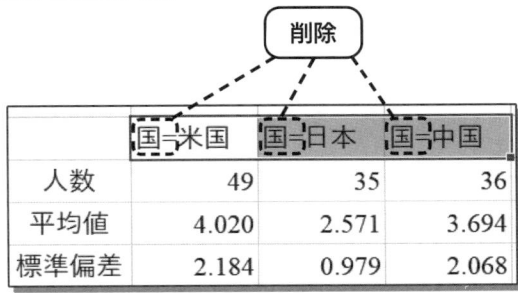

❼水準名を中央揃えにする。

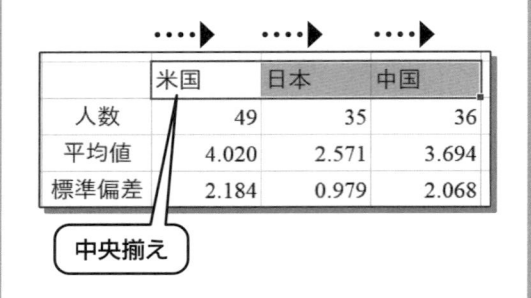

	米国	日本	中国
人数	49	35	36
平均値	4.020	2.571	3.694
標準偏差	2.184	0.979	2.068

中央揃え

❽平均値と標準偏差を小数点以下 2 桁に揃える。

	米国	日本	中国
人数	49	35	36
平均値	4.02	2.57	3.69
標準偏差	2.18	0.98	2.07

小数点以下 2 桁にする

❾「度数」を "N"，「平均値」を "M"，「標準偏差」を "SD" に変える。その後，それらの文字を斜体にして，左揃えにする。

度数 ➡ N
平均値 ➡ M
標準偏差 ➡ SD

	米国	日本	中国
N	49	35	36
M	4.02	2.57	3.69
SD	2.18	0.98	2.07

斜体＆左揃え

	米国	日本	中国
N	49	35	36
M	4.02	2.57	3.69
SD	2.18	0.98	2.07

❿【下位検定の結果を入力】水準名の 2 列目（今回は列 D）を選択して左側に 1 列挿入する。

選択して挿入

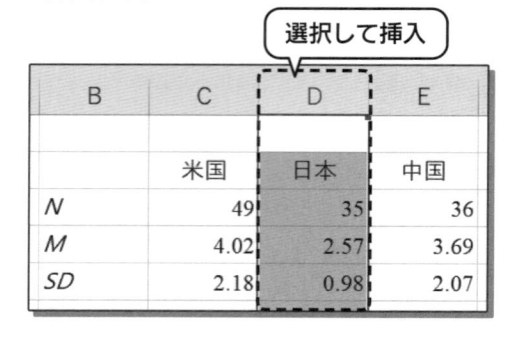

B	C	D	E
	米国	日本	中国
N	49	35	36
M	4.02	2.57	3.69
SD	2.18	0.98	2.07

⓫3 列目も選択して 1 列挿入する。

選択して挿入

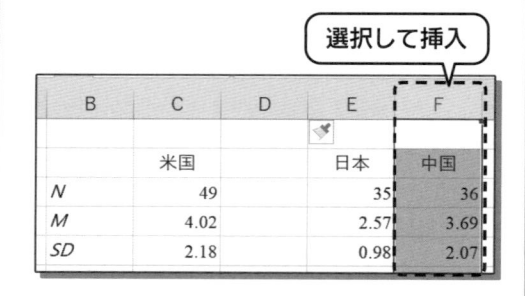

B	C	D	E	F
	米国		日本	中国
N	49		35	36
M	4.02		2.57	3.69
SD	2.18		0.98	2.07

⓬下位検定の結果に基づき平均値の右隣のセルにアルファベットを入力する。

（ア）アルファベットのルール
　　①水準間の差が有意 → 異なるアルファベットをふる
　　②水準間の差が非有意 → 同じアルファベットをふる

（イ）以下の例の場合
　　①米国と日本：有意差あり → 米国＝ a，日本＝ b
　　②米国と中国：有意差なし → 米国＝ a，中国＝ a
　　③日本と中国：有意差あり → 日本＝ b，中国＝ a
　　　⇒ 米国 ＝ a，日本 ＝ b，中国 ＝ a

> 米国と日本：有意（$p < .05$）
> 日本と米国：非有意（ns）
> 日本と中国：有意（$p < .05$）

多重比較	Holm法					主効果p値		.000 **	
水準の組	差	標準誤差	95%下限	95%上限	t値	df	p値	調整p値	
米国 - 日本	1.449	0.415	0.627	2.271	3.492	117	.001	.002 **
米国 - 中国	0.326	0.412	-0.489	1.141	0.792	117	.430	ns
日本 - 中国	-1.123	0.445	-2.004	-0.242	-2.524	117	.013	.026 *

⓭⓬に基づいて，平均値の右隣のセルにアルファベットを入力する。

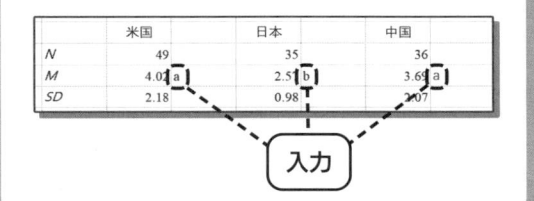

入力

⓮アルファベットのセルを，Ctrl キーを押しながら同時に選択する。

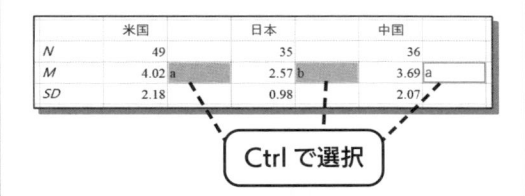

Ctrl で選択

⓯メニューのフォントタブの設定をクリックし，「上付き」をチェックして OK をクリックする。

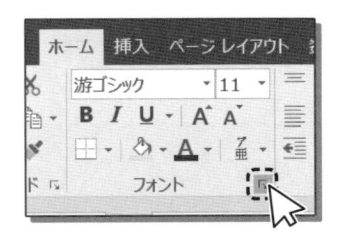
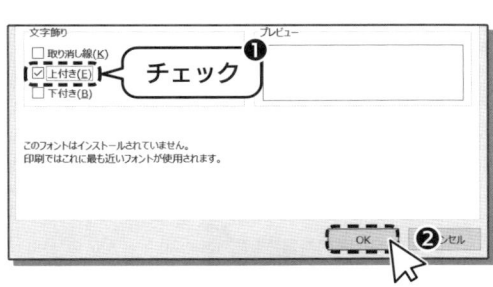

❶ チェック

このフォントはインストールされていません。
印刷ではこれに最も近いフォントが使用されます。

❷

⓰アルファベットの全ての列を，Ctrl キーを押しながら同時に選択し，列の右端をダブルクリックして列の幅を調整する。

Ctrl で選択

ダブルクリック

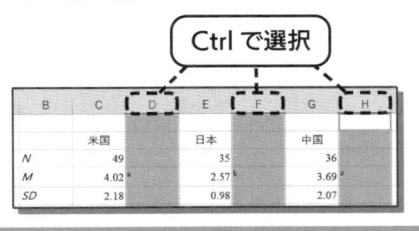

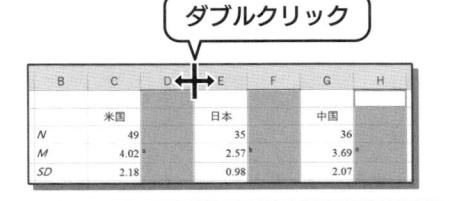

17 水準名のセルと右隣のセルを選択し，「セルを結合して中央揃え」で結合する。

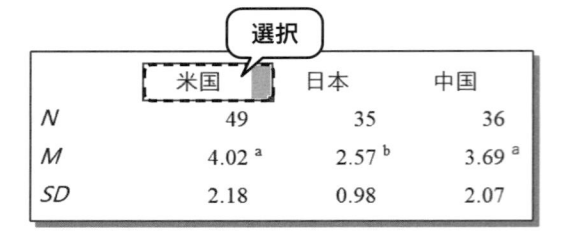

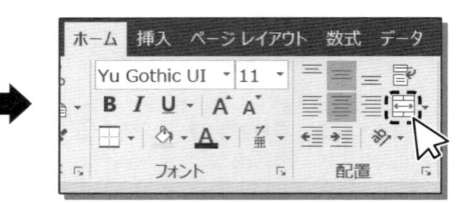

18 他の水準に関しても同様に結合させる。

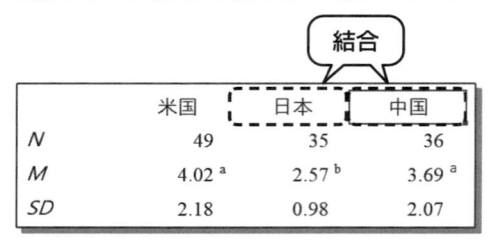

19 水準の行を選択する。

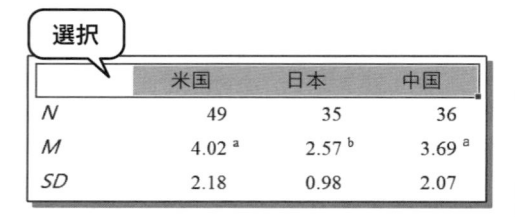

20 メニューの「フォント」の「罫線」の「▼」をクリックして，「上罫線＋下罫線」を選択する。

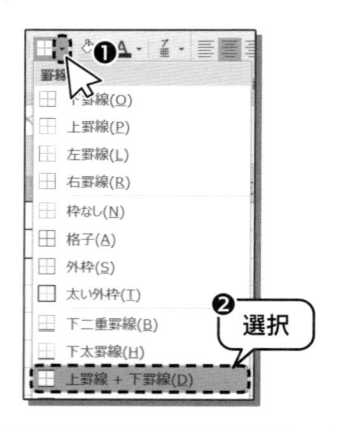

21 統計値の名称の列と数値のセルを全て選択し，「上罫線＋下罫線」をクリックする。

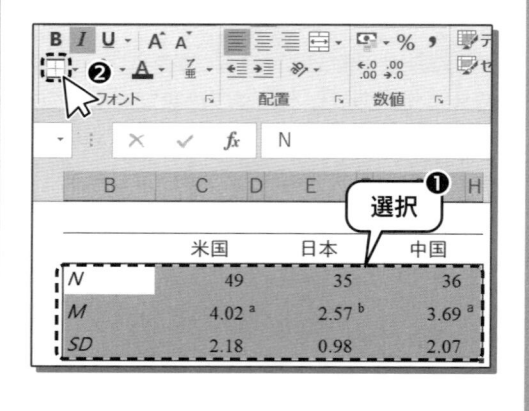

ここから先の作業は，第 5 章第 1 節「表の作成方法」の**13**〜**25**と同じです。pp. 47-48 を参照してください。Table のタイトルは，「各国の自尊心の要約統計量」です。

分析結果の見方

自由度, F 値, p 値 [3], 効果量 η^2_p

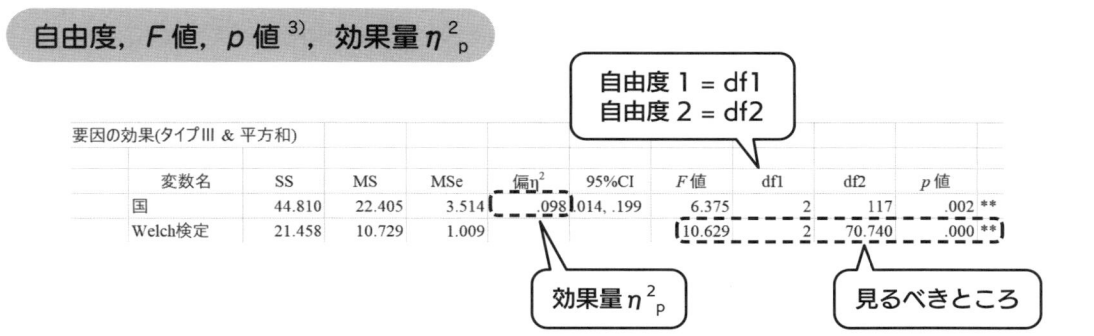

自由度 1 = df1
自由度 2 = df2

要因の効果(タイプⅢ & 平方和)									
変数名	SS	MS	MSe	偏η^2	95%CI	F値	df1	df2	p値
国	44.810	22.405	3.514	.098	014, .199	6.375	2	117	.002 **
Welch検定	21.458	10.729	1.009			10.629	2	70.740	.000 **

効果量 η^2_p

見るべきところ

下位検定 （Holm 法）

見るべきところ

多重比較	Holm法					主効果p値	.000 **	
水準の組	差	標準誤差	95%下限	95%上限	t値	df	p値	調整p値
米国 - 日本	1.449	0.415	0.627	2.271	3.492	117	.001	.002 **
米国 - 中国	0.326	0.412	-0.489	1.141	0.792	117	.430	ns
日本 - 中国	-1.123	0.445	-2.004	-0.242	-2.524	117	.013	.026 *

アスタリスク （*） の数で有意かどうかが分かる
1つ（*）: $p < .05$（5% で有意）, 2つ（**）: $p < .01$（1% で有意）

検定統計量のまとめ方

半角スペース

斜体

$$F(\text{自由度}1, \text{自由度}2) = F\text{値}, p\text{値}, \text{効果量}$$

斜体

▶有意の場合

$$F(2, 70.74) = 10.63, p < .05, \eta^2_p = .10$$

斜体にしない

▶非有意の場合

$$F(2, 70.74) = 0.63, ns, \eta^2_p = .01$$

斜体

---

3) 対応のない t 検定（第 5 章第 1 節）と同様に，等分散の問題を考慮して，一要因分散分析においても Welch 検定の結果を採用します。

効果量の記号の設定

1 「いーた」とタイプし, 「η」を選択する。

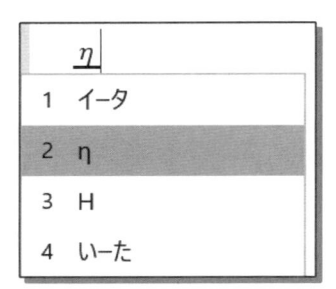

2 半角で「2」と「p」を入力する。

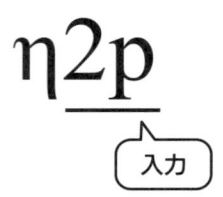

3 「2」を選択し, 「フォント」の設定オプションをクリックする。

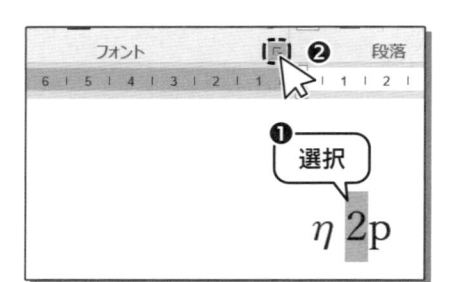

4 「上付き」をチェックして, 「OK」をクリックする。

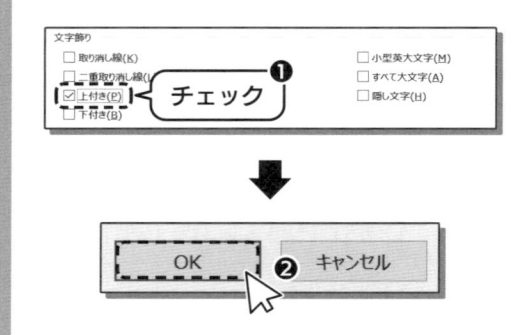

5 「p」を選択して, 「フォント」の設定オプションをクリックする。

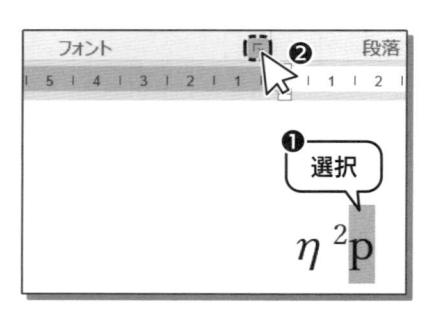

6 「下付き」をチェックして, 「OK」をクリックする。

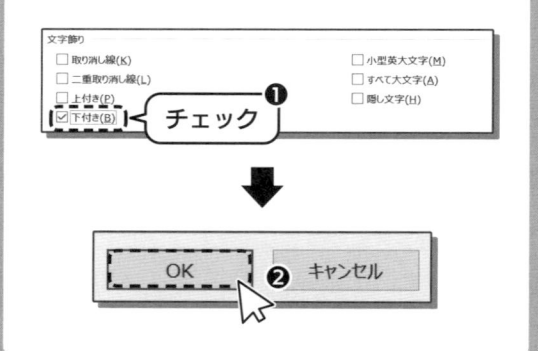

分析結果の書き方

仮説：「中国，米国と比べて，日本の人たちの自尊心は低いだろう」

Table 1
各国の自尊心の要約統計量

	米国	日本	中国
N	49	35	36
M	4.02 [a]	2.57 [b]	3.69 [a]
SD	2.18	0.98	2.07

【差が有意だった場合】

　各国の自尊心の平均値と標準偏差を Table 1 に示す。自尊心について，国の間で差があるか否かを検討するため，対応のない一要因分散分析を行った。その結果，国の間に有意差が見られた（$F_{(2, 70.74)} = 10.38$, $p < .05$, $\eta_p^2 = .10$）。また，Holm 法を用いた下位検定の結果，米国と日本（$p < .05$），日本と中国（$p < .05$）の間に有意差があり，米国と中国の間には有意差は見られなかった（ns）。よって，自尊心の程度は，米国と中国よりも日本で低いことが示された。以上より，仮説は支持された。

> 有意差があった場合，平均値を見て，どちらが高いかを判断する

> 下位検定の結果は p 値のみを記載する

【差が非有意だった場合】

　各国の自尊心の平均値と標準偏差を Table 1 に示す。自尊心について，国の間で差があるか否かを検討するため，対応のない一要因分散分析を行った。その結果，国の間に有意差が見られなかった（$F_{(2, 70.74)} = 0.63$, ns, $\eta_p^2 = .01$）。Holm 法を用いた下位検定の結果，米国と日本（ns），日本と中国（ns），米国と中国（ns）の間に有意差は見られなかった。よって，国によって自尊心の程度に差があるとは言えないことが示された。以上より，仮説は支持されなかった。

> 下位検定の結果も報告する [4]

4）有意差が見られなくても，下位検定の結果は報告することが推奨されます。もしどこかに有意差が見られれば，その結果が考察のヒントになることがあるためです。また，「有意差がない」という事実も重要な知見だからです。

第2節　対応のある一要因（一元配置）分散分析 ……………

サンプルデータ

　今回は，ある薬品を投与して幸福度を調べるという実験を，健常者50名を対象に行ったデータを分析することとします。この薬品は，人々の幸福感を抑制し，努力をしなくなることを防ぐために開発されました。薬の効果が狙い通りに見られるかどうかについて臨床実験していると考えてください（なお，このような薬品は倫理的には望ましくないため，現実に作成されることはないでしょう）。この場合，参加者内計画であり，独立変数は幸福感の測定時期であり，従属変数は幸福感です。測定時期には投与前，投与直後，投与1時間後という3つのグループ（水準）があります。各時期で幸福感の平均値を算出して，その間に差があるかどうかを調べます。同じ人の中での3つの時点での変化量を比べるため，用いる分析は対応のある一要因分散分析です。推測統計は仮説を検証する分析方法です。そのため，次の仮説を立て，検証することにします。

仮説：「薬物が投与されると，時間が経つにつれて，幸福度が低くなるだろう。」

○使用するサンプルデータ：「対応のある一要因分散分析」シート
※データは著者が作成した架空のものです。分析結果を信用しないようにして下さい。

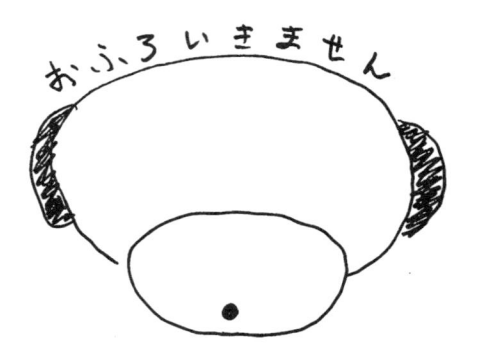

分析方法

1 「使用変数」をクリックする。

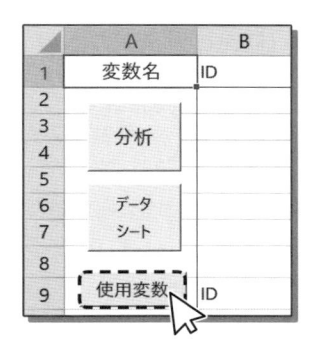

2 使用する変数をドラッグしながら選択し，「追加→」をクリックする。

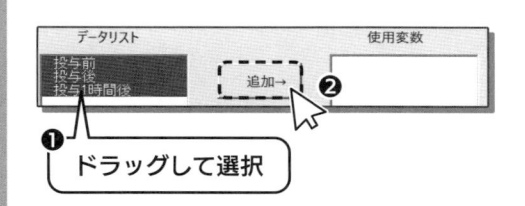

ドラッグして選択

3 使用する変数が「使用変数」の欄に移動したことを確認したら，「OK」をクリックする。

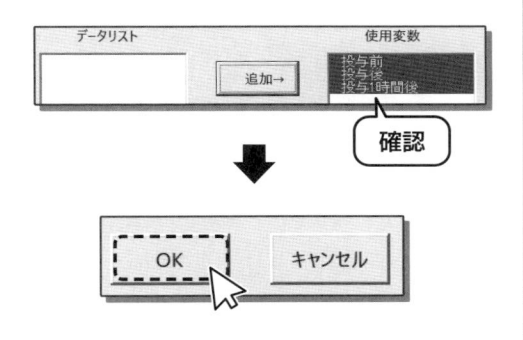

確認

4 「回帰分析」をチェックし，「モデル保存」というボタンの右にある「分散分析」をクリックする[5]。

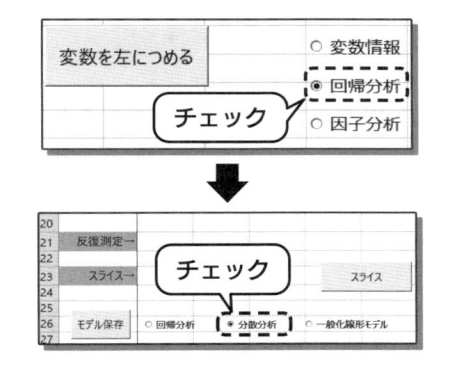

チェック

チェック

5 変数を全て選択し，「目的変数を投入」をクリックする（目的変数＝従属変数）。

選択

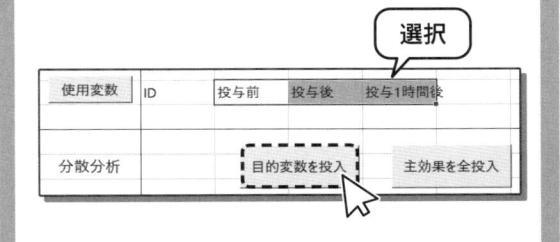

6 「＄」の右隣のセルに独立変数の名称を入力する（今回は「測定時期」）。

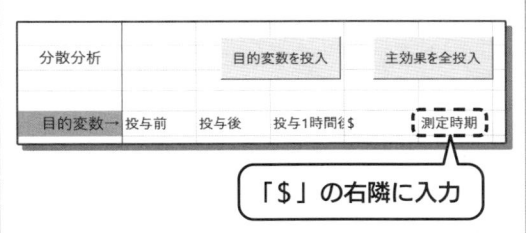

「＄」の右隣に入力

7 「主効果を全投入」をクリックする。

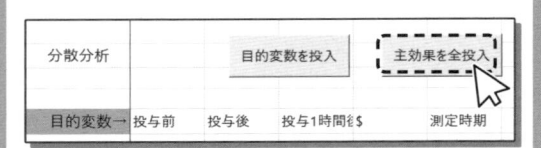

8 「反復測定」に水準数を入力する（今回は 3 水準のため「3」）。

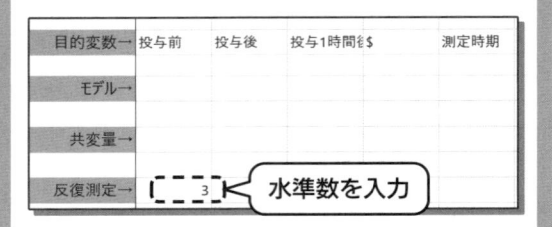

9 「各セルの平均値」をクリックし，「CellMean」シートに水準ごとの要約統計量を算出する。

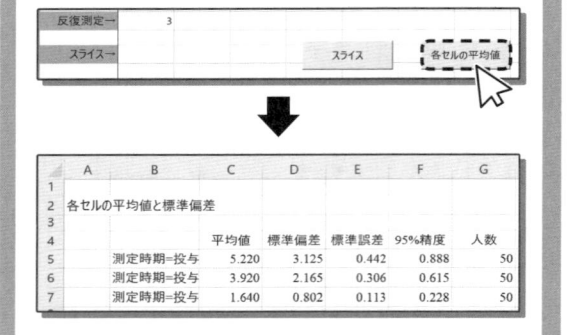

10 「モデリング」シートに戻り，「分析実行」をクリックする。

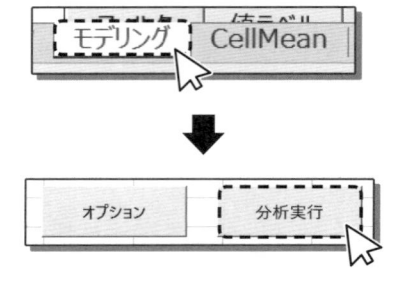

分析結果のまとめ方

HAD の結果：要約統計量（「CellMean」シート）

各セルの平均値と標準偏差

見るべきところ

	平均値	標準偏差	標準誤差	95%精度	人数
測定時期=投与	5.220	3.125	0.442	0.888	50
測定時期=投与	3.920	2.165	0.306	0.615	50
測定時期=投与	1.640	0.802	0.113	0.228	50

下位検定の結果（「Anova」シート）

要因:測定時期(測定時期)

水準ごとの平均値

水準	平均値	標準誤差	95%下限	95%上限	t 値	df	p 値
投与前	5.220	0.442	4.332	6.108	11.811	49	.000
投与後	3.920	0.306	3.305	4.535	12.803	49	.000
投与1時間後	1.640	0.113	1.412	1.868	14.459	49	.000

多重比較	Holm法					主効果p 値	.000 **	
水準の組	差	標準誤差	95%下限	95%上限	t 値	df	p 値	調整p 値
投与前 - 投与後	1.300	0.548	0.198	2.402	2.371	49	.022	.022 *
投与前 - 投与1時間	3.580	0.449	2.677	4.483	7.971	49	.000	.000 **
投与後 - 投与1時間	2.280	0.344	1.589	2.971	6.626	49	.000	.000 **

見るべきところ

Table（表）にまとめた完成形

タイトルは左揃え

Table 1
各測定時期における幸福度の要約統計量

平均値や標準偏差の一の位の0は書く

変数名は中央揃え

	投与前	投与後	投与1時間後
N	50	50	50
M	5.22 [a]	3.92 [b]	1.64 [c]
SD	3.13	2.17	0.80

左揃え

数値は右揃え

N = 人数
M = 平均値
SD = 標準偏差
全て斜体にする

小数点以下2桁に揃える

表の縦線は消す

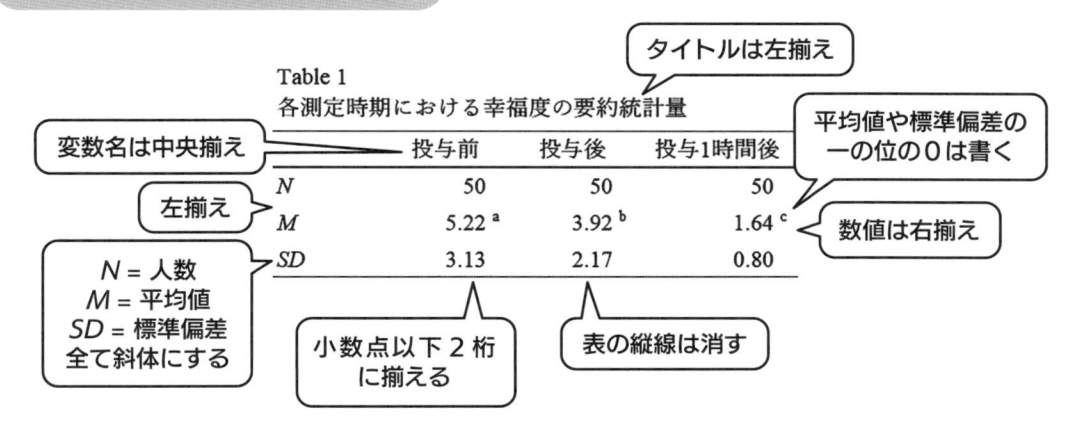

表の作成方法

Table の作成方法は，対応のない一要因分散分析（第6章第1節, pp. 63-66）とタイトル以外ほぼ同じです。そちらを参照の上，作成してください。

完成図

Table 1
各測定時期における幸福度の要約統計量

	投与前	投与後	投与1時間後
N	50	50	50
M	5.22 [a]	3.92 [b]	1.64 [c]
SD	3.13	2.17	0.80

分析結果の見方

自由度，F 値，p 値，効果量 η^2_p

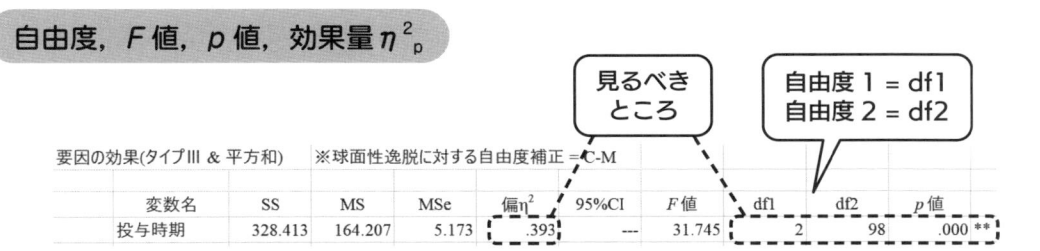

要因の効果(タイプⅢ & 平方和)									※球面性逸脱に対する自由度補正 = C-M
変数名	SS	MS	MSe	偏η^2	95%CI	F値	df1	df2	p値
投与時期	328.413	164.207	5.173	.393	---	31.745	2	98	.000 **

吹き出し: 見るべきところ / 自由度1 = df1　自由度2 = df2

▶ **下位検定（Holm 法）**

吹き出し: 見るべきところ

多重比較	Holm法						主効果p値	.000 **	
水準の組	差	標準誤差	95%下限	95%上限	t値	df	p値	調整p値	
投与前 - 投与後	1.300	0.548	0.198	2.402	2.371	49	.022	.022 *	
投与前 - 投与1時間	3.580	0.449	2.677	4.483	7.971	49	.000	.000 **	
投与後 - 投与1時間	2.280	0.344	1.589	2.971	6.626	49	.000	.000 **	

吹き出し: アスタリスク（*）の数で有意かどうかが分かる
1つ（*）：$p < .05$（5% で有意），2つ（**）：$p < .01$（1% で有意）

検定統計量のまとめ方[6]

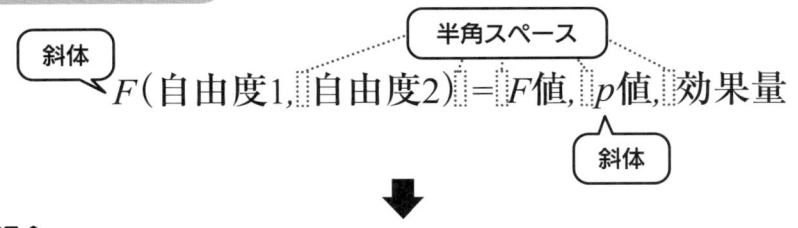

吹き出し: 斜体 / 半角スペース / 斜体

$$F(自由度1, 自由度2) = F値, p値, 効果量$$

▶ **有意の場合**

$$F(2, 98) = 31.75, p < .05, \eta^2_p = .39$$

吹き出し: 斜体にしない

▶ **非有意の場合**

$$F(2, 98) = 0.75, ns, \eta^2_p = .01$$

吹き出し: 斜体

---

6) 効果量の記号である η（イータ）の書き方は，本章第 1 節 p. 68 を参照してください。

分析結果の書き方

仮説：「薬物が投与されると，時間が経つにつれて，幸福度が低くなるだろう。」

Table 1
各測定時期における幸福度の要約統計量

	投与前	投与後	投与1時間後
N	50	50	50
M	5.22 [a]	3.92 [b]	1.64 [c]
SD	3.13	2.17	0.80

【差が有意だった場合】

　各測定時期の幸福度の平均値と標準偏差を Table 1 に示す。薬物を投与することで，各時期の幸福感の間に差があるか否かを検討するため，対応のある一要因分散分析を行った。その結果，時期の間に有意差が見られた（$F_{(2, 98)} = 31.75$, $p < .05$, $\eta^2_p = .39$）。また，Holm 法を用いた下位検定の結果，投与前と投与1時間後（$p < .05$），投与後と投与1時間後（$p < .05$），そして投与前と投与後の間（$p < .05$）に有意差が見られた。よって，幸福度は投与前から投与後，投与1時間後となるにつれて低くなることが示された。

> 有意差があった場合，平均値を見て，どちらが高いかを判断する

> 下位検定の結果は p 値のみを記載する

【差が非有意だった場合】

　各測定時期の幸福度の平均値と標準偏差を Table 1 に示す。薬物を投与することで，各時期の幸福感の間に差があるか否かを検討するため，対応のある一要因分散分析を行った。その結果，時期の間に有意差が見られなかった（$F_{(2, 117)} = 0.23$, ns, $\eta^2_p = .01$）。Holm 法を用いた下位検定の結果，投与前と投与後（ns），投与前と投与1時間後（ns），そして投与後と投与1時間後（ns）のそれぞれで有意差が見られなかった。よって，測定時期によって幸福度に差があるとは言えないことが示された。以上，仮説は支持されなかった。

> 下位検定の結果も報告する[7]

---

7) 有意差が見られなくても，下位検定の結果は報告することが推奨されます。もしどこかに有意差が見られれば，その結果が考察のヒントになることがあるためです。また，「有意差がない」という事実も重要な知見だからです。

第**7**章
二要因（二元配置）分散分析

　第 7 章では，独立変数が 2 つ以上含まれた分散分析を紹介します。独立変数は「要因」または「元」と表現されます。そのため，独立変数を 2 つ含んだ分散分析は「二要因分散分析」，または「二元配置の分散分析」と呼びます。3 つの場合は「三要因分散分析」，「三元配置の分散分析」となります。独立変数には複数のグループ，つまり水準が含まれます。例えば，2 つの独立変数があるとします。片方の独立変数が 2 水準，もう一方が 3 水準を含む場合，平均値の差を検討するグループの数は 2 × 3 で 6 つとなります。

　複数の独立変数を含んだ分散分析は，独立変数が 1 つのときより複雑になります。なぜなら，独立変数のそれぞれの影響（主効果）だけでなく，独立変数どうしが組み合わさっておよぼされる影響，つまり**交互作用効果**[1] を調べるためです。**主効果**とは，分散分析に含まれる，1 つの独立変数が従属変数に与える純粋な影響力のことです。言い換えれば，その独立変数だけの水準間の平均値の差を調べています。

　一方，交互作用効果については，ファミリーレストランのドリンクバーをイメージしてみてください。ドリンクバーには様々な飲み物があるため，組み合わせてオリジナルの飲み物を作ることができます。例えば，コーラとメロンソーダを混ぜると意外に美味しかったり，コーヒーとフルーツ系を混ぜると美味しくなくなったりしますね。こうした，2 つの飲み物を混ぜたときの意外な美味しさ／不味さは，交互作用効果の一例と言えます。

　もう少し具体的に説明します。交互作用効果は「所変われば品変わる」です。1 つ目の独立変数の良い効果が，状況が変わると消えてしまったり，悪い効果になってしまったりするのが交互作用効果です。すなわち，「状況」の違いによって，もう 1 つの独立変数の影響力が変わってしまうのです。例えば，あなたがおにぎりを 1 つ食べた時の感動を測定したとします。この場合，独立変数はおにぎりを食べるか否かであり，従属変数は感動の程度です。おにぎりを食べることにより，食べる前よりも感動の程度が少しだけ上がったとします（図 1）。しかし，もしあなたが朝から何も食べておらず，やっと夕方に近い時間に食べることができたときに測定したならば，感動の程度はより大きく跳ね上がるで

---

1) 交互作用効果で検討されているのは調整効果です。調整効果とは，独立変数①が従属変数に与える影響力が，独立変数②の値が変わることによって大きくなったり，小さくなったり，なくなったりするという現象のことです。

しょう（図2）。この場合，もう1つの独立変数はあなたの空腹状態（空腹ではない／空腹である）となります。すなわち，空腹であることが，おにぎりを食べることの効果を増大させたと言えます。これが交互作用効果です。交互作用効果には様々なパターンがあります。ある状況で増加する効果が別の状況では消えてしまったり，ある状況で減衰する効果が，別の状況ではさらに強まっていたりします。交互作用効果があるかどうかは図にするとよく分かります。片方の水準で見られた平均値の差が，もう一方の水準では異なっていれば，交互作用効果が有意である可能性があります。

　ただし，分散分析の結果から分かるのは，あくまでも「どこかに差がある」ことだけです。具体的に，どの水準とどの水準の間に差があるかを調べるために行うのが単純主効果検定です。単純主効果検定では，片方の独立変数の水準で分割し，それぞれの水準内でもう一方の独立変数の水準の間に差があるかどうかを調べます。今回の例では，1つのおにぎりを食べる前と食べた後で分けて，それぞれの水準における「空腹でない場合」と「すごく空腹の場合」の感動の程度の差を調べるのが単純主効果検定です。

　そして，t検定や一要因分散分析と同様に，二要因以上の分散分析にも「対応のない／対応のある」があります。どちらを用いるのか判断する基準は第5章第1・2節冒頭（p.

図1　おにぎりを食べる前と食べた後の感動の程度

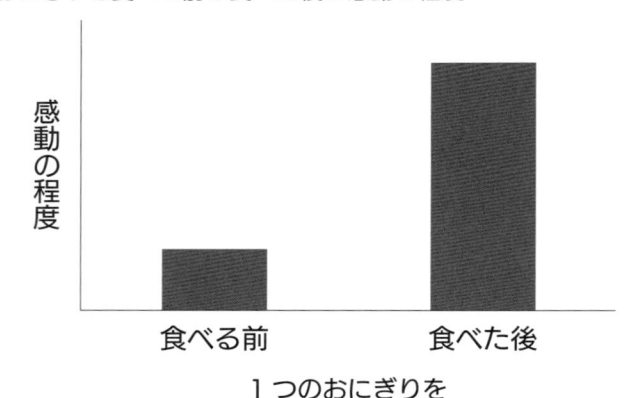

図2　それぞれのお腹の状態でおにぎりを食べる前と食べた後の感動の程度

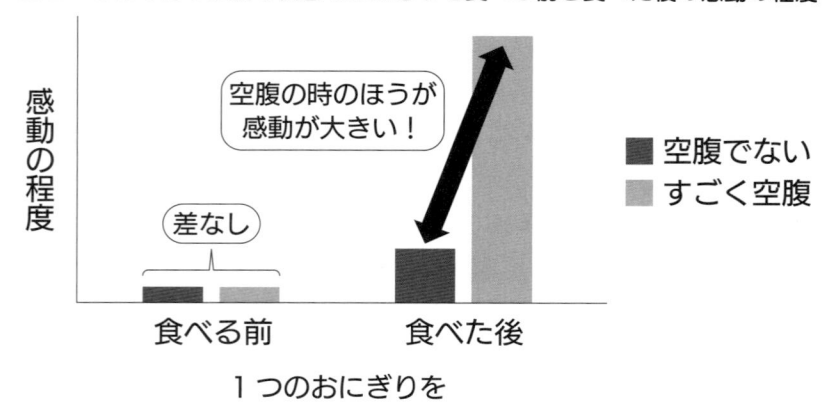

41, 51）をご覧ください。ただし，二要因以上の分散分析には 2 つ以上の独立変数が含まれるため，対応のない変数とある変数が混在する場合が出てきます。このような分析は，混合要因分散分析と呼ばれています。操作方法は少し変わりますが，基本的な結果の見方は変わりません。

第 1 節　対応のない二要因（二元配置）分散分析 ⋯⋯⋯⋯⋯

　対応のない二要因分散分析は，2 つの独立変数のいずれも参加者間要因の質的（カテゴリー）変数であり，従属変数が量的変数であるときに使う分析方法です。独立変数が従属変数に与える影響があるか否かを調べます。

サンプルデータ

　対応のない二要因分散分析のサンプルデータは，120 名を対象とした調査を行ったものです。国（日本／アメリカ）と性別（女性／男性）をそれぞれ独立変数として，従属変数を自尊心としたデータになります。各独立変数には 2 つずつ水準が含まれているため，4 つのグループ（日本・女性，日本・男性，アメリカ・女性，アメリカ・男性）の平均値を算出します。このとき，自尊心の高さが男女で違うのか（性別の主効果），国が違えば自尊心の高さが異なるのか（国の主効果），そして，それぞれの国の中で，男性と女性の自尊心のどちらが高いのか，が変わるのか（交互作用効果）を検討します。そのため，単純主効果検定では，日本人とアメリカ人に分け，日本人の中で男性と女性の間に自尊心の平均値に差が見られるか，アメリカ人の中で男性と女性の間に自尊心の平均値に差が見られるか，を検討します。推測統計は仮説を検証する分析方法です。そのため，次の仮説を立て，検証することにします。

仮説：「自尊心の程度において，日本人では女性より男性の方が高いが，アメリカ人では男性より女性が高いだろう。」

○**使用するサンプルデータ**：「対応のない二要因分散分析」シート
※データは著者が作成した架空のものです。分析結果を信用しないようにして下さい。

分析方法

1 「使用変数」をクリックする。

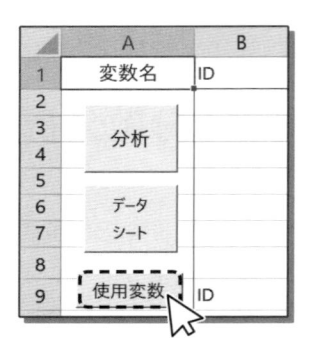

2 使用する変数をドラッグしながら選択し，「追加→」をクリックする。

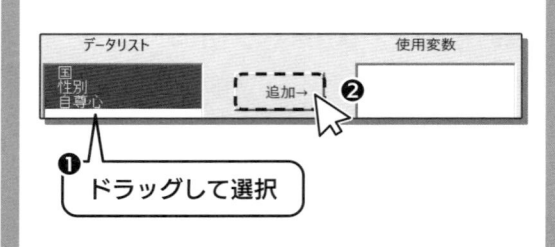

ドラッグして選択

3 使用する変数が「使用変数」の欄に移動したことを確認したら，「OK」をクリックする。

確認

4 「回帰分析」をチェックする。

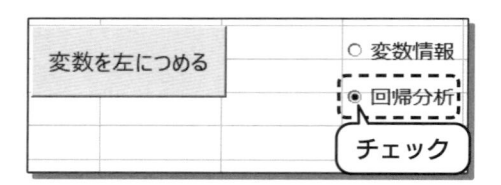

チェック

5 「モデル保存」というボタンの右にある「分散分析」をクリックする。

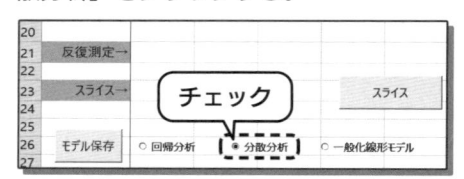

チェック

6 従属変数（ここでは自尊心）を選択し，「目的変数を投入」をクリックする（目的変数 = 従属変数）。

選択

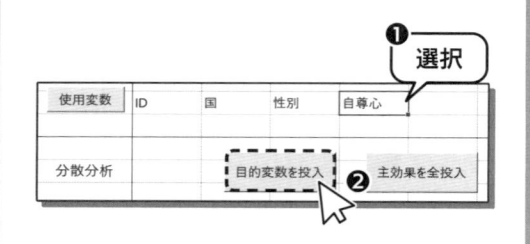

7 「主効果を全投入」をクリックした後，「交互作用を全投入」をクリックする。

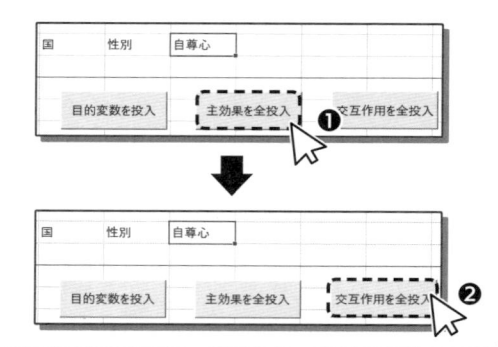

❽【単純主効果検定の設定】独立変数のうちの１つ（今回は国）を選択し，「スライス」[2] を
　クリックする。

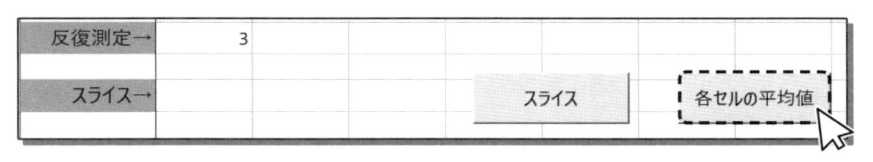

15	目的変数→	自尊心	$				
16							
17	モデル→	国	性別	国*性別			
18							
19	共変量→		❶ 選択				
20							
21	反復測定→						
22							
23	スライス→					スライス ❷	各セルの平均値
24							

❾「各セルの平均値」をクリックし，「CellMean」シートに水準ごとの要約統計量を算出する。

| 反復測定→ | 3 | | |
| スライス→ | | スライス | 各セルの平均値 |

⬇

	A	B	C	D	E	F	G	H
1								
2	各セルの平均値と標準偏差							
3								
4				平均値	標準偏差	標準誤差	95%精度	人数
5		国=日本	性別=男性	5.161	1.128	0.203	0.414	31
6			性別=女性	2.600	1.003	0.183	0.375	30
7		国=アメリカ	性別=男性	3.690	1.755	0.326	0.667	29
8			性別=女性	5.200	0.925	0.169	0.345	30

❿「モデリング」シートに戻り，「分析実行」をクリックする。

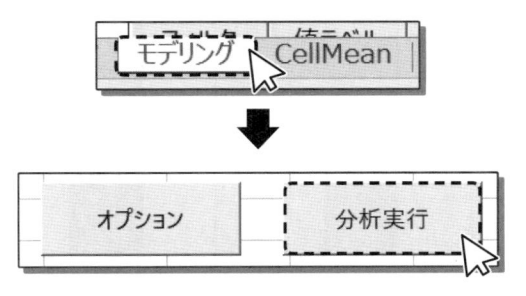

| モデリング | CellMean |

⬇

| オプション | 分析実行 |

2）「スライス」は単純主効果検定を行うための機能です。独立変数を指定すると，その変数の水準で分割されます。
　もし，見たい単純主効果が結果に出てこない場合には，スライスに入れる独立変数を変えてみて下さい。

分析結果のまとめ方

HAD の結果：要約統計量（分散分析の「各セルの平均値」にて算出）

各セルの平均値と標準偏差

見るべきところ

		平均値	標準偏差	標準誤差	95%精度	人数
国=日本	性別=男性	5.161	1.128	0.203	0.414	31
	性別=女性	2.600	1.003	0.183	0.375	30
国=アメリカ	性別=男性	3.690	1.755	0.326	0.667	29
	性別=女性	5.200	0.925	0.169	0.345	30

▶ Table（表）にまとめる。

タイトルは左揃え

変数名は中央揃え

平均値や標準偏差の一の位の0は書く

左揃え

Table 1
国と性別における自尊心の要約統計量

	日本		アメリカ	
	男性	女性	男性	女性
N	31	30	29	30
M	5.16	2.60	3.69	5.20
SD	1.13	1.00	1.75	0.92

数値は右揃え

N = 人数
M = 平均値
SD = 標準偏差
全て斜体にする

小数点以下2桁に揃える

表の縦線は消す

▶ Figure（図）にまとめる。

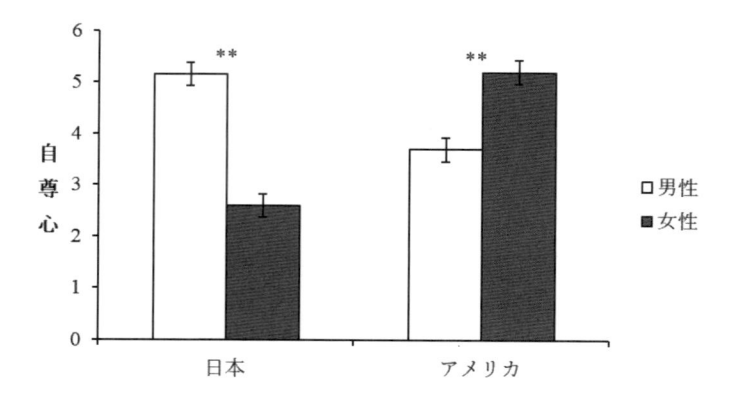

表の作成方法

❶「CellMean」のシートをクリックして開く。

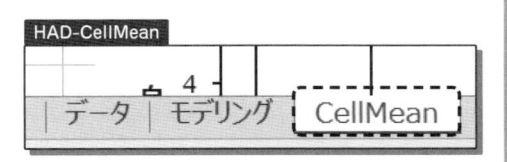

❷表全体を選択し，コピーする。

コピー

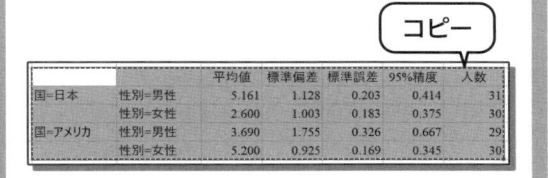

❸別に開いておいた Excel ファイルの B2 のセルに「行／列の入れ替え」で貼り付ける。

「行／列の入れ替え」で貼り付け

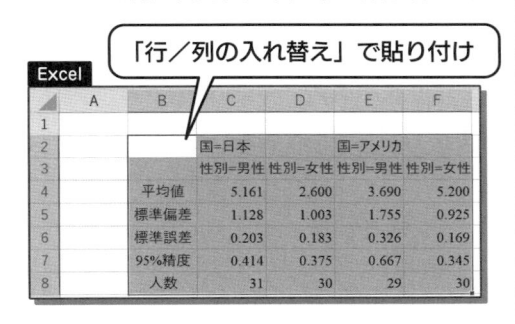

❹「人数」の行を選択し，切り取る。

	国=日本		国=アメリカ	
	性別=男性	性別=女性	性別=男性	性別=女性
平均値	5.161	2.600	3.690	5.200
標準偏差	1.128	1.003	1.755	0.925
標準誤差	0.203	0.183	0.326	0.169
95%精度	0.414	0.375	0.667	0.345
人数	31	30	29	30

切り取り

❺「平均値」のセルを選択し，「切り取ったセルの挿入」で挿入する。

挿入

	国=日本		国=アメリカ	
	性別=男性	性別=女性	性別=男性	性別=女性
人数	31	30	29	30
平均値	5.161	2.600	3.690	5.200
標準偏差	1.128	1.003	1.755	0.925
標準誤差	0.203	0.183	0.326	0.169
95%精度	0.414	0.375	0.667	0.345

❻「標準誤差」と「95% 精度」の行を選択し，削除する。

5		平均値	5.161	2.600
6		標準偏差	1.128	1.003
7		標準誤差	0.203	0.183
8		95%精度	0.414	0.375

選択して削除

❼水準名から「性別＝」と「国＝」を全て削除する。

「性別＝」と「国＝」を削除

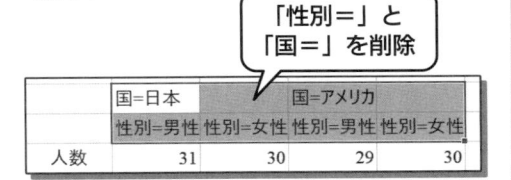

❽国の水準のセルと隣のセルを選択し，「セルを結合して中央揃え」で結合する。

結合

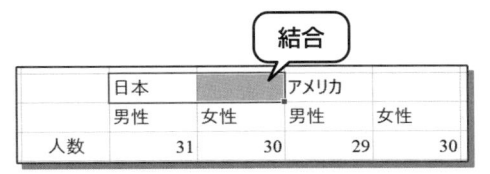

❾ 水準名を選択して中央揃えにする。

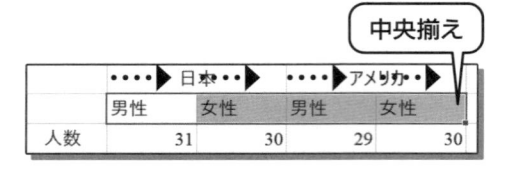

❿ 平均値と標準偏差を選択し，小数点以下2桁に揃える。

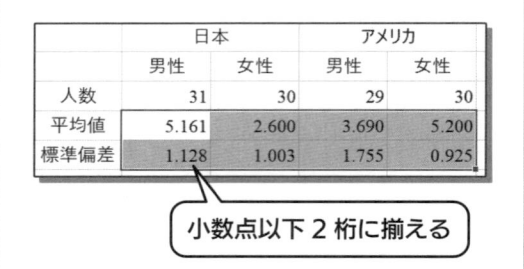

	日本		アメリカ	
	男性	女性	男性	女性
人数	31	30	29	30
平均値	5.161	2.600	3.690	5.200
標準偏差	1.128	1.003	1.755	0.925

小数点以下2桁に揃える

⓫「度数」を"N"，「平均値」を"M"，「標準偏差」を"SD"に変える。

度数 ➡ N
平均値 ➡ M
標準偏差 ➡ SD

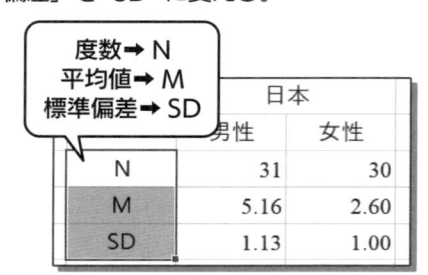

⓬ "N"，"M"，"SD" を斜体にし，左揃えにする。

斜体＆左揃え

⓭ 1つ目の水準の行を選択する。

選択

	日本		アメリカ	
	男性	女性	男性	女性
N	31	30	29	30

⓮ メニューの「フォント」の「罫線」の「▼」をクリックして，「上罫線＋下罫線」を選択する。

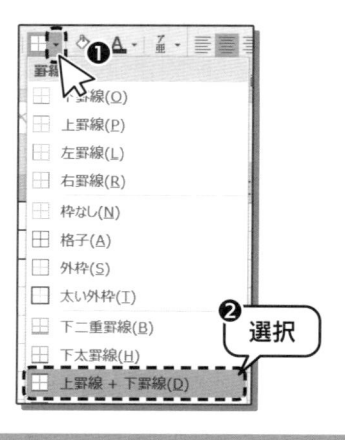

⓯数値の行を選択する。

選択

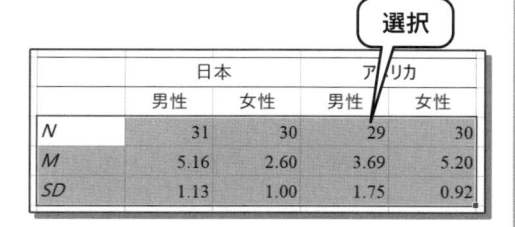

	日本		アメリカ	
	男性	女性	男性	女性
N	31	30	29	30
M	5.16	2.60	3.69	5.20
SD	1.13	1.00	1.75	0.92

⓰「上罫線＋下罫線」をクリックする。

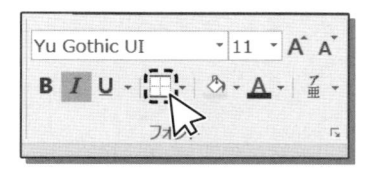

ここから先の作業は，第 5 章第 1 節「表の作成方法」の**⓭**〜**㉕**と同じです。pp. 47-48 を参照してください。Table のタイトルは，「国と性別における自尊心の要約統計量」です。

分析結果の見方

自由度，F 値，p 値，η^2_p 値（「Anova」シート）

要因の効果(タイプⅢ & 平方和)

変数名	SS	MS	MSe	偏η^2	95%CI	F 値	df1	df2	p 値	
国	9.544	9.544	1.538	.051	.002, .143	6.206	1	116	.014	*
性別	8.279	8.279	1.538	.044	.000, .133	5.383	1	116	.022	*
国*性別	124.267	124.267	1.538	.411	.272, .513	80.802	1	116	.000	**

効果量 η^2_p

見るべきところ

自由度 1 = df1
自由度 2 = df2

単純主効果（「Slice」シート）

アスタリスク（*）の数で有意かどうかが分かる
1つ（*）：$p < .05$（5% で有意），2つ（**）：$p < .01$（1% で有意）

	性別 = 男性	性別 = 女性	
国=日本	5.161	2.600	**
国=アメリカ	3.690	5.200	**

見るべきところ

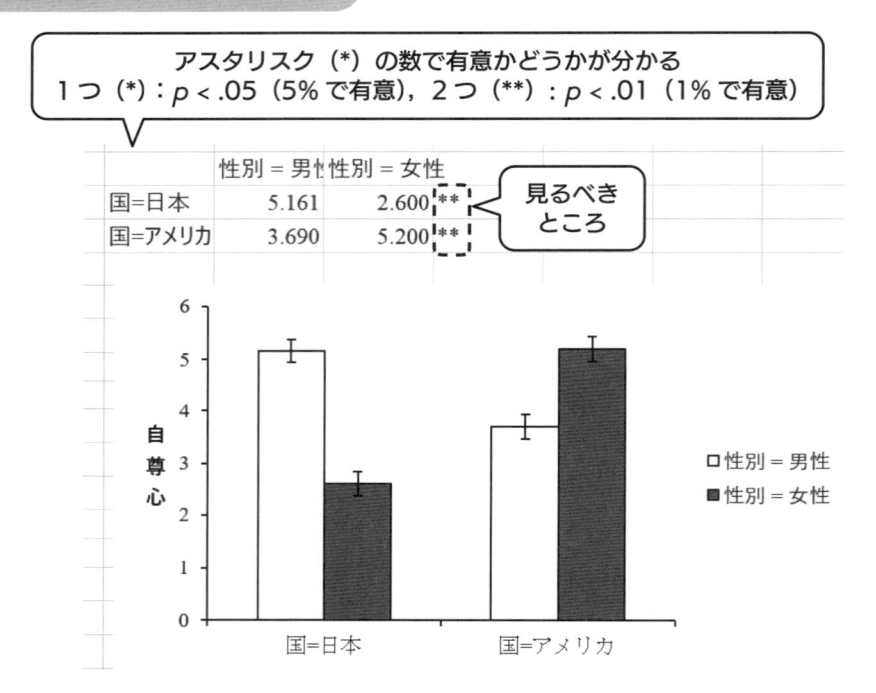

日本における男性と女性の単純主効果：有意（$p < .05$）
アメリカにおける男性と女性の単純主効果：有意（$p < .05$）

検定統計量のまとめ方 [3)]

半角スペース

斜体

$$F(自由度1, 自由度2) = F値, p値, 効果量$$

斜体

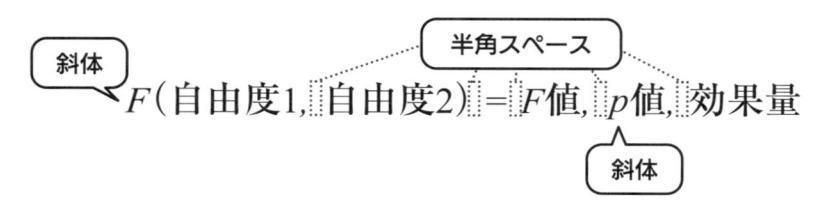

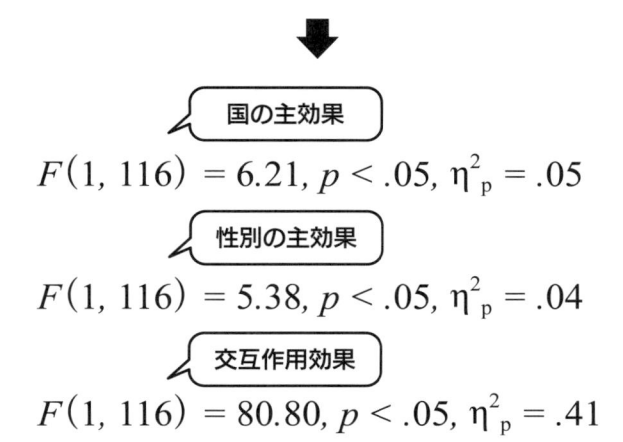

$$F(1, 116) = 6.21, p < .05, \eta^2_{\mathrm{p}} = .05$$

性別の主効果

$$F(1, 116) = 5.38, p < .05, \eta^2_{\mathrm{p}} = .04$$

交互作用効果

$$F(1, 116) = 80.80, p < .05, \eta^2_{\mathrm{p}} = .41$$

▶効果が有意の場合

$$F(1, 116) = 5.38, p < .05, \eta^2_{\mathrm{p}} = .04$$

斜体にしない

▶効果が非有意の場合

$$F(1, 116) = 0.80, ns, \eta^2_{\mathrm{p}} = .01$$

斜体

3）効果量の記号である η（イータ）の書き方は，第6章第1節（p.68）を参照してください。

図の作成方法

1 「Slice」シートを開く。

2 縦軸の数値を右クリックする。

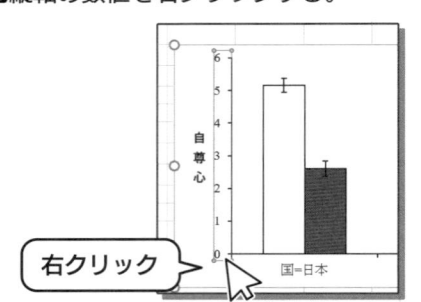

右クリック

3 「軸の書式設定」をクリックする。

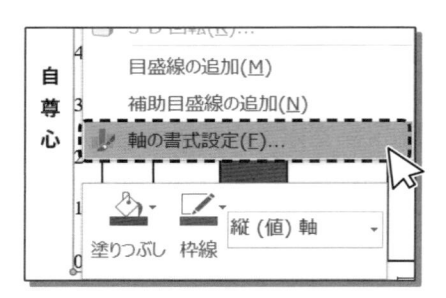

4 「軸の書式設定」が表示されたら，最小値と最大値を設定する（今回は7点尺度なので，最小値1，最大値7）[4]。

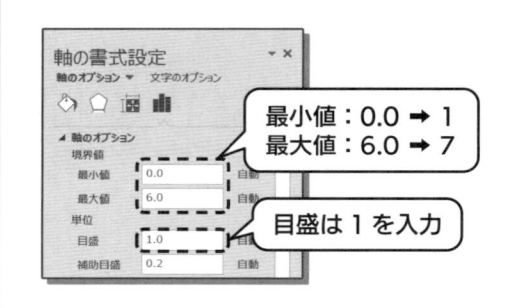

最小値：0.0 ➡ 1
最大値：6.0 ➡ 7

目盛は1を入力

5 「軸の書式設定」を閉じる。

6 グラフの上の数値（p. 86 の「見るべきところ」）におけるラベルの中の「国＝」と「性別＝」を削除する。

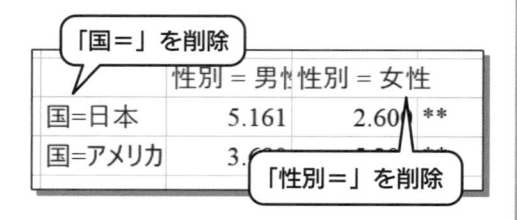

「国＝」を削除

「性別＝」を削除

	性別 = 男性	性別 = 女性	
国=日本	5.161	2.60	**
国=アメリカ	3.		

4) 縦軸の最小値と最大値は尺度の得点に合わせて下さい。例えば，5点尺度であれば最小値は1，最大値は5として下さい。

❼【下位検定の結果を入れる】メニューの「挿入」タブをクリックし，「テキストボックス」をクリックする。

❽テキストボックスを2本のグラフの上に作る。

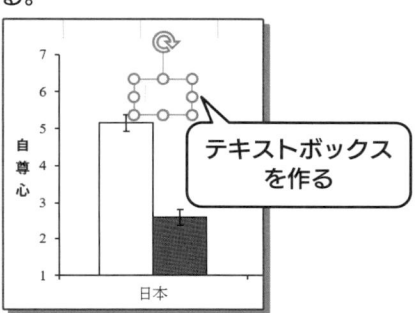

テキストボックスを作る

❾テキストボックスの中に，下位検定の結果と同じ数のアスタリスクを入力する。

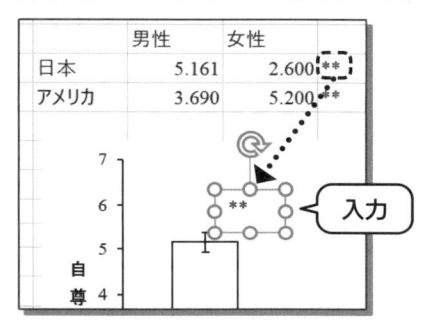

	男性	女性
日本	5.161	2.600 **
アメリカ	3.690	5.200 **

入力

❿テキストボックスの枠をクリックし，○を右クリックする。

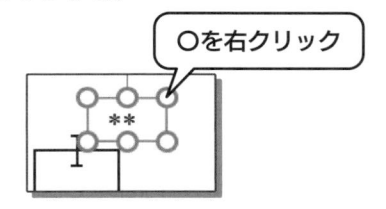

○を右クリック

⓫「塗りつぶし」をクリックする。

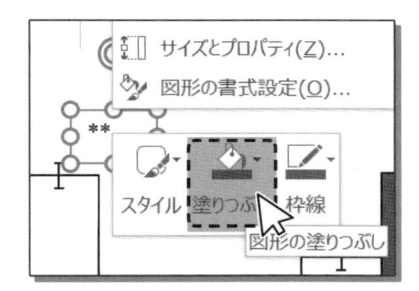

⓬「塗りつぶしなし」をクリックする。

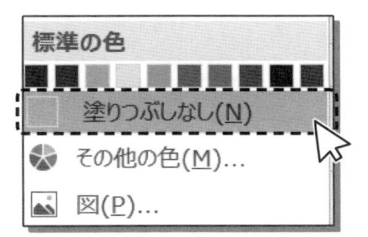

⓭同様に，右クリックして「枠線」を選択し，「線なし」をクリックする。

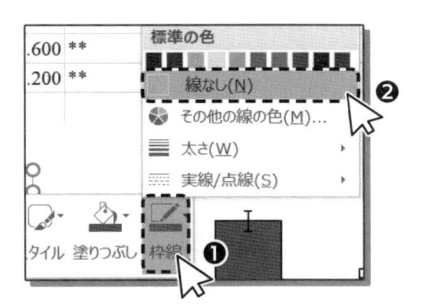

⓮【⓾～⓭の設定を「図形の書式設定」から変更する場合】テキストボックスを右クリックし，「図形の書式設定」を選ぶ。「塗りつぶし」から「塗りつぶしなし」，「線」から「線なし」を選択して，「図形の書式設定」を閉じる。

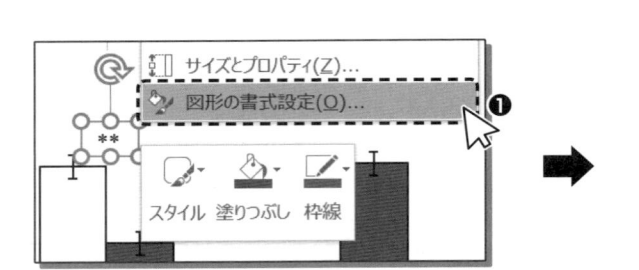

⓯アメリカの結果も同様にテキストボックスで作成する（アスタリスクの数が同じであればテキストボックス自体をコピーしてもよい）。

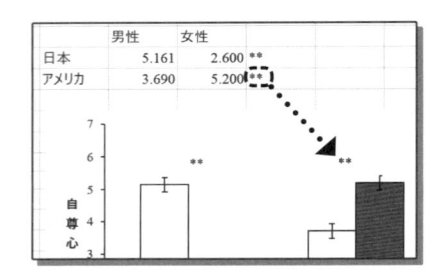

⓰グラフの空白部分を右クリックして，「フォント」を選択する。

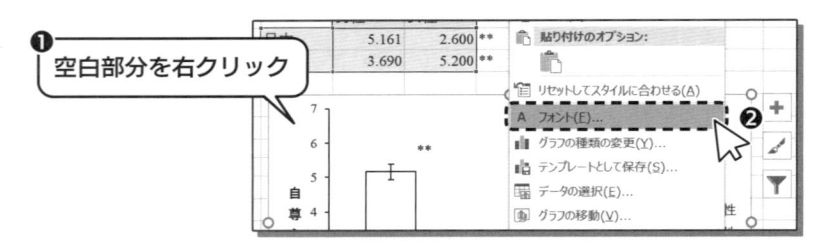

⓱「英数字用のフォント」を「Times New Roman」，「日本語用のフォント」を「游明朝」に設定して，「OK」をクリックする。

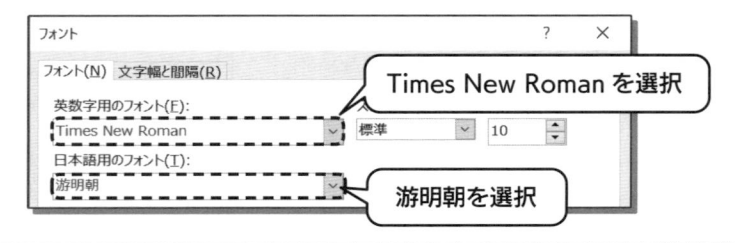

⓲グラフの空白部分を右クリックして，「コピー」を選択する。

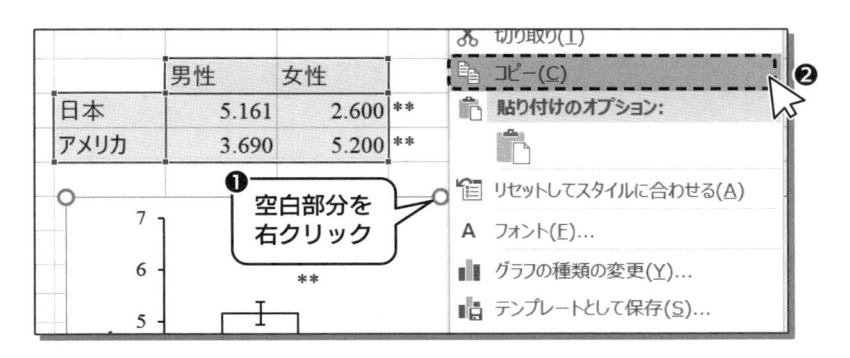

⓳図を貼り付ける Word ファイルを開き，貼り付ける場所で右クリックして，「図」で貼り付ける。

分析結果の書き方

> 仮説：「自尊心の程度において，日本人では女性より男性が高いが，アメリカ人では男性より女性が高いだろう。」

仮説から，単純主効果検定において，日本とアメリカそれぞれで男女差を検定した結果を採用する

Table 1
国と性別における自尊心の要約統計量

	日本		アメリカ	
	男性	女性	男性	女性
N	31	30	29	30
M	5.16	2.60	3.69	5.20
SD	1.13	1.00	1.75	0.92

【各効果が有意だった場合】

　自尊心の平均値と標準偏差を Table 1 に示す。自尊心における国と性別の効果を検討するため，対応のない二要因分散分析を行った。その結果，国の主効果（$F(1, 116) = 6.21$, $p < .05$, $\eta_p^2 = .05$）が有意であり，性別の主効果は有意であった（$F(1, 116) = 5.38$, $p < .05$, $\eta_p^2 = .04$）。そして，交互作用効果は有意であった（$F(1, 116) = 80.80$, $p < .05$, $\eta_p^2 = .41$）。単純主効果検定を行ったところ，日本（$p < .05$）においても，アメリカ（$p < .05$）においても有意差が見られた。よって，日本においては女性より男性の自尊心が高く，アメリカでは，男性より女性の自尊心が高いことが示された。以上より，仮説は支持された。

> 単純主効果が有意であった場合，平均値を見て，どちらが高いかを判断する

> 単純主効果の結果は，p 値のみを書く

【交互作用効果だけが非有意だった場合】

　自尊心の平均値と標準偏差を Table 1 に示す。自尊心における国と性別の効果を検討するため，対応のない二要因分散分析を行った。その結果，国の主効果（$F(1, 116) = 6.21$, $p < .05$, $\eta_p^2 = .05$）が有意であり，性別の主効果は有意であった（$F(1, 116) = 5.38$, $p < .05$, $\eta_p^2 = .04$）。しかし，交互作用効果は有意ではなかった（$F(1, 116) = 0.80$, ns, $\eta_p^2 = .01$）。単純主効果検定の結果，日本（$p < .05$）でもアメリ

> 単純主効果検定の結果も報告する[5]

カ（$p < .05$）でも男性の方が女性よりも自尊心の程度が高いことが示された。以上より，仮説は支持されなかった。

【全ての効果が非有意だった場合】

　自尊心の平均値と標準偏差を Table1 に示す。自尊心における国と性別の効果を検討するため，対応のない二要因分散分析を行った。その結果，国の主効果は有意ではなく（$F(1, 116) = 0.38$, *ns*, $\eta^2_p = .00$），性別の主効果は有意ではなかった（$F(1, 116) = 1.01$, *ns*, $\eta^2_p = .01$）。そして，交互作用効果は有意でなかった（$F(1, 116) = 0.80$, *ns*, $\eta^2_p = .01$）。以上より，仮説は支持されなかった。

---

5) 有意な交互作用効果が見られなくても，単純主効果検定の結果は報告することが推奨されます。もしどこかに有意差が見られれば，その結果が考察のヒントになることがあるためです。また，「有意差がない」という事実も重要な知見だからです。

第2節　対応のある二要因（二元配置）分散分析 ················

　対応のある二要因分散分析は，複数ある独立変数の全てが参加者内要因の質的（カテゴリー）変数であり，従属変数が量的変数であるときに使う分析方法です。独立変数が従属変数に与える影響を調べます。

サンプルデータ

　対応のある二要因分散分析では，大学1年生100名を対象として行った調査データを扱います。調査では4月の時点と10月の時点において，授業を受ける前と後に，心理学の知識がどれくらいあるかという知識量を測定しました。大学1年生は，4月の時点では心理学の知識がほとんどない状態です。そのため，授業を受けることで知識量は増えると考えられます。また，10月の時点では，すでに前期の授業を全て受けているため，4月時点よりも知識量は多くなります。さらに，心理学の知識をある程度有しているため，授業の理解度が上がり，結果として知識量の増加率が大きくなると考えました。

　知識量は授業の前後で測定しました。1つ目の独立変数は時期（4月／10月）であり，2つ目の独立変数は測定のタイミング（授業を受ける前／後）です。そして，従属変数は知識量になります。この場合，4月の時点と10月の時点で知識量に違いがあるのか（時期の主効果），授業を行う前と後では知識量に違いがあるのか（授業前後の主効果），そして4月での授業前後の差（変化量）と10月での授業前後の差（変化量）には違いがあるのか（交互作用効果）を検討します。推測統計は仮説を検証する分析方法です。そのため，次の仮説を立て，検証することにします。

仮説：「4月の時点で見られる，授業を受けることによって心理学の知識量が増える効果は，10月の時点でさらに強くなるだろう。」

○使用するサンプルデータ：「対応のある二要因分散分析」シート
※データは著者が作成した架空のものです。分析結果を信用しないようにして下さい。

分析方法

1 「使用変数」をクリックする。

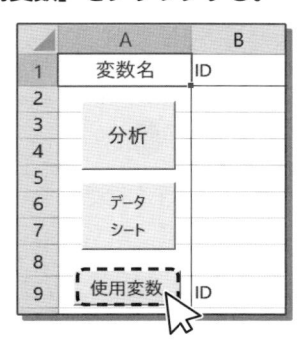

2 使用する変数をドラッグしながら選択し，「追加→」をクリックする。

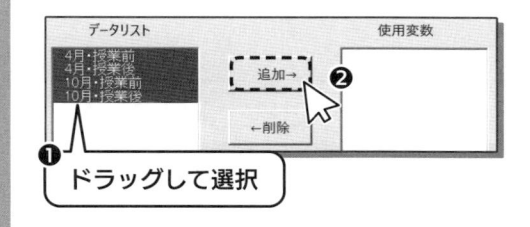

3 使用する変数が「使用変数」の欄に移動したことを確認したら，「OK」をクリックする。

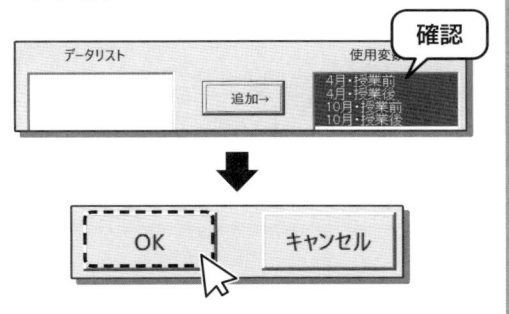

4 変数を以下のように並べる。

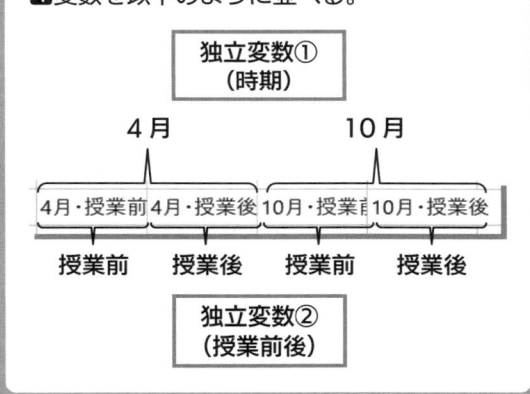

5 「回帰分析」をチェックし，「モデル保存」というボタンの右にある「分散分析」をクリックする。

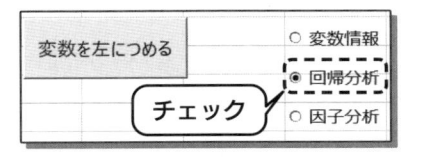

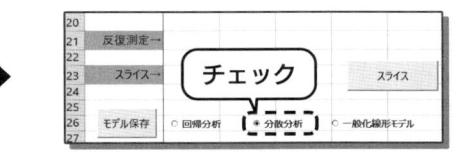

6 4つの変数全てを選択し，「目的変数を投入」をクリックする（目的変数 = 従属変数）。

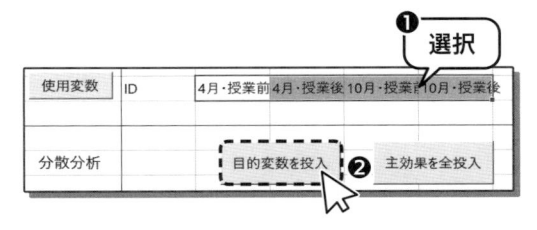

7 「＄」の右のセルに，独立変数①（時期）・独立変数②（授業前後）の名称を入力する。

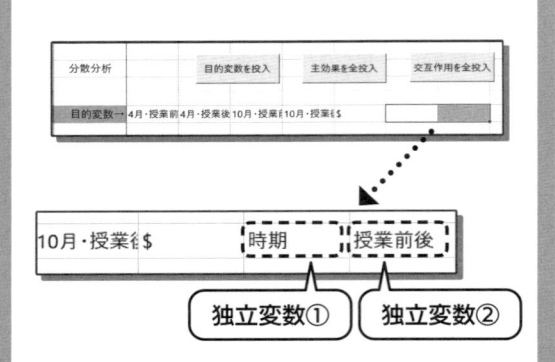

8 「主効果を全投入」をクリックした後，「交互作用を全投入」をクリックする。

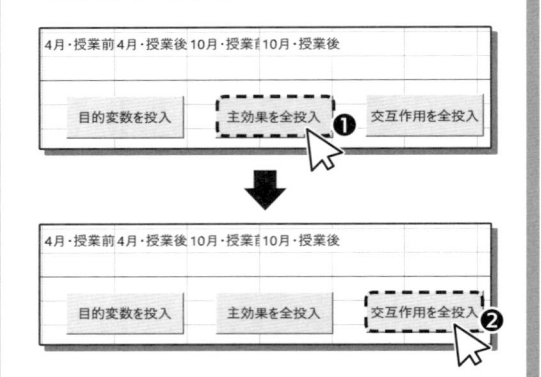

9 「反復測定」に独立変数①と独立変数②の水準数を順番に入力する。

（ア）独立変数①（時期）の水準数＝ 2
（イ）独立変数②（授業前後）の水準数＝ 2

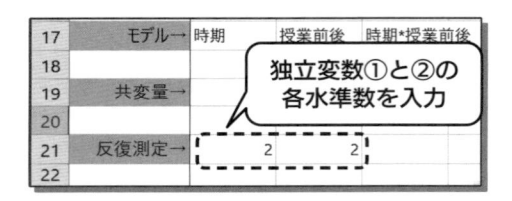

10 【単純主効果検定の設定】独立変数のうちの１つ（今回は時期）を選択し，「スライス」[6] をクリックする。

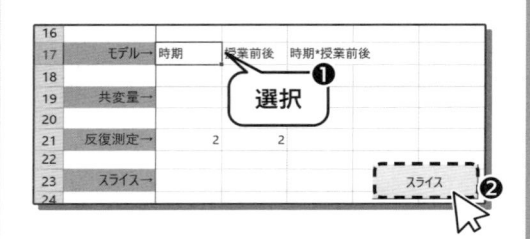

11 「各セルの平均値」をクリックし，「CellMean」シートに水準ごとの要約統計量を算出する。

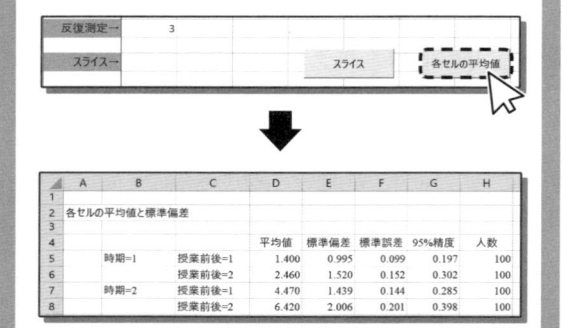

12 「モデリング」シートをクリックして戻り，「分析実行」をクリックする。

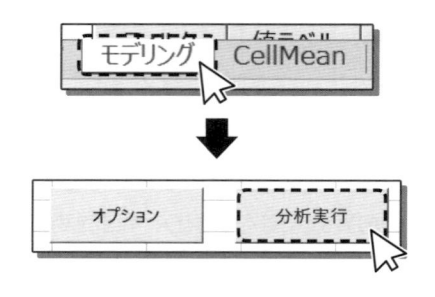

---

6) 「スライス」は単純主効果検定を行うための機能です。独立変数を指定すると，その変数の水準で分割されます。もし，見たい単純主効果が結果に出てこない場合には，スライスに入れる独立変数を変えてみて下さい。

分析結果のまとめ方

HAD の結果：要約統計量（分散分析の「各セルの平均値」にて算出）

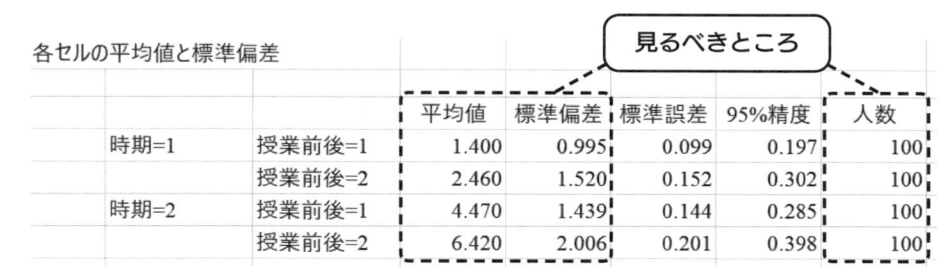

▶ Table（表）にまとめる。

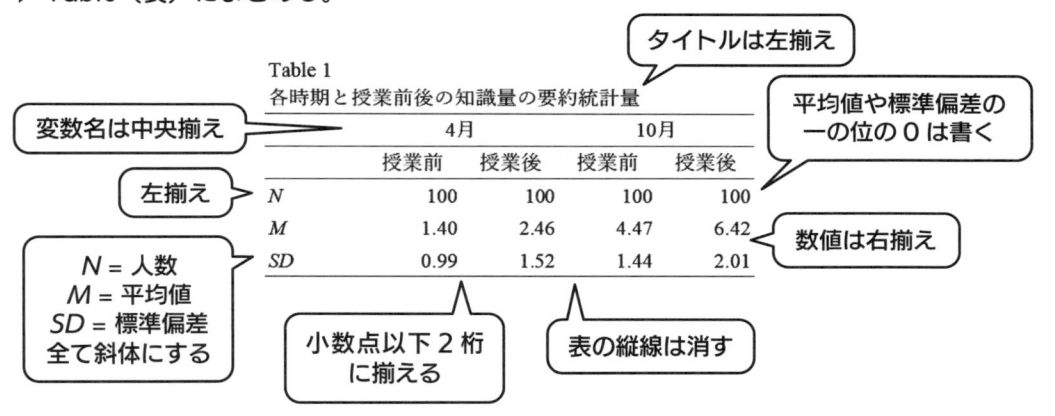

表の作成方法

　対応のある二要因分散分析の Table を作る方法は，本章第 1 節「対応のない二要因分散分析」の「表の作成方法」の手順と同じです。pp. 83-85 を参照して下さい。水準名の「時期 =1」は「4 月」，「時期 =2」は 10 月，「授業前後 =1」は「授業前」，「授業前後 =2」は「授業後」に変更して下さい。

　タイトルは「各時期と授業前後の知識量の要約統計量」です。

分析結果の見方

自由度，F 値，p 値，η^2_p 値（「Anova」シート）

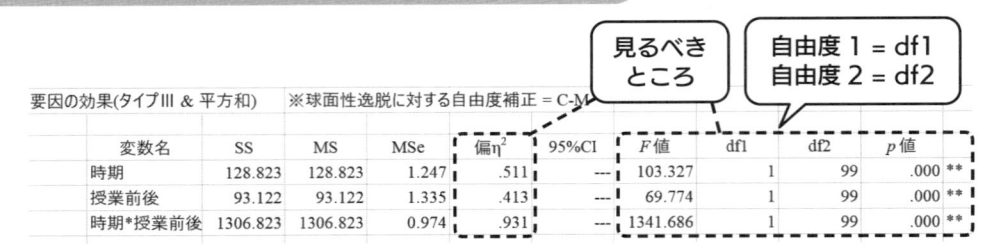

要因の効果(タイプⅢ & 平方和)　※球面性逸脱に対する自由度補正 = C-M

変数名	SS	MS	MSe	偏η²	95%CI	F 値	df1	df2	p 値
時期	128.823	128.823	1.247	.511	---	103.327	1	99	.000 **
授業前後	93.122	93.122	1.335	.413	---	69.774	1	99	.000 **
時期*授業前後	1306.823	1306.823	0.974	.931	---	1341.686	1	99	.000 **

見るべきところ

自由度 1 = df1
自由度 2 = df2

単純主効果（「Slice」シート）

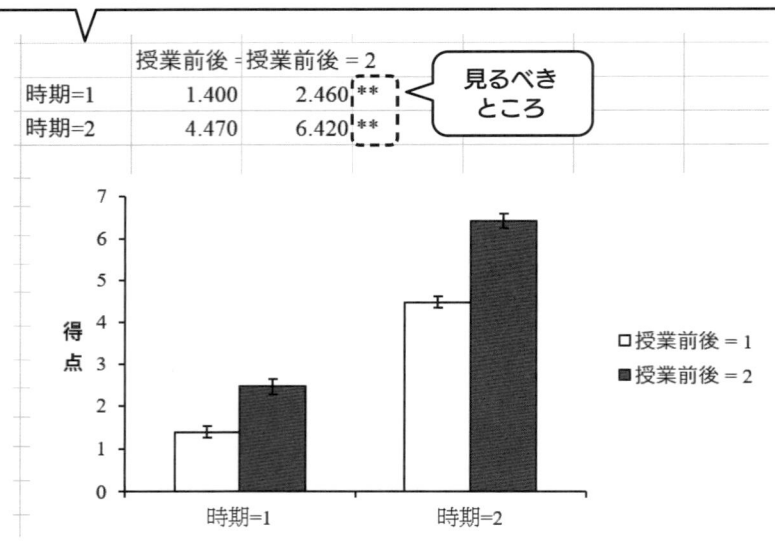

アスタリスク（*）の数で有意かどうかが分かる
1つ（*）：$p < .05$（5%で有意），2つ（**）：$p < .01$（1%で有意）

	授業前後 = 1	授業前後 = 2
時期=1	1.400	2.460 **
時期=2	4.470	6.420 **

見るべきところ

□ 授業前後 = 1
■ 授業前後 = 2

4月における授業前と授業後の単純主効果：有意（$p < .05$）
10月における授業前と授業後の単純主効果：有意（$p < .05$）

検定統計量のまとめ方[7]

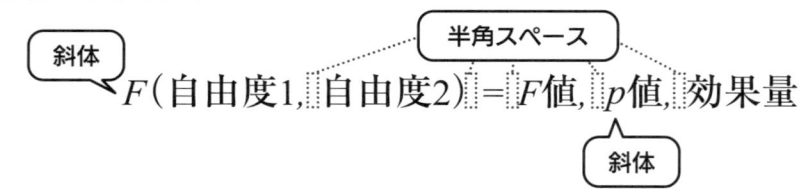

半角スペース

斜体　F（自由度1, 自由度2） = F値, p値, 効果量

斜体

---

7) 効果量の記号である η（イータ）の書き方は，第6章第1節（p. 68）を参照してください。

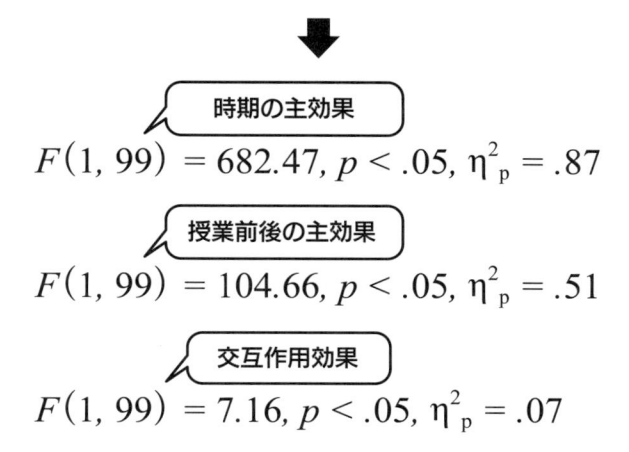

▶効果が有意の場合

$$F(1, 99) = 682.47, p < .05, \eta^2_{\text{p}} = .87$$

斜体にしない

▶効果が非有意の場合

$$F(1, 99) = 0.16, ns, \eta^2_{\text{p}} = .01$$

斜体

図の作成方法

　二要因分散分析の Figure を作る方法は，本章第 1 節「対応のない二要因分散分析」の「図の作成方法」の手順と同じです。pp. 88-91 を参照してください。今回の知識量は 0 〜 10 の 11 点尺度となるため，縦軸の範囲は 0 〜 10 となります。

分析結果の書き方

仮説：「4月の時点で見られる，授業を受けることによって心理学の知識量が増える効果は，10月の時点でさらに強くなるだろう。」

仮説から，単純主効果検定において，4月と10月それぞれで授業前後の差を検定した結果を採用する

Table 1
各時期と授業前後の知識量の要約統計量

	4月		10月	
	授業前	授業後	授業前	授業後
N	100	100	100	100
M	1.40	2.46	4.47	6.42
SD	0.99	1.52	1.44	2.01

【各効果が有意だった場合】

　知識量の平均値と標準偏差を Table 1 に示す。知識量における時期と授業前後の差を検討するため，対応のある二要因分散分析を行った。その結果，時期の主効果が有意であり（$F(1, 99) = 682.47$, $p < .05$, $\eta^2_p = .87$），授業前後の主効果は有意であった（$F(1, 99) = 104.66$, $p < .05$, $\eta^2_p = .51$）。そして，交互作用効果は有意であった（$F(1, 99) = 7.16$, $p < .05$, $\eta^2_p = .07$）。そこで，単純主効果検定を行ったところ，4月における授業の前後で有意差が見られ（$p < .05$），10月においても授業の前後に有意差が見られた（$p < .05$）。よって，4月において見られた受講の効果は，10月においてより顕著に見られることが示された。以上より，仮説は支持された。

単純主効果が有意であった場合，平均値を見て，どちらが高いかを判断する

単純主効果の結果は，p 値のみを書く

【交互作用効果だけが非有意だった場合】

　知識量の平均値と標準偏差を Table 1 に示す。知識量における時期と授業前後の差を検討するため，対応のある二要因分散分析を行った。その結果，時期の主効果が有意であり（$F(1, 99) = 682.47$, $p < .05$, $\eta^2_p = .87$），授業前後の主効果は有意であった（$F(1, 99) = 104.66$, $p < .05$, $\eta^2_p = .51$）。しかし，交互作用効果は有意ではなかった（$F(1,$

単純主効果検定で有意でも，交互作用効果が非有意ならば，4月の知識量の上り幅（差）と10月の上り幅（差）には違いがないことになる

99）= 0.16, *ns,* η^2_p = .00）。単純主効果検定を行った結果，4 月における授業の前後で有意差が見られ（*p* < .05），10 月においても授業の前後で有意差が見られた（*p* < .05）。以上より，仮説は支持されなかった。

【全ての効果が非有意だった場合】

　知識量の平均値と標準偏差を Table 1 に示す。知識量における時期と授業前後の差を検討するため，対応のある二要因分散分析を行った。その結果，時期の主効果は有意ではなく（*F*(1, 99) = 0.47, *ns,* η^2_p = .01），授業前後の主効果も有意ではなかった（*F*(1, 99) = 0.66, *ns,* η^2_p = .01）。そして，交互作用効果は有意ではなかった（*F*(1, 99) = 0.16, *ns,* η^2_p = .00）。単純主効果検定を行った結果，4 月における授業の前後で有意差が見られず（*ns*），10 月においても授業の前後で有意差は見られなかった（*ns*）。以上より，仮説は支持されなかった。

> 単純主効果検定の結果も報告する[8]

8）有意な交互作用効果が見られなくても，単純主効果検定の結果は報告することが推奨されます。もしどこかに有意差が見られれば，その結果が考察のヒントになることがあるためです。また，「有意差がない」という事実も重要な知見だからです。

第**3**節 混合要因分散分析 ···

　分散分析は複数の独立変数の効果を調べる方法です。第1節と第2節では独立変数は同じ方法（研究計画）で設定されていました。しかし，調べたいことによっては，異なる方法で設定された独立変数の効果を検討する必要があります。すなわち，片方の独立変数の水準（グループ）は異なる人たちで構成される参加者間計画であり，もう一方の独立変数の水準（グループ）は同じ人の中で測定される参加者内計画である場合です。このように，混合要因分散分析は，複数ある独立変数のうち，参加者間要因と参加者内要因の質的変数が含まれており，従属変数が量的変数であるときに使う分析方法です。

サンプルデータ

　混合要因分散分析のサンプルデータは，100名を対象とした実験のものです。日本人とアメリカ人を対象として，自尊心に影響することが期待される実験操作を行いました。この場合，独立変数は国（日本／アメリカ）と操作（操作前／後）となり，従属変数は自尊心です。国の違いで自尊心の高さが異なるのか（国の主効果），操作を行う間と後で自尊心の高さが異なるのか（操作前後の主効果），そして，日本人とアメリカ人では，実験操作が自尊心に与える影響力が異なるのか（交互作用効果）を検討します。推測統計は仮説を検証する分析方法です。そのため，次の仮説を立て，検証することにします。

仮説：「日本人では実験操作によって自尊心は低くなり，アメリカ人では実験操作によって自尊心は高くなるだろう。」

○**使用するサンプルデータ：「混合要因分散分析」シート**

※データは著者が作成した架空のものです。分析結果を信用しないようにして下さい。

分析方法

❶「使用変数」をクリックする。

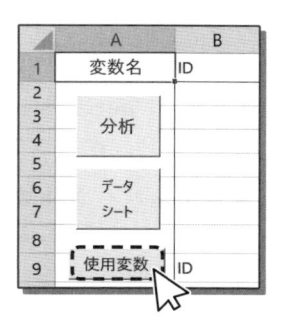

❷使用する変数を選択し，ドラッグしながら「追加→」をクリックする。

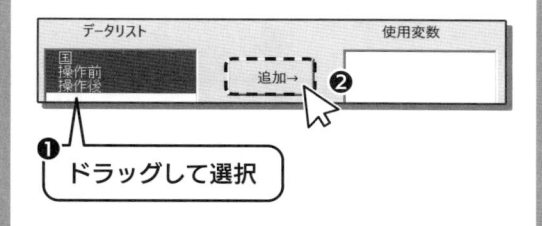

ドラッグして選択

❸使用する変数が「使用変数」の欄に移動したことを確認したら，「OK」をクリックする。

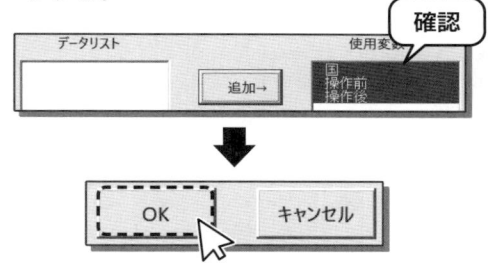

❹「回帰分析」をチェックする。

❺「モデル保存」というボタンの右にある「分散分析」をクリックする。

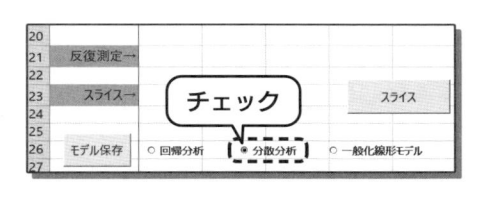

❻参加者内要因の従属変数（ここでは操作前と操作後）を選択し，「目的変数を投入」をクリックする（目的変数 = 従属変数）。

❼「＄」の右のセルに，参加者内計画の独立変数の名称（今回は「操作前後」）を入力する。

参加者内要因の
独立変数の名称を入力

8「主効果を全投入」をクリックした後,「交互作用を全投入」をクリックする。

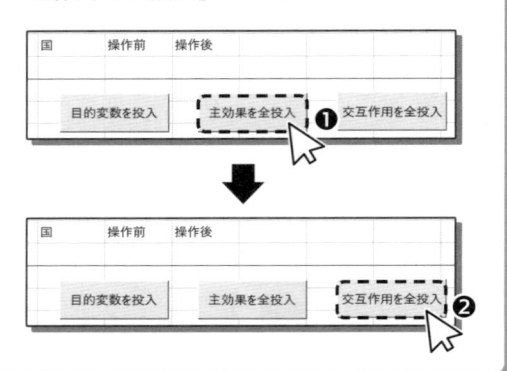

9「反復測定」に参加者内計画の独立変数の水準数を入力する。

（ア）独立変数（操作前後）の水準数＝ 2

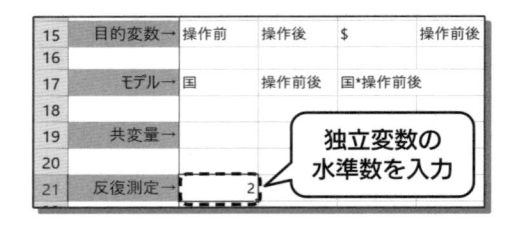

10 参加者間要因の独立変数を選択し（今回は国）,「スライス」[9] をクリックする。

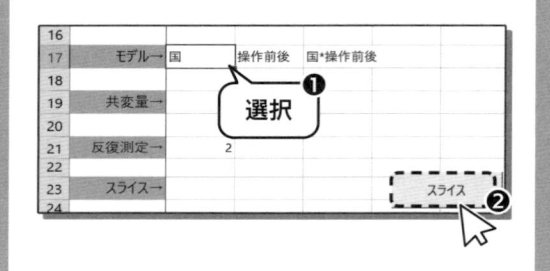

11「各セルの平均値」をクリックし,「CellMean」シートに水準ごとの要約統計量を算出する。

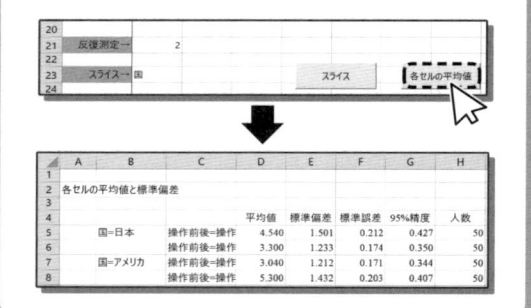

12「モデリング」シートをクリックして戻り,「分析実行」をクリックする。

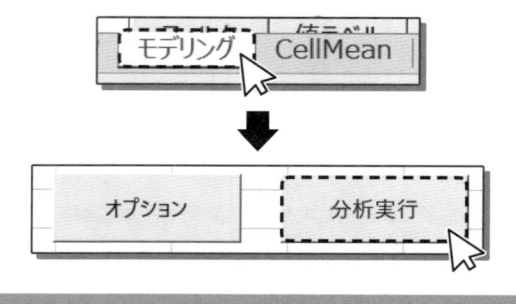

---

9)「スライス」は単純主効果検定を行うための機能です。独立変数を指定すると，その変数の水準で分割されます。もし，見たい単純主効果が結果に出てこない場合には，スライスに入れる独立変数を変えてみて下さい。

分析結果のまとめ方

HAD の結果：要約統計量（「CellMean」シート）

各セルの平均値と標準偏差

見るべきところ

		平均値	標準偏差	標準誤差	95%精度	人数
国=日本	操作前後=操作	4.540	1.501	0.212	0.427	50
	操作前後=操作	3.300	1.233	0.174	0.350	50
国=アメリカ	操作前後=操作	3.040	1.212	0.171	0.344	50
	操作前後=操作	5.300	1.432	0.203	0.407	50

▶ Table（表）にまとめる。

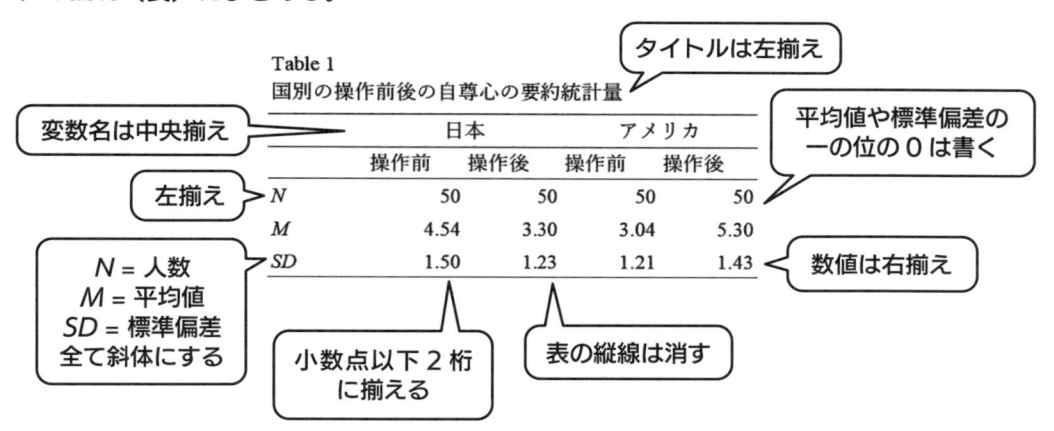

タイトルは左揃え

変数名は中央揃え

平均値や標準偏差の一の位の０は書く

左揃え

N = 人数
M = 平均値
SD = 標準偏差
全て斜体にする

数値は右揃え

小数点以下２桁に揃える

表の縦線は消す

Table 1
国別の操作前後の自尊心の要約統計量

	日本		アメリカ	
	操作前	操作後	操作前	操作後
N	50	50	50	50
M	4.54	3.30	3.04	5.30
SD	1.50	1.23	1.21	1.43

表の作成方法

　二要因分散分析の Table を作る方法は，本章第 1 節「対応のない二要因分散分析」の「表の作成方法」の手順と同じです。pp. 83-85 を参照して下さい。

　タイトルは「国別の操作前後の自尊心の要約統計量」です。

分析結果の見方

自由度, F値, p値, η^2_p値（「Anova」シート）

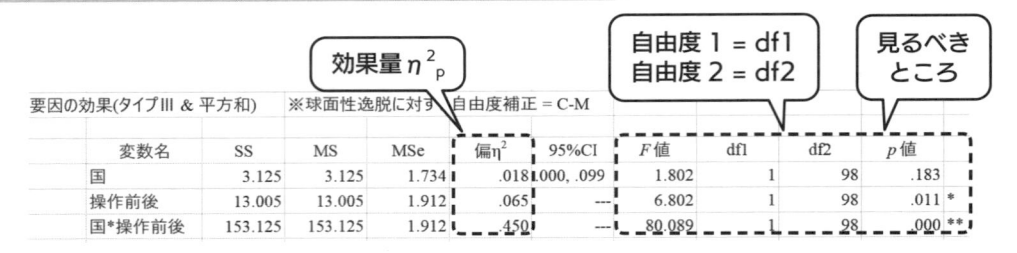

効果量 η^2_p

自由度1 = df1
自由度2 = df2

見るべきところ

要因の効果(タイプⅢ & 平方和)			※球面性逸脱に対する	自由度補正 = C-M				
変数名	SS	MS	MSe	偏η²	95%CI	F値	df1	df2	p値
国	3.125	3.125	1.734	.018	.000, .099	1.802	1	98	.183
操作前後	13.005	13.005	1.912	.065	---	6.802	1	98	.011 *
国*操作前後	153.125	153.125	1.912	.450	---	80.089	1	98	.000 **

単純主効果（「Slice」シート）

アスタリスク（*）の数で有意かどうかが分かる
1つ（*）：$p < .05$（5% で有意），2つ（**）：$p < .01$（1% で有意）

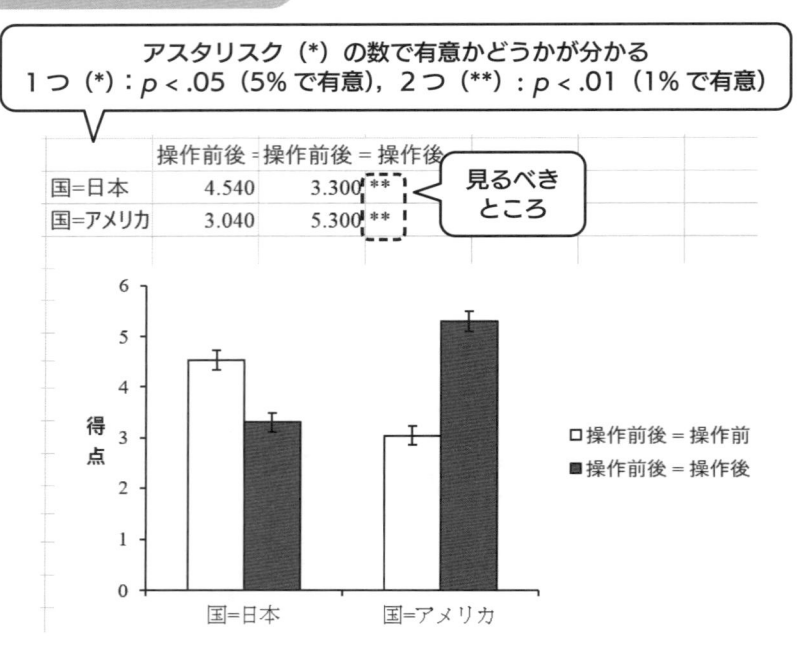

	操作前後 = 操作前後 = 操作前	操作前後 = 操作後
国=日本	4.540	3.300 **
国=アメリカ	3.040	5.300 **

見るべきところ

日本における操作前と操作後の単純主効果：有意（$p < .05$）
アメリカにおける操作前と操作後の単純主効果：有意（$p < .05$）

検定統計量のまとめ方[10]

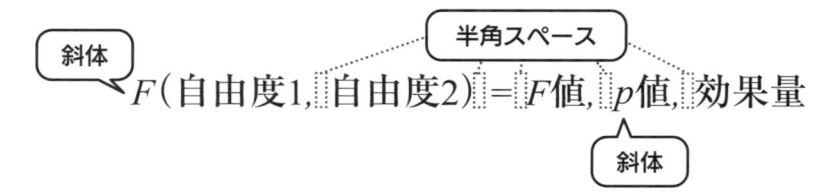

斜体
半角スペース

$$F(自由度1, 自由度2) = F値, p値, 効果量$$

斜体

10）効果量の記号であるη（イータ）の書き方は，第6章第1節の（p. 68）を参照してください。

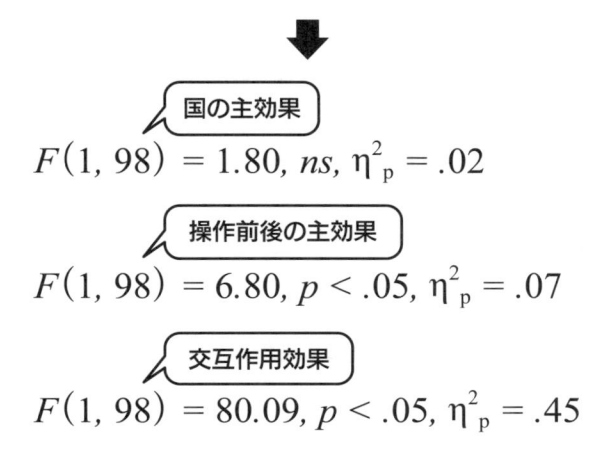

$$F(1, 98) = 1.80,\ ns,\ \eta^2_{\mathrm{p}} = .02$$

操作前後の主効果

$$F(1, 98) = 6.80,\ p < .05,\ \eta^2_{\mathrm{p}} = .07$$

交互作用効果

$$F(1, 98) = 80.09,\ p < .05,\ \eta^2_{\mathrm{p}} = .45$$

▶効果が有意の場合

$$F(1, 98) = 6.80,\ p < .05,\ \eta^2_{\mathrm{p}} = .07$$

▶効果が非有意の場合

$$F(1, 98) = 1.80,\ ns,\ \eta^2_{\mathrm{p}} = .02$$

図の作成方法

　二要因分散分析の Figure を作る方法は，本章第 1 節「対応のない二要因分散分析」の「図の作成方法」の手順と同じです。pp. 88-91 を参照してください。今回の自尊心は 1 〜 7 の 7 点尺度となるため，縦軸の範囲は 1 〜 7 となります。

分析結果の書き方

仮説：「日本人では実験操作によって自尊心は低くなり，アメリカ人では実験操作によって自尊心は高くなるだろう。」

Table 1
国別の操作前後の自尊心の要約統計量

	日本		アメリカ	
	操作前	操作後	操作前	操作後
N	50	50	50	50
M	4.54	3.30	3.04	5.30
SD	1.50	1.23	1.21	1.43

【各効果が有意だった場合】

　自尊心の平均値と標準偏差を Table 1 に示す。国と実験操作が自尊心に与える効果について検討するため，混合要因分散分析を行った。その結果，国の主効果（$F(1, 98) = 1.80$, ns, $\eta^2_p = .02$）は有意ではなく，実験操作の主効果は有意であった（$F(1, 98) = 6.80$, $p < .05$, $\eta^2_p = .07$）。そして，交互作用効果は有意であった（$F(1, 98) = 80.09$, $p < .05$, $\eta^2_p = .45$）。単純主効果を検討したところ，日本（$p < .05$）においても，アメリカ（$p < .05$）においても有意差が見られた。よって，日本人は実験操作によって自尊心は低くなり，アメリカ人は実験操作によって自尊心は高くなることが示された。以上より，仮説は支持された。

> 単純主効果が有意であった場合，平均値を見て，どちらが高いかを判断する

> 単純主効果の結果は，p 値のみを書く

【交互作用効果だけが非有意だった場合】

　自尊心の平均値と標準偏差を Table 1 に示す。国と実験操作が自尊心に与える効果について検討するため，混合要因分散分析を行った。その結果，国の主効果（$F(1, 98) = 10.32$, $p < .05$, $\eta^2_p = .11$）は有意であり，実験操作の主効果（$F(1, 98) = 10.76$, $p < .05$, $\eta^2_p = .12$）は有意であった。しかし，交互作用効果は有意ではなかった（$F(1, 98) = 0.56$, ns, $\eta^2_p = .00$）。単純主効果検定の結果，日本（$p < .05$）においても，アメリカ（$p < .05$）においても有意差が見られた。よって，日本人でもアメリカ人でも実験操作によって，

> 単純主効果検定の結果も報告する[11]

男性が女性より自尊心の程度が高くなることが示された。以上より，仮説は支持され
なかった。

【全ての効果が非有意だった場合】

　　自尊心の平均値と標準偏差を Table 1 に示す。国と実験操作が自尊心に与える効果
について検討するため，混合要因分散分析を行った。その結果，国の主効果（$F(1,$
$98) = 1.80$, *ns*, $\eta^2_p = .02$）は有意ではなく，実験操作の主効果（$F(1, 98) = 0.76$, *ns*, η^2_p
$= .01$）も有意ではなかった。そして，交互作用効果は有意ではなかった（$F (1, 98) =$
0.56, *ns*, $\eta^2_p = .00$）。単純主効果検定の結果，日本（*ns*）においても，アメリカ（*ns*）
においても有意差は見られなかった。よって，日本人でもアメリカ人でも実験操作に
よる男性と女性の自尊心の程度に違いがもたらされるとは言えないことが示された。
以上より，仮説は支持されなかった。

11）有意な交互作用効果が見られなくても，単純主効果検定の結果は報告することが推奨されます。もしどこかに有
　　意差が見られれば，その結果が考察のヒントになることがあるためです。また，「有意差がない」という事実も重
　　要な知見だからです。

第8章
ノンパラメトリック検定

　第5〜7章で紹介した t 検定や分散分析では，母集団が正規分布[1]であり，比較する
グループ（水準）の分散が等しいことが前提となっています。そのため，これらの前提が
当てはまらないデータを扱う場合には，t 検定や分散分析を用いることは適切と言えませ
ん。実際，集めたサンプルデータの分布を見ると，正規分布に従わないものも数多く見ら
れます。この場合，サンプルのみならず，母集団も正規分布に従う可能性が低いと言えま
す。そんなときに役立つのがノンパラメトリック検定です。ノンパラメトリック検定では，
母集団が正規分布に従わない場合でも平均値の差の検定ができます。

　t 検定のノンパラメトリック検定は**マンホイットニー検定**[2]や**ウィルコクソンの符号順
位検定**，一要因分散分析は，対応のない場合には**クラスカル・ウォリス検定**，対応のある
場合には**フリードマン検定**と呼ばれる方法を用います。現在，開発されているノンパラメ
トリック検定では，一要因の検討が限界です。ただし，近年では，二要因以上の場合にも，
一般化線形混合モデル（Generalized linear mixed model, GLMM）を用いれば検討できる
ようになってきました。GLMMはHADでも実行可能ですが，かなり複雑な計算を行うため，
できればRやSASなどの統計ソフトを用いて検討することをおすすめします。

---

1) 正規分布とは，平均値が0，標準偏差が1のきれいな山型をした分布のことです。正規分布か否かを見極めるため
　には，度数分布（第3章参照）で分布の形を確認した上で，正規性の検定を行います（第10章, p. 165 参照）。また，
　変数や尺度の要約統計量の標準偏差（SD）もヒントになります。上記のように，分布が正規分布に従うようであ
　れば，標準偏差は1に近い値になります。また，平均値と中央値，最頻値の値に大きな差がなければ正規分布に
　従う可能性が高くなります。これが2や3，それ以上の値であった場合，分布の歪みを疑うとよいでしょう。
2) マンホイットニー検定は，ウィルコクソンの順位和検定とも呼ばれることがあります。厳密には異なる分析方法で
　あり，マンホイットニー検定の方が一般的に使われます。マンホイットニー検定は「マンホイットニー U 検定」と
　も呼ばれます。

第 1 節　マンホイットニー検定
（対応のない 2 つの群間の比較）

　マンホイットニー検定のサンプルデータは，日本とアメリカの人々，合わせて 120 名を対象に自尊心の高さについて調査を行ったものです。独立変数は国（日本／米国），従属変数は自尊心になります。国が違うことで自尊心の高さが異なるかを検討します。図を見ても分かる通り，米国は比較的正規分布に近いように見えますが，日本は全体的に右に細長く伸びるような分布であり，正規分布に従っているとは言えません。このような場合，t 検定よりもマンホイットニー検定を用います。ノンパラメトリック検定も推測統計です。推測統計は仮説を検証する分析方法です。そのため，次の仮説を立て，検証することにします。

仮説：「自尊心の程度は，米国の方が日本より高いだろう。」

図　各国の自尊心の度数分布

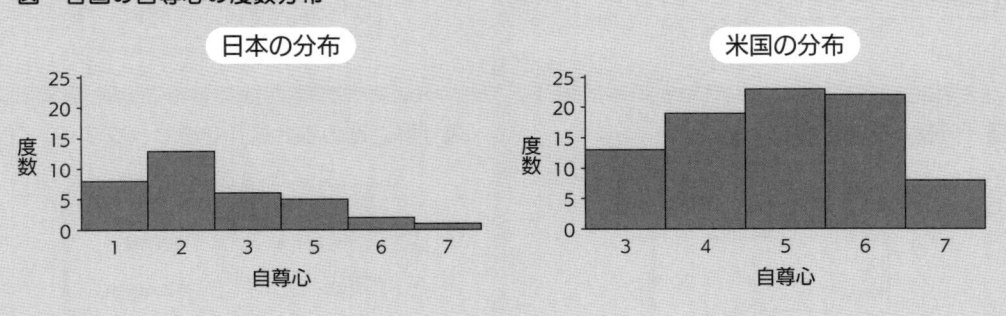

○使用するサンプルデータ：「ノンパラ_対応なしマンホイットニー」シート
※データは著者が作成した架空のものです。分析結果を信用しないようにして下さい。

分析方法

1 「使用変数」をクリックする。

2 使用する**従属変数**を選び，「追加→」をクリックする（今回は「国」が独立変数，「自尊心」が従属変数）。

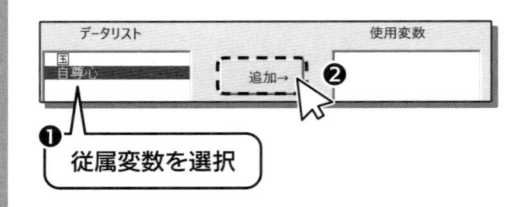

従属変数を選択

3 使用する**独立変数**を選び，「追加→」をクリックする。

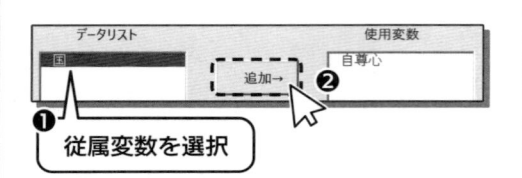

従属変数を選択

4 使用変数の欄に，上に従属変数，下に独立変数の順で移動したことを確認したら，「OK」をクリックする。

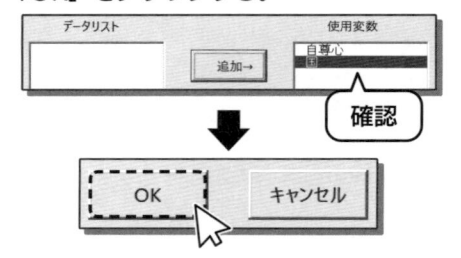

確認

5 「分析」をクリックする。

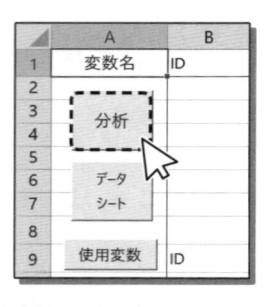

6 「群ごとの統計量」をクリックする。

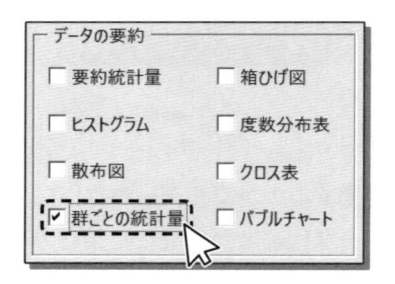

7 「順位の差の検定」をクリックし，「対応なし」をチェックして OK をクリックする。

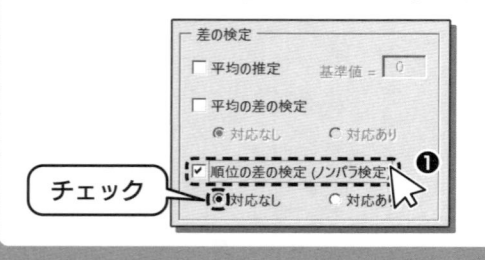

チェック

分析結果のまとめ方

HAD の結果：群ごとの統計量（要約統計量）（「Groupstat」シート）

群ごとの統計量

見るべきところ

変数名	国	平均値	中央値	標準偏差	人数
自尊心	米国	4.918	5.000	1.217	85
	日本	2.743	2.000	1.686	35

▶ Table（表）にまとめる。

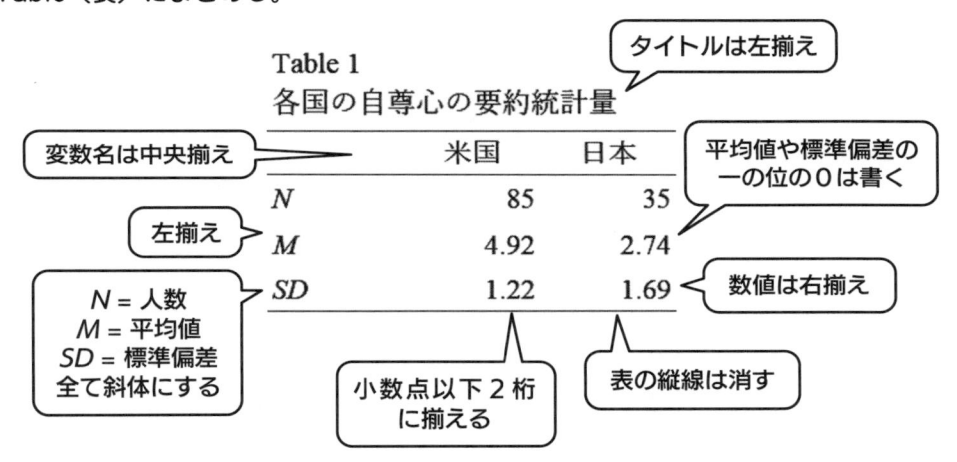

Table 1
各国の自尊心の要約統計量

	米国	日本
N	85	35
M	4.92	2.74
SD	1.22	1.69

タイトルは左揃え

変数名は中央揃え

平均値や標準偏差の一の位の0は書く

左揃え

数値は右揃え

N = 人数
M = 平均値
SD = 標準偏差
全て斜体にする

小数点以下2桁に揃える

表の縦線は消す

表の作成方法

❶「Groupstat」シートをクリックして開く。

❷要約統計量のセルを選択して，コピーする。

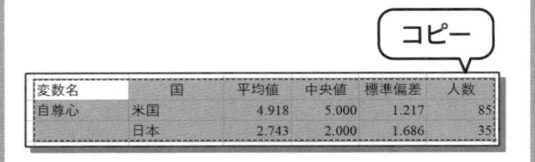

❸ExcelのB2のセルに「行／列の入れ替え」で貼り付ける。

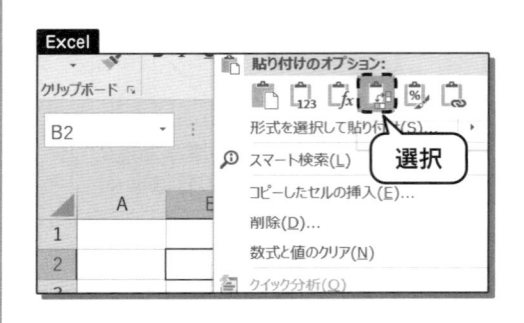

❹「人数」の行を切り取り，「平均値」のセルを選んで「切り取ったセルの挿入」で挿入する。

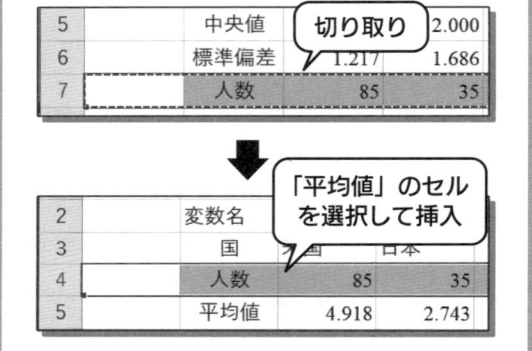

❺「変数名」と独立変数の名称を削除する。

❻「中央値」の行を選択して削除する（残したままでも問題ありません）。

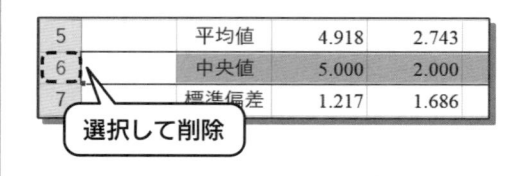

❼従属変数の名称を削除する。

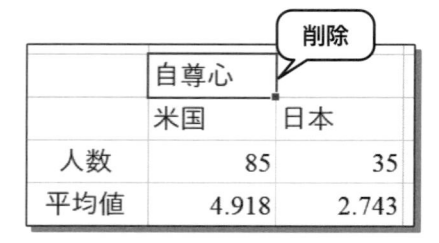

❽水準名を選択して，中央揃えにする。

	米国	日本
	85	35
平均値	4.918	2.743
標準偏差	1.217	1.686

9「度数」を"N",「平均値」を"M",「標準偏差」を"SD"に変える。その後，それらの文字を斜体にして，左揃えにする。

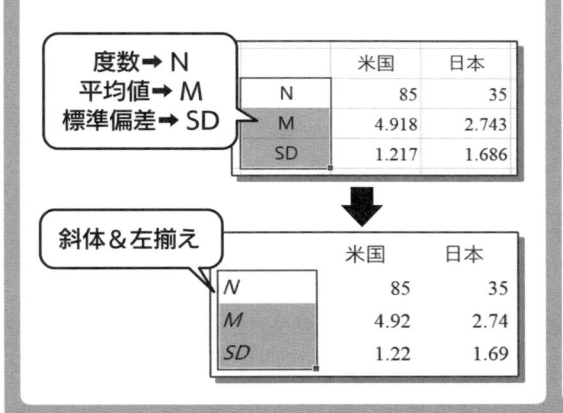

10平均値と標準偏差を選択し，小数点以下2桁に揃える。

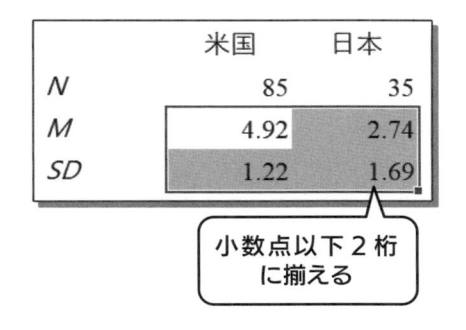

11水準の行を選択する。

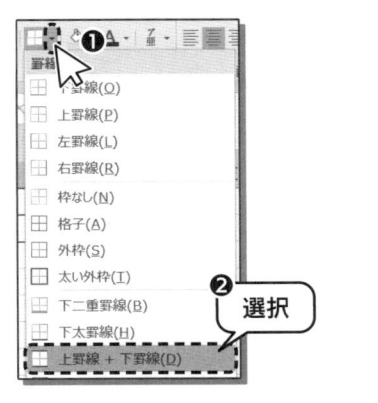

12メニューの「フォント」の「罫線」の「▼」をクリックして，「上罫線＋下罫線」を選択する。

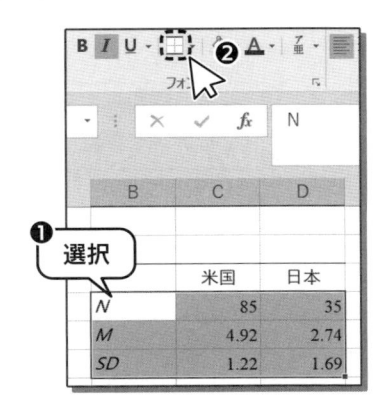

13統計値の名称の列と数値のセルを全て選択し，「上罫線＋下罫線」をクリックする。

ここから先の作業は，第5章第1節「表の作成方法」の**13**〜**25**と同じです。pp. 47-48を参照してください。Tableのタイトルは，「各国の自尊心の要約統計量」です。

分析結果の見方（「Nonpara」のシートを開く）

自由度, Z 値, p 値

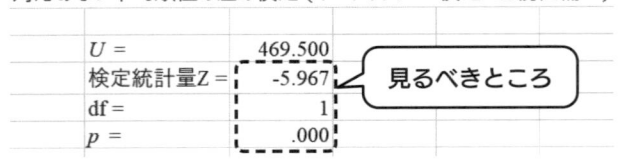

対応のない平均順位の差の検定 (マンホイットニー検定・連続性補正)

$U =$	469.500
検定統計量$Z =$	-5.967
df =	1
$p =$	.000

見るべきところ

効果量 r

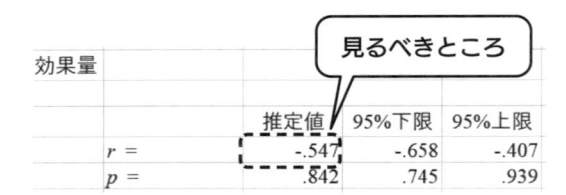

見るべきところ

効果量

	推定値	95%下限	95%上限
$r =$	-.547	-.658	-.407
$p =$	.842	.745	.939

検定統計量のまとめ方

斜体　　半角スペース

$$Z = Z値, p値, 効果量$$

斜体

▶有意の場合

$$Z = 5.97, p < .05, r = .55$$

Z値は絶対値を書く（マイナスを削除する）

一の位の 0 は省略し，小数点以下 2 桁に揃える
絶対値を書く（マイナスを削除）

▶非有意の場合

$$Z = 0.97, ns, r = .01$$

斜体

分析結果の書き方

仮説：「自尊心の程度は，米国の方が日本より高いだろう。」

Table 1
各国の自尊心の要約統計量

	米国	日本
N	85	35
M	4.92	2.74
SD	1.22	1.69

【差が有意だった場合】

　各国の自尊心の平均値と標準偏差を Table 1 に示す。自尊心の程度について，国の間で差があるか否かを検討するため，マンホイットニー検定を行った。その結果，国の間に有意差が見られた（$Z = 5.97, p < .05, r = .55$）。よって，米国の方が日本よりも自尊心が高いことが示された。以上より，仮説は支持された。

【差が非有意だった場合】

　各国の自尊心の平均値と標準偏差を Table 1 に示す。自尊心の程度について，国の間で差があるか否かを検討するため，マンホイットニー検定を行った。その結果，国の間に有意差が見られなかった（$Z = 0.97, ns, r = .01$）。よって，米国と日本の間に自尊心の程度に差があるわけではないことが示された。以上より，仮説は支持されなかった。

第2節　ウィルコクソンの符号順位検定
（対応のある2つの群間の比較）

サンプルデータ

　ウィルコクソンの符号順位検定のサンプルデータは，100名を対象とした実験のものです。自尊心に影響することが期待される実験操作を行い，その前後で自尊心を測定しました。そのため，独立変数は操作（前／後），従属変数は自尊心となります。操作の前と後で自尊心が変化したか否かを検討します。図を見て分かる通り，操作前も操作後も，平均値が最も高くなる正規分布とは異なる形になっています。このような場合，t検定よりもウィルコクソンの符号順位検定を用います。ノンパラメトリック検定も推測統計です。推測統計は仮説を検証する分析方法です。そのため，次の仮説を立て，検証することにします。

仮説：「自尊心の程度は，操作前よりも操作後の方が低いだろう。」

図　操作前後の自尊心の度数分布

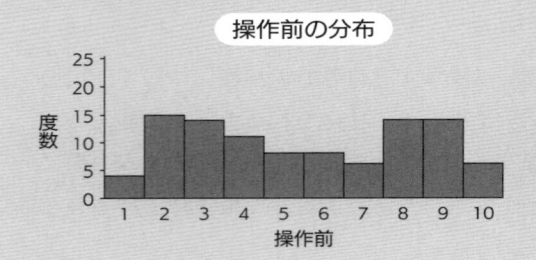

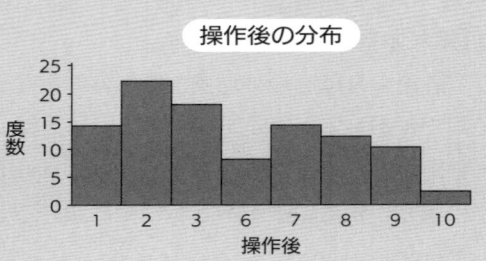

○使用するサンプルデータ：「ノンパラ_対応ありウィルコクソン」シート
※データは著者が作成した架空のものです。分析結果を信用しないようにして下さい。

分析方法

1 「使用変数」をクリックする。

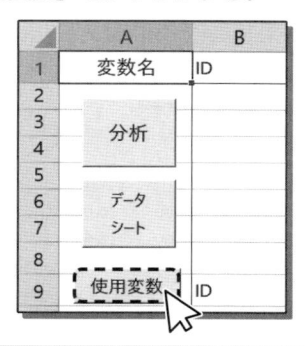

2 使用する変数をドラッグしながら選択し，「追加→」をクリックする。

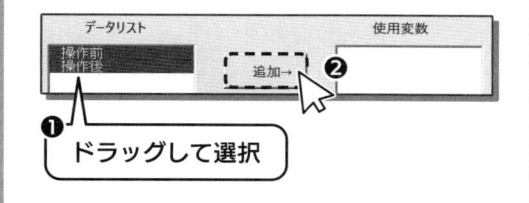

ドラッグして選択

3 使用する変数が「使用変数」の欄に移動したことを確認したら，「OK」をクリックする。

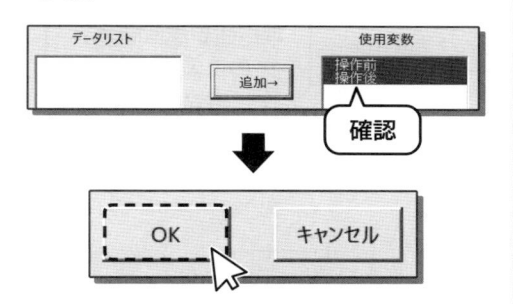

確認

4 「分析」をクリックする。

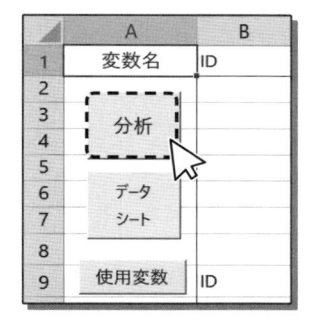

5 「要約統計量」をクリックする。

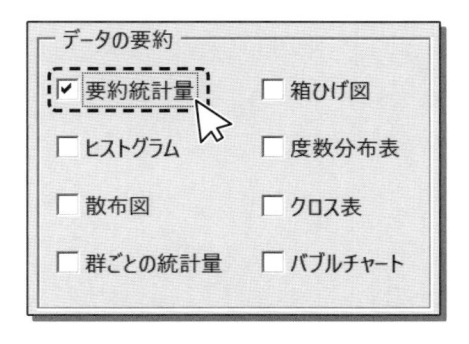

6 「順位の差の検定」をクリックし，「対応あり」にチェックを入れて「OK」をクリックする。

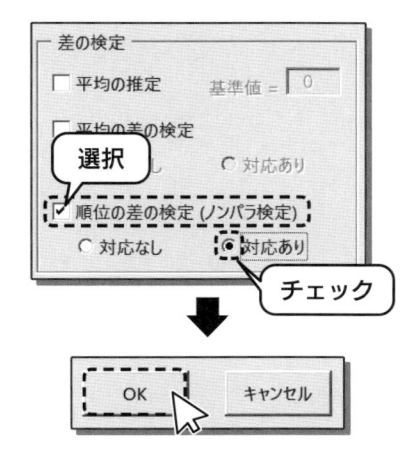

選択

チェック

分析結果のまとめ方

HAD の結果：要約統計量（「Summary」シート）

見るべきところ

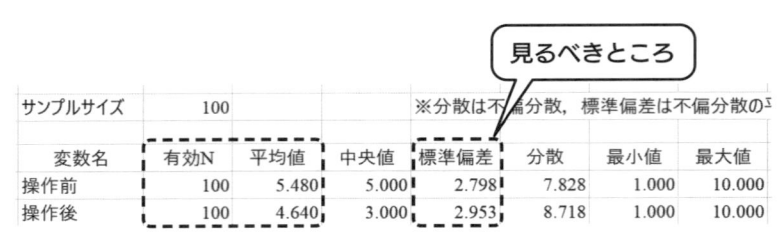

サンプルサイズ	100			※分散は不偏分散，標準偏差は不偏分散の┘

変数名	有効N	平均値	中央値	標準偏差	分散	最小値	最大値
操作前	100	5.480	5.000	2.798	7.828	1.000	10.000
操作後	100	4.640	3.000	2.953	8.718	1.000	10.000

▶ Table（表）にまとめる。

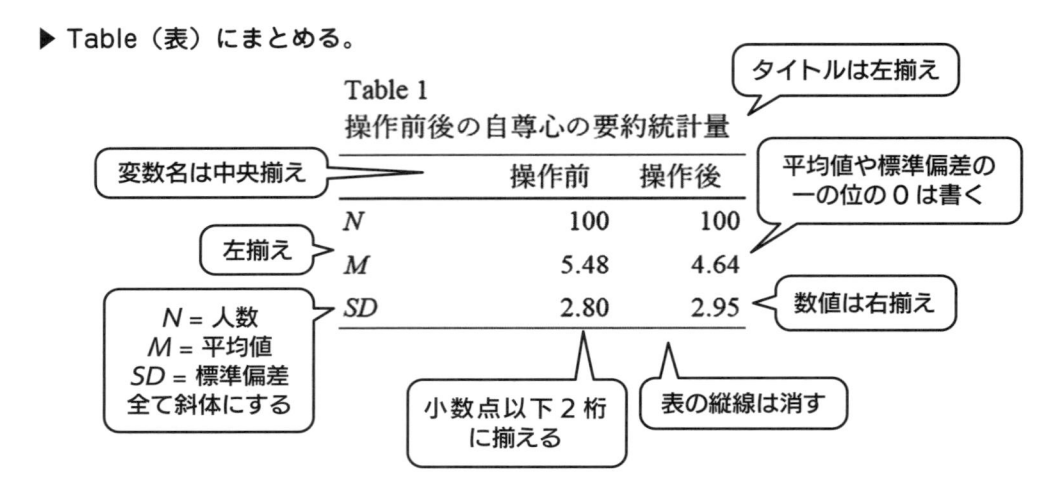

タイトルは左揃え

Table 1
操作前後の自尊心の要約統計量

変数名は中央揃え

	操作前	操作後
N	100	100
M	5.48	4.64
SD	2.80	2.95

平均値や標準偏差の
一の位の 0 は書く

左揃え

N = 人数
M = 平均値
SD = 標準偏差
全て斜体にする

数値は右揃え

小数点以下 2 桁
に揃える

表の縦線は消す

表の作成方法

❶「Summary」シートをクリックして開く。

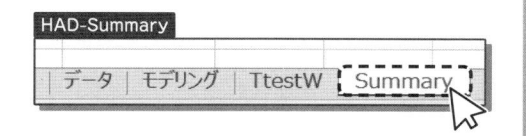

❷要約統計量の「変数名」から「標準偏差」までの列のセルを選択して，コピーする。

コピー

変数名	有効N	平均値	中央値	標準偏差	分散	最小値	最大値
操作前	100	5.480	5.000	2.798	7.828	1.000	10.000
操作後	100	4.640	3.000	2.953	8.718	1.000	10.000

❸別に開いておいた Excel ファイルの B2 のセルに「行／列の入れ替え」で貼り付ける。

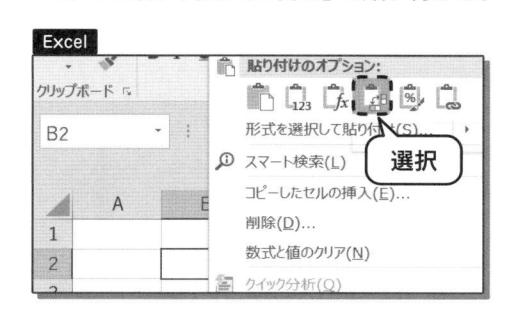

選択

❹「中央値」の列をクリックし，削除する（残したままでも問題ありません）。

3		有効N	100
4		平均値	5.480
5		中央値	5.000
6		標準偏差	2.798

クリックして削除

❺「変数名」を削除する。

削除

変数名	操作前	操作後
有効N	100	100
平均値	5.480	4.640
標準偏差	2.798	2.953

❻水準名を選択し，中央揃えにする。

	操作前	操作後
中央揃え
	100	100
平均値	5.480	4.640
標準偏差	2.798	2.953

❼平均値と標準偏差を選択し，四捨五入で小数点以下 2 桁に揃える。

	操作前	操作後
有効N	100	100
平均値	5.48	4.64
標準偏差	2.80	2.95

小数点以下 2 桁に揃える

❽「有効 N」を "N"，「平均値」を "M"，「標準偏差」を "SD" に変える。

	操作前	操作後
N	100	100
M	5.48	4.64
SD	2.80	2.95

有効 N ➡ N
平均値 ➡ M
標準偏差 ➡ SD

⑨ "N", "M", "SD" を斜体にし，左揃えにする。

	操作前	操作後
N	100	100
M	5.48	4.64
SD	2.80	2.95

斜めにして左揃え

⑩ 水準の行を選択する。

選択

	操作前	操作後
N	100	100
M	5.48	4.64
SD	2.80	2.95

⑪ メニューの「罫線」の「▼」をクリックして，「上罫線＋下罫線」を選択する。

⑫ 統計値の名称の列と数値のセルを全て選択し，「上罫線＋下罫線」をクリックする。

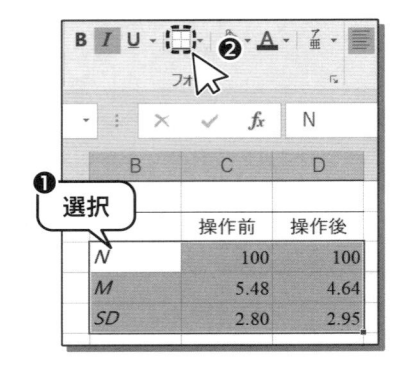

ここから先の作業は，第5章第1節「表の作成方法」の⑬〜㉕と同じです。pp. 47-48 を参照してください。Table のタイトルは，「操作前後の自尊心の要約統計量」です。

分析結果の見方（「Nonpara」のシートを開く）

自由度，*Z* 値，*p* 値

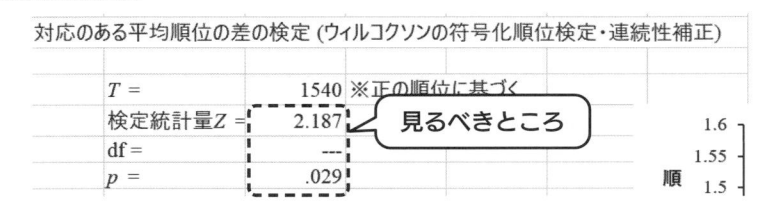

対応のある平均順位の差の検定 (ウィルコクソンの符号化順位検定・連続性補正)

T =	1540	※正の順位に基づく
検定統計量 *Z* =	2.187	見るべきところ
df =	---	
p =	.029	

効果量 *r*

効果量

見るべきところ

	推定値	95%下限	95%上限
r =	.155	.017	.286

検定統計量のまとめ方

斜体　　半角スペース

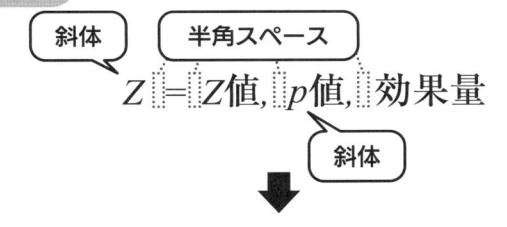

$$Z = Z 値, p 値, 効果量$$

斜体

▶ 有意の場合

$$Z = 2.20, p < .05, r = .16$$

Z 値は絶対値を書く
（マイナスを削除する）

一の位の 0 は省略し，小数点以
下 2 桁に揃える
絶対値を書く（マイナスを削除）

▶ 非有意の場合

$$Z = 0.02, ns, r = .01$$

斜体

分析結果の書き方

仮説：「自尊心の程度は，操作前よりも操作後の方が低いだろう。」

Table 1
操作前後の自尊心の要約統計量

	操作前	操作後
N	100	100
M	5.48	4.64
SD	2.80	2.95

【差が有意だった場合】

　操作前後の自尊心の平均値と標準偏差を Table 1 に示す。自尊心の程度について，操作前と操作後で差があるか否かを検討するため，ウィルコクソンの符号順位検定を行った。その結果，操作前後で有意差が見られた（$Z = 2.20, p < .05, r = .16$）。よって，操作後の方が操作前よりも自尊心が低いことが示された。以上より，仮説は支持された。

【差が非有意だった場合】

　操作前後の自尊心の平均値と標準偏差を Table 1 に示す。自尊心の程度について，操作前と操作後で差があるか否かを検討するため，ウィルコクソンの符号順位検定を行った。その結果，操作前後で有意差は見られなかった（$Z = 0.02, ns, r = .01$）。よって，操作後と操作前では自尊心に差があるとは言えないことが示された。以上より，仮説は支持されなかった。

第3節　クラスカル・ウォリス検定
（対応のない3つの群間の平均値の比較）

サンプルデータ

　クラスカル・ウォリス検定のサンプルデータは，中国，日本，米国という3か国にて計 120 名を対象とした調査のデータになります。独立変数は国（中国／日本／米国），従属変数は自尊心になります。国が違うことで自尊心の高さが異なるかを検討します。図を見ても分かる通り，平均値が最も高くなる山型の正規分布とは異なる形になっています。しかも，少しわかりにくいですが，日本では 8 という外れ値も見られます。このような場合，一要因分散分析よりもクラスカル・ウォリス検定を用います。ノンパラメトリック検定も推測統計です。推測統計は仮説を検証する分析方法です。そのため，次の仮説を立て，検証することにします。

仮説：「自尊心は，米国や日本と比べて，中国が最も高いだろう。」

図　各国の自尊心の度数分布

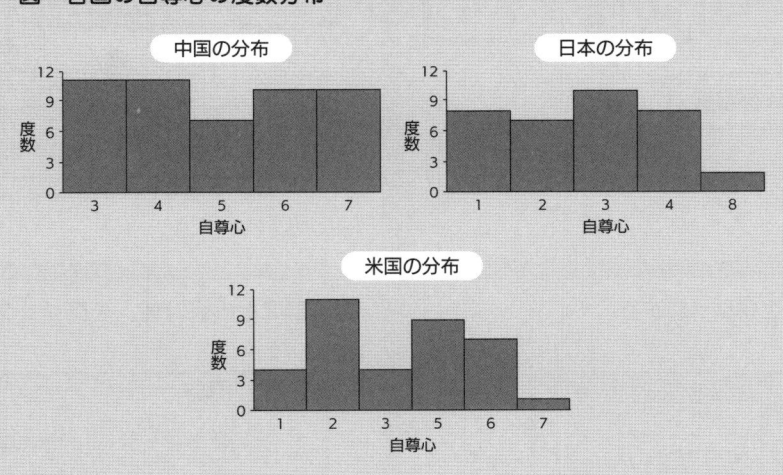

○**使用するサンプルデータ：「ノンパラ_クラスカル・ウォリス（対応なし）」シート**
※データは著者が作成した架空のものです。分析結果を信用しないようにして下さい。

分析方法

1 「使用変数」をクリックする。

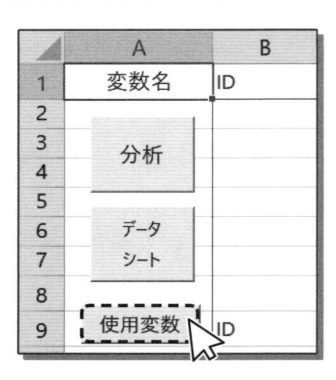

2 使用する**従属変数**を選び，「追加→」をクリックする（今回は「国」が独立変数，「自尊心」が従属変数）。

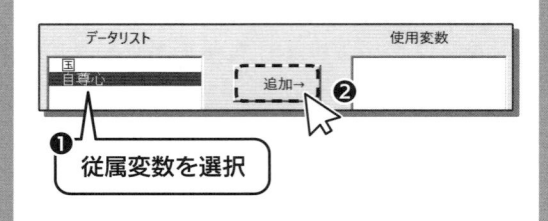

❶ 従属変数を選択

3 使用する**独立変数**を選び，「追加→」をクリックする。

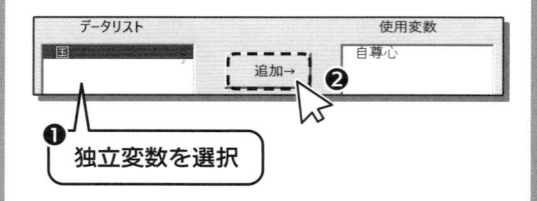

❶ 独立変数を選択

4 使用変数の欄に，上に従属変数，下に独立変数の順で移動したことを確認したら，「OK」をクリックする。

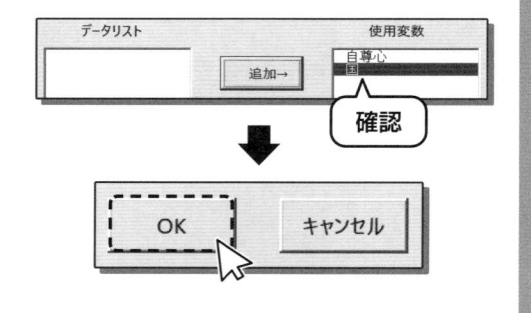

5 「分析」をクリックする。

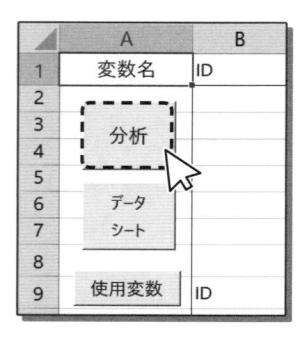

6 「群ごとの統計量」をクリックする。

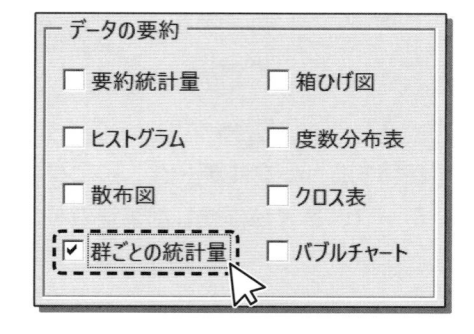

7　「平均の差の検定」をクリックし，「対応あり」にチェックを入れて「OK」をクリックする。

差の検定

□ 平均の推定　　　基準値 = ［0］

□ 平均の差の検定

選択

C 対応あり

☑ 順位の差の検定 (ノンパラ検定)

◉ 対応なし　　　C 対応あり

チェック

OK　　　キャンセル

えれな

分析結果のまとめ方

HAD の結果：要約統計量（「GroupStat」シート）

群ごとの統計量

変数名	国	平均値	中央値	標準偏差	人数
自尊心	中国	4.939	5.000	1.478	49
	日本	2.857	3.000	1.683	35
	米国	3.667	3.000	1.897	36

見るべきところ

▶ Table（表）にまとめる。

Table 1
各国の自尊心の要約統計量

	中国	日本	米国
N	49	35	36
M	4.94 [a]	2.86 [b]	3.67 [b]
SD	1.48	1.68	1.90

タイトルは左揃え

平均値や標準偏差の一の位の0は書く

変数名は中央揃え

左揃え

数値は右揃え

N = 人数
M = 平均値
SD = 標準偏差
全て斜体にする

小数点以下2桁に揃える

表の縦線は消す

表の作成方法

1 「Groupstat」シートをクリックして開く。

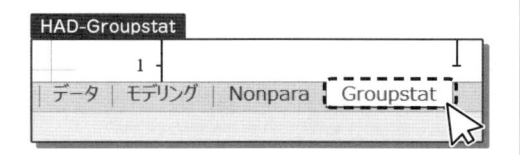

2 「変数名」と「自尊心」を入れず，記述統計量のセルを選択して，コピーする。

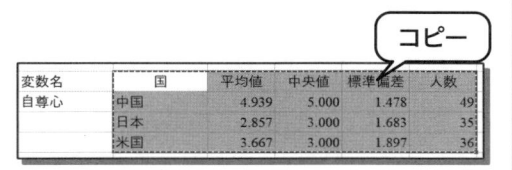

3 別に開いておいた Excel ファイルの B2 のセルに「行／列の入れ替え」で貼り付ける。

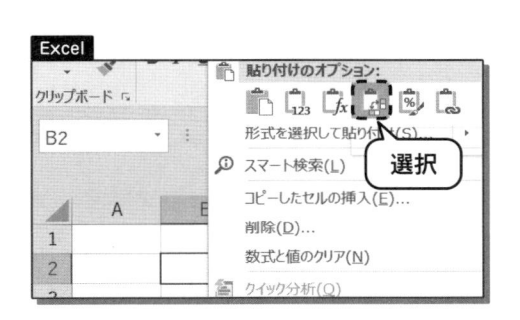

4 「人数」の行を切り取り，「平均値」のセルを選んで「切り取ったセルの挿入」で挿入する。

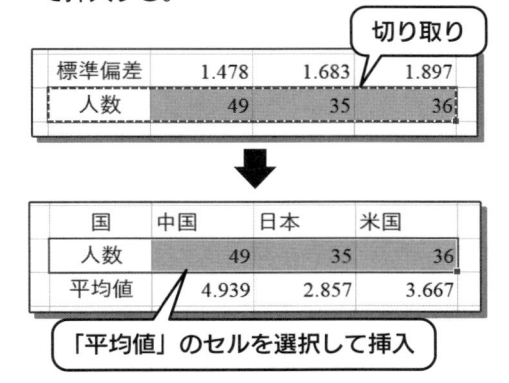

5 「中央値」の列をクリックし，削除する（残したままでも問題ありません）。

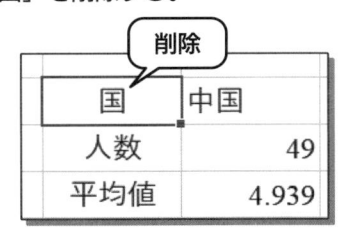

6 「国」を削除する。

国	中国
人数	49
平均値	4.939

削除

7 水準名を選択し，中央揃えにする。

	中国	日本	米国
中央揃え	49	35	36
平均値	4.939	2.857	3.667
標準偏差	1.478	1.683	1.897

8 平均値と標準偏差を選択し，小数点以下 2 桁に揃える。

	中国	日本	米国
人数	49	35	36
平均値	4.94	2.86	3.67
標準偏差	1.48	1.68	1.90

9 「度数」を "N"，「平均値」を "M"，「標準偏差」を "SD" に変える。その後，それらの文字を斜体にして，左揃えにする。

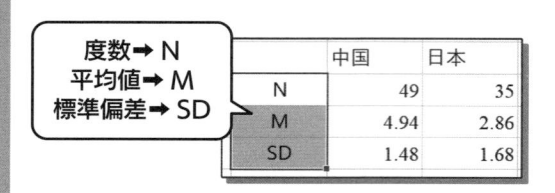

10 【下位検定の結果を入力】水準の2列目（今回は列D）を選択して左側に1列挿入する。

11 水準の3列目（今回は列F）を選択し，挿入する。

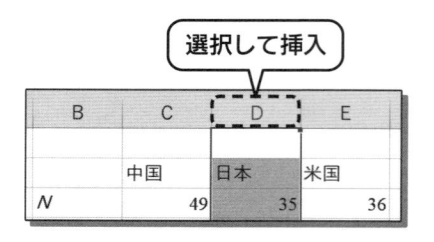

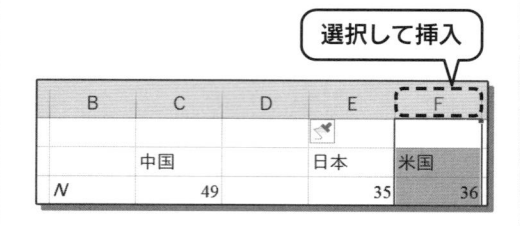

12 下位検定の結果に基づき平均値の右隣のセルにアルファベットを入力する。

（ア）アルファベットのルール
　①水準間の差が有意 → 異なるアルファベットをふる
　②水準間の差が非有意 → 同じアルファベットをふる

（イ）以下の例の場合
　①中国（1）と日本（2）：有意差あり → 中国＝a，日本＝b
　②中国（1）と米国（3）：有意差あり → 中国＝a，米国＝b
　③日本（2）と米国（3）：有意差なし → 日本＝b，米国＝b
　⇒ 中国 ＝ a，日本 ＝ b，米国 ＝ b

> 中国と日本：有意（$p < .0$）
> 中国と米国：有意（$p < .05$）
> 日本と米国：非有意（*ns*）

多重比較 (Holmの方法)

水準の組	順位の差	効果量 r	95%CI	Z 値	p 値	調整 p 値
1 - 2	39.539	.469	.316, .598	5.136	.000	.000
1 - 3	24.213	.289	.116, .446	3.171	.002	.003
2 - 3	-15.326	-.169	-.338, .010	-1.856	.063	.063

13 **12** に基づいて，平均値の右隣のセルにアルファベットを入力する。

	中国	日本	米国
N	49	35	36
M	4.94 a	2.86 b	3.67 b
SD	1.48	1.68	1.90

14 Ctrl を押しながらアルファベットのセル
を選択して，メニューのフォントタブの
設定をクリックする。

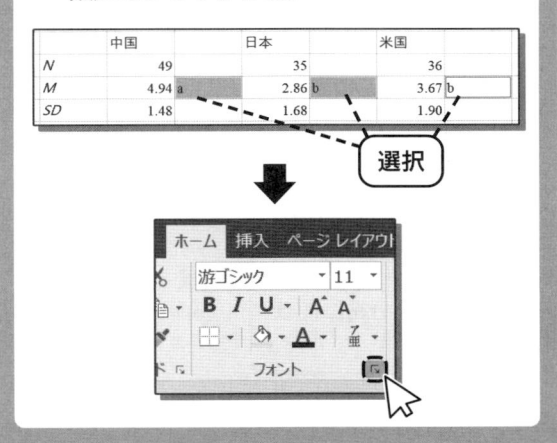

15 「上付き」をチェックし，「OK」をクリックする。

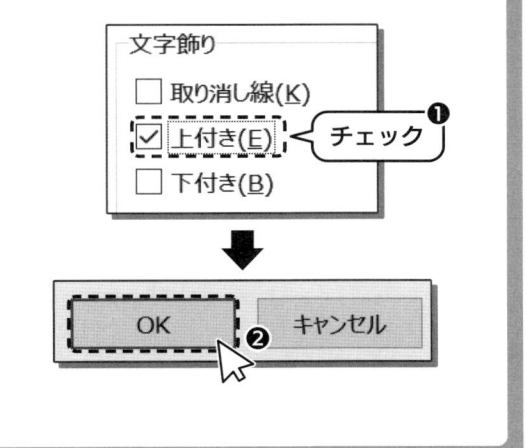

16 アルファベットのセルの列を，Ctrl キー
を押しながら同時に選択する。

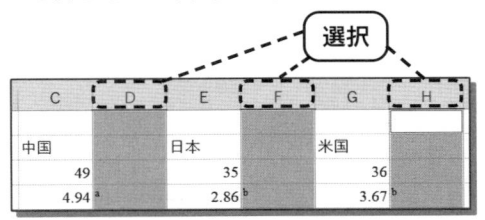

17 選択した列の右端にカーソルを移動させ，
形が変わったらダブルクリックして幅を
調整する。

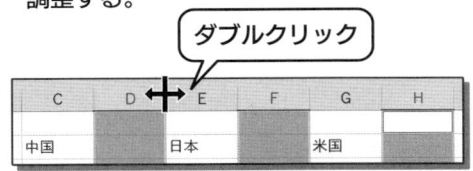

18 水準と右隣のセルを選択し，「セルを結
合して中央揃え」で結合する。

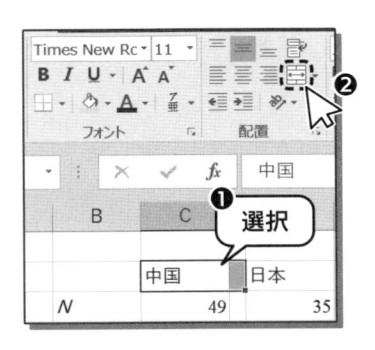

19 他の水準名のセルも同様の作業を行う。

	中国	日本	米国
N	49	35	36

ここから先の作業は，第5章第1節「表の作成方法」の**18**〜**25**と同じです。p. 48 を参照してください。タイトルは「各国の自尊心の要約統計量」です。

分析結果の見方 （「Nonpara」のシートを開く）

自由度，χ^2 値，p 値

対応のない平均順位の差の検定 （クラスカル-ウォリス検定）

検定統計量χ^2 =	28.285
df =	2
p =	.000

見るべきところ

クラスカル・ウォリス検定の検定統計量は H だが，そもそもカイ二乗分布に従うため，カイ二乗値が算出される

効果量 η^2 [3]

効果量

見るべきところ

	推定値	95%下限	95%上限
η^2 =	.238	.052	.226

多重比較 （Holm 法）

多重比較 (Holmの方法)

見るべきところ

水準の組	順位の差	効果量 r	95%CI	Z値	p値	調整p値
1 - 2	39.539	.469	.316, .598	5.136	.000	.000
1 - 3	24.213	.289	.116, .446	3.171	.002	.003
2 - 3	-15.326	-.169	-.338, .010	-1.856	.063	.063

検定統計量のまとめ方

斜体にしない　　　　　　　　半角スペース

$$\chi^2(自由度/df) = \chi^2値\ p値\ 効果量$$

この記号は「かい」を変換して出す　　　斜体

$$\chi^2(2) = 28.29, p < .05, \eta^2_p = .24$$

斜体にしない

---

3) 効果量 η （イータ） の書き方は，第 6 章第 1 節 （p.68） を参照して下さい。

分析結果の書き方

仮説：「自尊心は，米国や日本と比べて，中国が最も高いだろう。」

Table 1
各国の自尊心の要約統計量

	中国	日本	米国
N	49	35	36
M	4.94 [a]	2.86 [b]	3.67 [b]
SD	1.48	1.68	1.90

【差が有意だった場合】

　各国の自尊心の平均値と標準偏差を Table 1 に示す。自尊心の程度について，国間で差があるか否かを検討するため，クラスカル・ウォリス検定を行った。その結果，国の間に有意差が見られた（$\chi^2(2) = 28.29, p < .05, \eta^2_p = .24$）。Holm 法を用いた下位検定を行った結果，中国と米国（$p < .05$），中国と日本（$p < .05$）では有意差が見られ，米国と日本の間には有意差が見られなかった（ns）。すなわち，中国の自尊心は米国や日本と比べて高いことが示された。以上より，仮説は支持された。

> 有意差があった場合，平均値を見て，どちらが高いかを判断する

> 下位検定の結果は p 値のみを記載する

【差が非有意だった場合】

　各国の自尊心の平均値と標準偏差を Table 1 に示す。自尊心の程度について，国間で差があるか否かを検討するため，クラスカル・ウォリス検定を行った。その結果，国の間に有意差が見られなかった（$\chi^2(2) = 0.55, ns, \eta^2_p = .01$）。Holm 法を用いた下位検定の結果，中国と米国（ns），中国と日本（ns），日本と米国（ns）のそれぞれにおいて有意差が見られなかった。すなわち，国の間で自尊心の程度に差があるとは言えないことが示された。以上より，仮説は支持されなかった。

> 下位検定の結果も報告する [4]

4）有意差が見られなくても，下位検定の結果は報告することが推奨されます。もしどこかに有意差が見られれば，その結果が考察のヒントになることがあるためです。また，「有意差がない」という事実も重要な知見だからです。

第4節　フリードマン検定
（対応のある3つの群間の平均値の比較）.......................

サンプルデータ
....

　フリードマン検定のサンプルデータは，50名を対象とした実験を行ったものです。うつ傾向の改善のために開発された新薬の臨床実験だと考えてください。独立変数はうつ傾向の測定時期（投与前／投与後／投与1時間後），従属変数はうつ傾向となります。測定時期のそれぞれでうつ傾向を測定しました。そのため，投与前と比べて，投与直後，投与してから1時間後において，うつ傾向がどのように変化していくかを検討します。図を見て分かる通り，特に投与前の分布は正規分布とは言えず，むしろ一様分布（各値の度数がほぼ同じで凹凸がない分布）に見えます。このような場合，一要因分散分析よりもフリードマン検定を用います。ノンパラメトリック検定も推測統計です。推測統計は仮説を検証する分析方法です。そのため，次の仮説を立て，検証することにします。

仮説：「薬を投与すると，時間が経つほど，うつ傾向は低くなるだろう。」

　図　各投与時期における度数分布

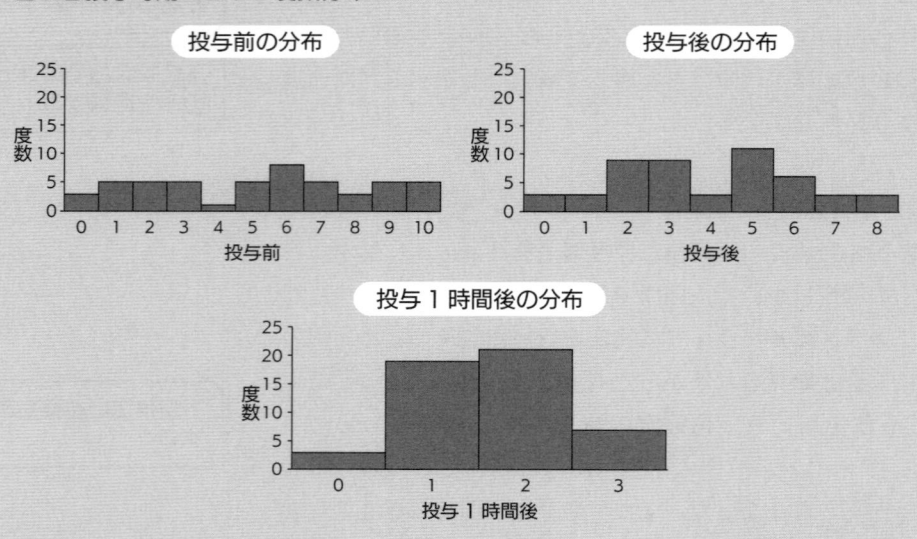

○使用するサンプルデータ；「ノンパラ＿フリードマン（対応あり）」シート
※データは著者が作成した架空のものです。分析結果を信用しないようにして下さい。

分析方法

１「使用変数」をクリックする。

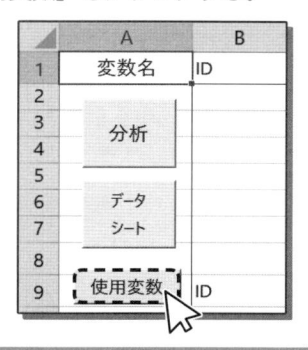

２使用する変数をドラッグしながら選択し，「追加→」をクリックする。

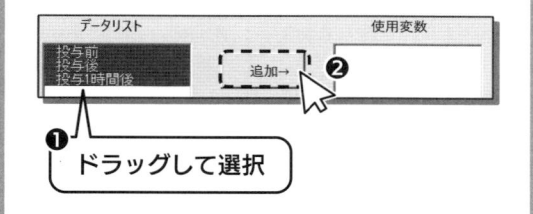

ドラッグして選択

３使用する変数が「使用変数」の欄に移動したことを確認したら，「OK」をクリックする。

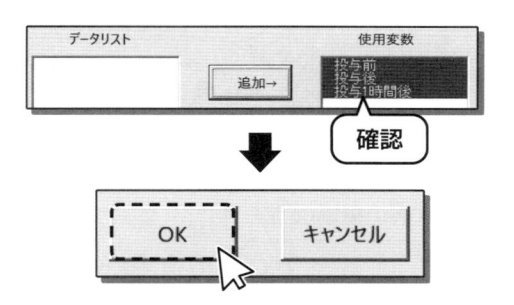

確認

４「分析」をクリックする。

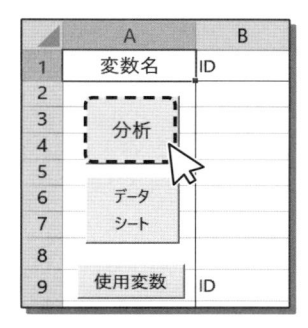

５「要約統計量」をクリックする。

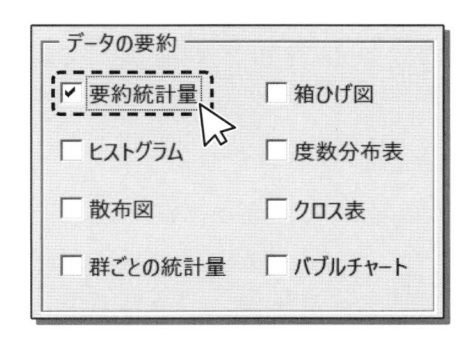

６「順位の差の検定（ノンパラ検定）」をクリックし，「対応あり」にチェックを入れて「OK」をクリックする。

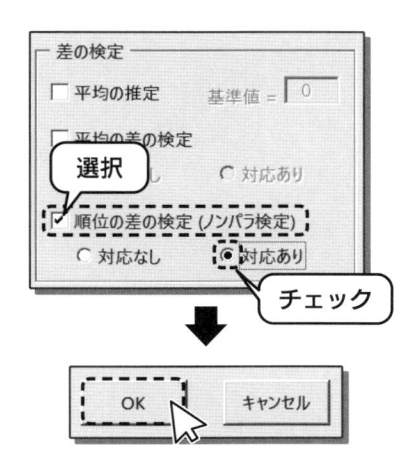

選択

チェック

分析結果のまとめ方

HAD の結果：要約統計量（「Summary」シート）

見るべきところ

変数名	有効N	平均値	中央値	標準偏差	分散	最小値	最大値
投与前	50	5.220	6.000	3.125	9.767	0.000	10.000
投与後	50	3.920	4.000	2.165	4.687	0.000	8.000
投与1時間後	50	1.640	2.000	0.802	0.643	0.000	3.000

▶ Table（表）にまとめる。

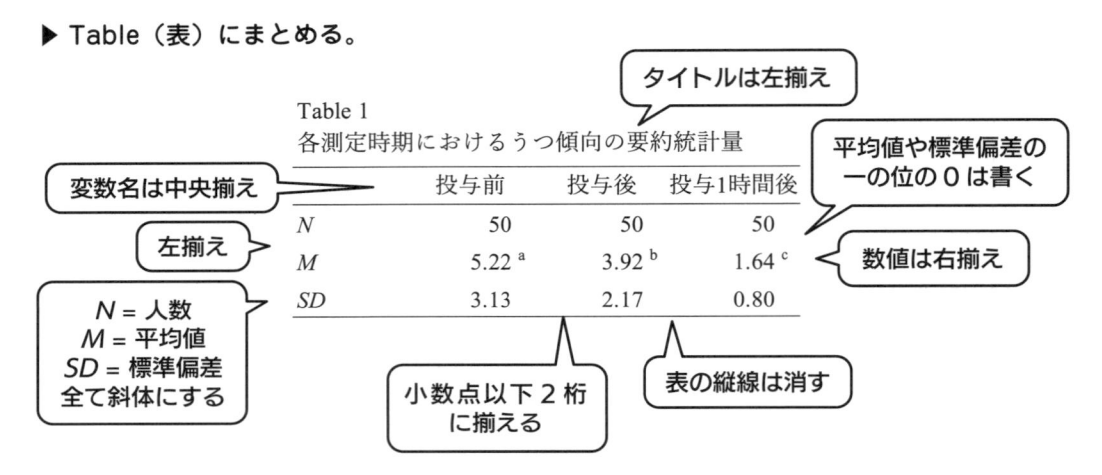

タイトルは左揃え

平均値や標準偏差の一の位の 0 は書く

Table 1
各測定時期におけるうつ傾向の要約統計量

	投与前	投与後	投与1時間後
N	50	50	50
M	5.22 [a]	3.92 [b]	1.64 [c]
SD	3.13	2.17	0.80

変数名は中央揃え

左揃え

数値は右揃え

N = 人数
M = 平均値
SD = 標準偏差
全て斜体にする

小数点以下 2 桁に揃える

表の縦線は消す

表の作成方法

❶「Summary」シートをクリックして開く。

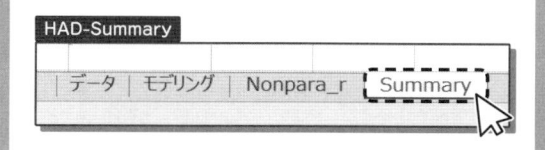

❷要約統計量の「変数名」から「標準偏差」までの列のセルを選択して，コピーする。

コピー

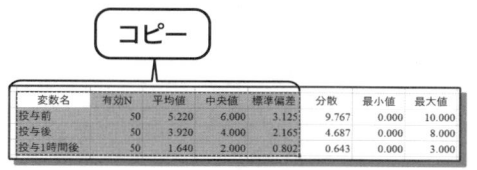

❸別に開いておいた Excel ファイルの B2 のセルに「行／列の入れ替え」で貼り付ける。

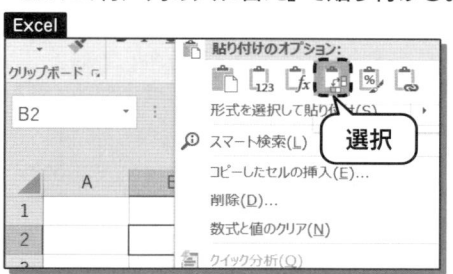

❹「変数名」を削除する。

削除

変数名	投与前	投与後
有効N	50	50
平均値	5.220	3.920

❺「中央値」の列をクリックし，削除する（残したままでも問題ありません）。

4	平均値	5.220
5	中央値	6.000
6	標準偏差	3.125

クリックして削除

❻水準名を選択し，中央揃えにする。

中央揃え

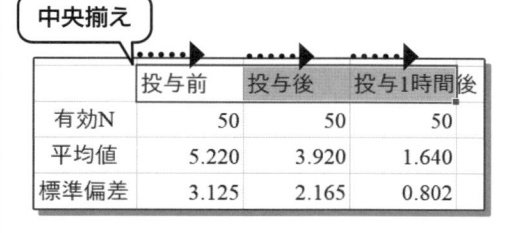

	投与前	投与後	投与1時間後
有効N	50	50	50
平均値	5.220	3.920	1.640
標準偏差	3.125	2.165	0.802

❼「有効 N」を "N"，「平均値」を "M"，「標準偏差」を "SD" に変える。その後，それらの文字を斜体にして左揃えにする。

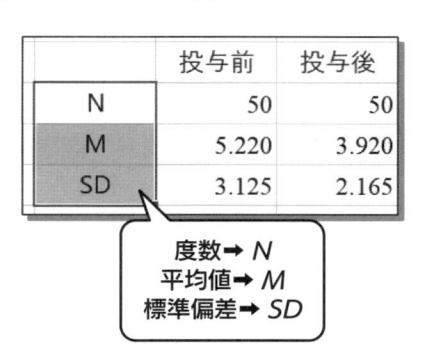

斜体＆左揃え

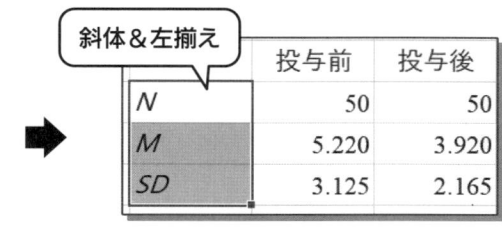

度数 ➡ *N*
平均値 ➡ *M*
標準偏差 ➡ *SD*

❽平均値と標準偏差を選択し，小数点以下2桁に揃える。

	投与前	投与後	投与1時間後
N	50	50	50
M	5.22	3.92	1.64
SD	3.13	2.17	0.80

小数点以下2桁に揃える

❾【水準の幅を調整する】「投与1時間後」の列を選択する。

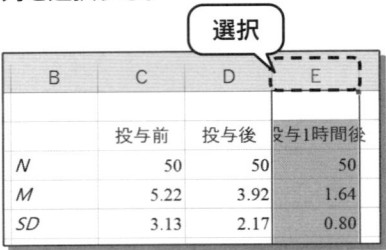

選択

B	C	D	E
	投与前	投与後	投与1時間後
N	50	50	50
M	5.22	3.92	1.64
SD	3.13	2.17	0.80

❿列の右端にカーソルを合わせて以下のような形になったらダブルクリックする。

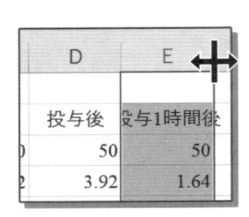

	D	E
	投与後	投与1時間後
	50	50
	3.92	1.64

⓫【下位検定の結果を入力】水準の2列目（今回は列D）を選択し，左側に1列挿入する。

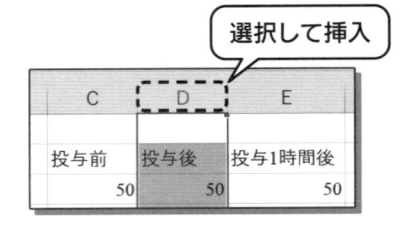

選択して挿入

C	D	E
投与前	投与後	投与1時間後
50	50	50

⓬水準の3列目（今回は列F）を選択し，列を挿入する。

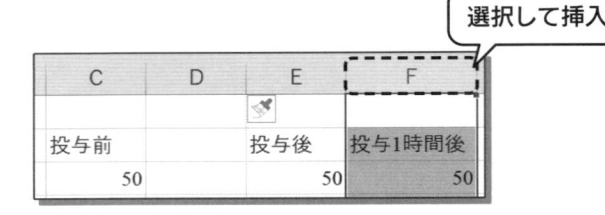

選択して挿入

C	D	E	F
投与前		投与後	投与1時間後
50		50	50

⓭下位検定の結果に基づき平均値の右隣のセルにアルファベットを入力する。

（ア）アルファベットのルール
　①水準間の差が有意 → 異なるアルファベットをふる
　②水準間の差が非有意 → 同じアルファベットをふる

（イ）以下の例の場合
　①投与前と投与後：有意差なし → 投与前＝a，投与後＝a
　②投与前と投与1時間後：有意差あり → 投与前＝a，投与1時間後＝b
　③投与後と投与1時間後：有意差あり → 投与後＝a，投与1時間後＝b
　　⇒ 投与前 ＝ a，投与後 ＝ a，投与1時間後 ＝ b

投与前と投与後：非有意（*ns*）
投与前と投与1時間後：有意（$p < .05$）
投与後と投与1時間後：有意（$p < .05$）

多重比較（Holmの方法）

水準の組	順位の差	効果量 *r*	95%CI	*Z*値	*p*値	調整*p*値
投与前 - 投与後	0.360	.180	-.014, .361	1.800	.072	.072
投与前 - 投与1時間後	1.110	.555	.405, .676	5.550	.000	.000
投与後 - 投与1時間後	0.750	.375	.196, .530	3.750	.000	.000

14 **13**に基づいて，平均値の右隣のセルにアルファベットを入力する。

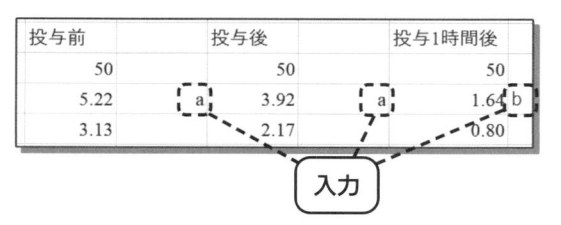

入力

---

15 アルファベットのセルを，Ctrl キーを押しながら同時に選択する。

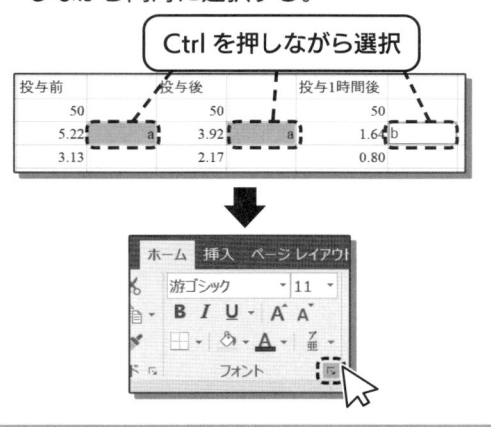

Ctrl を押しながら選択

16 「上付き」をチェックし，「OK」をクリックする

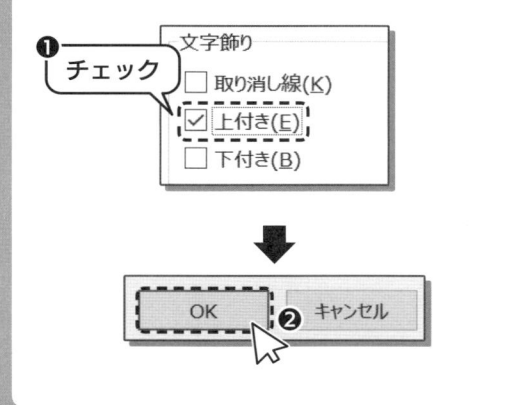

❶ チェック

❷

---

17 アルファベットの位置が左揃えになっていない場合は，左揃えにする。

左揃え

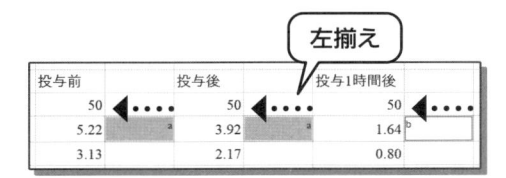

18 アルファベットのセルの列を，Ctrl キーを押しながら同時に選択する。

選択

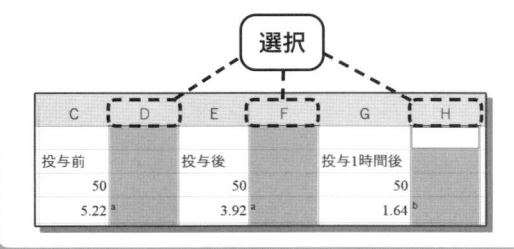

---

19 選択した列の右端にカーソルを移動させ，形が変わったらダブルクリックして幅を調整する。

ダブルクリック

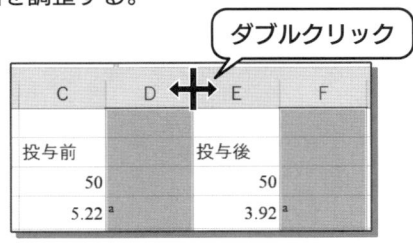

20 水準と隣のセルを選択し，「セルを結合して中央揃え」で結合する。

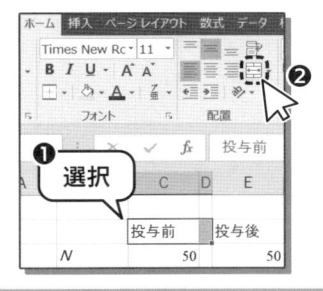

❷

❶ 選択

21 他の水準名のセルも同様の作業を行う。

投与前	投与後	投与1時間後
50	50	50
5.22 [a]	3.92 [a]	1.64 [b]

ここから先の作業は，第5章第1節「表の作り方」の**18**〜**25**と同じです。p. 48を参照してください。タイトルは「投与時期とうつ傾向の要約統計量」です。

分析結果の見方（「Nonpara_r」のシートを開く）

自由度, χ^2 値, p 値

対応のある平均順位の差の検定 (フリードマン検定)

検定統計量χ^2 =	36.034
df =	2
p =	.000

見るべきところ

効果量 η^{2} [5]

効果量			
	推定値	95%下限	95%上限
η^2 =	.240	.119	.437

見るべきところ

多重比較（Holm 法）

多重比較 (Holmの方法)

見るべきところ

水準の組	順位の差	効果量 r	95%CI	Z 値	p 値	調整p 値
投与前 - 投与後	0.360	.180	-.014, .361	1.800	.072	.072
投与前 - 投与1時間後	1.110	.555	.405, .676	5.550	.000	.000
投与後 - 投与1時間後	0.750	.375	.196, .530	3.750	.000	.000

検定統計量のまとめ方

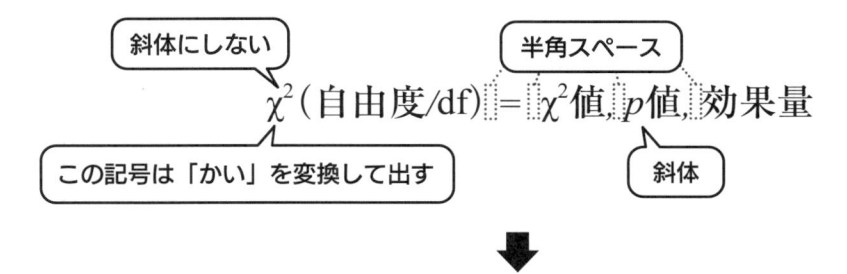

斜体にしない　半角スペース

$$\chi^2(自由度/df) = \chi^2値, p値, 効果量$$

この記号は「かい」を変換して出す　斜体

▶有意の場合

$$\chi^2(2) = 36.03, p < .05, \eta^2 = .24$$

斜体にしない

▶非有意の場合

斜体

$$\chi^2(2) = 0.23, ns, \eta^2 = .00$$

---

5) 効果量 η（イータ）の書き方は，第 6 章第 1 節（p. 68）を参照して下さい。

分析結果の書き方

仮説：「薬を投与すると，時間が経つほど，うつ傾向は低くなるだろう。」

Table 1
各測定時期におけるうつ傾向の要約統計量

	投与前	投与後	投与1時間後
N	50	50	50
M	5.22 [a]	3.92 [b]	1.64 [c]
SD	3.13	2.17	0.80

【差が有意だった場合】

　投与前後のうつ傾向の平均値と標準偏差を Table 1 に示す。薬を投与した時間によりうつ傾向に差があるか否かを検討するため，フリードマン検定を行った。その結果，投与時期の間に有意差が見られた（$\chi^2(2) = 36.03, p < .05, \eta^2 = .24$）。Holm 法を用いた下位検定を行った結果，投与前と投与後（ns）では有意差が見られず，投与前と投与1時間後（$p < .05$），投与後と投与1時間後の間（$p < .05$）で有意差が見られた。よって，薬を投与すると，投与直後には影響がなく，投与後1時間が経過すると，うつ傾向が低くなることが示された。以上より，仮説は一部支持された。

> 今回の仮説は，投与直後，投与1時間後のそれぞれで有意に低くなるとの予測になる。今回の結果では，投与直後はそのような結果にならなかったため，仮説は「一部」支持されたとなる。

> 有意差があった場合，平均値を見て，どちらが高いかを判断する

> 下位検定の結果は p 値のみを記載する

【差が非有意だった場合】

　投与前後のうつ傾向の平均値と標準偏差を Table 1 に示す。薬を投与した時間によりうつ傾向に差があるか否かを検討するため，フリードマン検定を行った。その結果，投与時期の間に有意差が見られなかった（$\chi^2(2) = 0.78, ns, \eta^2 = .01$）。Holm 法を用いた下位検定の結果，投与前と投与後（ns），投与前と投与1時間後（ns），投与後と投与1時間後（ns）のそれぞれにおいて有意差が見られなかった。よって，薬の投与によってうつ傾向に差があるわけではないことが示された。以上より，仮説は支持されなかった。

> 下位検定の結果も報告する [6]

6）有意差が見られなくても，下位検定の結果は報告することが推奨されます。もしどこかに有意差が見られれば，その結果が考察のヒントになることがあるためです。また，「有意差がない」という事実も重要な知見だからです。

第9章
クロス集計表とカイ二乗（χ^2）検定

　心を数値化して測定・分析する場合，t検定や分散分析のように平均値を用いるだけではなく，度数や比率（％）を使用するケースもあります。平均値を使う分析では，もともと数値で表されている「量的変数」のデータが分析対象となります。一方，度数や比率は，「はい」や「いいえ」などのカテゴリーで答えてもらう，いわゆる「質的変数」とか「カテゴリー変数」と呼ばれる変数として測定されます[1]。質的変数での調査の代表的な例は，テレビなどでよく見る街角アンケートです。「〜の政策についてあなたは賛成ですか，反対ですか？」などの質問に「賛成」「反対」「どちらとも言えない」などの回答を用意して，それぞれの回答に何人集まったかを集計して，人々がどのような意見を持っているかを調べます。質的変数の例としては他にも都道府県（東京都，大阪府など）や血液型（A型，B型など）などが挙げられます。

　質的変数で測定した場合，分析の対象となるのは各カテゴリーに当てはまるデータ数，またはその比率となります。1つの質的変数のデータ数を表にまとめたものが度数分布表です（第3章を参照）。

　質的変数は2つ以上の変数をかけ合わせることができます。例えば，「はい／いいえ」で答える質問のデータを各都道府県で集めたとします。1つ目の質的変数は都道府県，もう1つは回答（はい／いいえ）となります（Table 1 参照）。これらの変数をかけ合わせると，各都道府県で「はい」と「いいえ」の人数がどれくらい違うのかを調べることができます。このように2つ以上の質的変数をかけ合わせて集計したものを「**クロス集計表**」といいます。表中の数値が表示されている枠のことは「セル」と呼びます。

　クロス集計表では**カイ二乗（χ^2）検定**という推測統計法が多く用いられます。カイ二乗検定で分かることは2つです。1つ目は，どのセルの値（人数または比率[2]）が極端に大きいか，または小さいかです[3]。カイ二乗検定で有意との結果が得られた場合，「どこかのセルのデータ数／比率がとても多い／高いまたは少ない／低い」ことを意味します。ただし，カイ二乗検定で有意でも，具体的にどのセルの値が多くて，どのセルが少ないの

---

1) 分析によっては，量的変数を質的変数に変換して用いることがあります。例えば，年収は量的変数ですが，低所得層と中所得層，高所得層というカテゴリーに分け，それぞれの所得層が全体の何％になっているかを調べたりします。
2) 本書では分かりやすさを重視して「人数」としていますが，カイ二乗検定は「比率」の差を調べるものです。

かは分かりません。そこで行うのが残差分析です。残差分析とは，あるセルと全体を比較して，そのセルの値が突出しているかどうかを調べる分析です。言い換えれば，セルの値が「とても多いまたは少ない」かどうかを調べる分析です。ただし，2 × 2（各カテゴリーが 2 水準ずつ）のクロス集計表は，構造が単純であり，期待値との比較で差があるかわかるため，残差分析を行う必要はありません。

カイ二乗検定で分かることのもう 1 つは，2 つの質的変数の関連です。質的変数間の関連のことを「連関」と言います。連関は量的変数を用いた相関（第 10 章を参照）と同じです。関連の強さは φ（ファイ）で示されます。そのため，カイ二乗検定で有意になったということは，「2 つの質的変数の間に関連が見られた」ことになります。ただし，本章では取り扱いません。

Table 1
各都道府県の解答の割合

		東京都	大阪府	広島県	沖縄県	北海道	計
はい	度数	99	72	68	42	6	287
	%	67%	85%	58%	33%	22%	57%
いいえ	度数	48	13	49	84	21	215
	%	33%	15%	42%	67%	78%	43%
計		147	85	117	126	27	502

サンプルデータ

今回のカイ二乗検定のサンプルデータは，日本とアメリカ，中国の街頭で行った調査の結果です。各 50 名の日本人とアメリカ人，中国人を対象に「あなたは今，幸せですか」と尋ね，「はい」か「いいえ」で回答してもらいました。この場合，2 つの質的変数があります。1 つは国（日本／アメリカ／中国）であり，もう 1 つは回答（はい／いいえ）です。「はい」と答えた人数がその国の人々の幸福度を表しているとみなします。そのため，日本人とアメリカ人，中国人のそれぞれで，「はい」と答えた人数（比率）が異なるかについて調べます。

推測統計は仮説を検証する分析方法です。そのため，次の仮説を立て，検証することにします。

仮説：「国によって，「あなたは今，幸せですか」の問いに対し，「はい」と回答する人数は異なるだろう。」

○使用するサンプルデータ：「カイ二乗」シート
※データは著者が作成した架空のものです。分析結果を信用しないようにして下さい。

3）正確には，各セルにそれぞれ入ると予測される人数，つまり期待値を算出し，この期待値と比較して，そのセルの度数が多いか少ないかを検証する分析です。期待値の説明はやや難しく，紙面も多く必要となるため，この本ではくわしくは説明しませんが，一言で言えば，各セルに入ることのできる「定員」だと考えて下さい。カイ二乗検定は定員越えまたは定員不足のセルがあるかどうかを調べる分析となります。

分析方法

❶「使用変数」をクリックする。

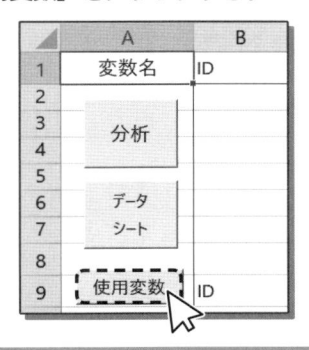

❷使用する変数をドラッグしながら選択し，「追加→」をクリックする。

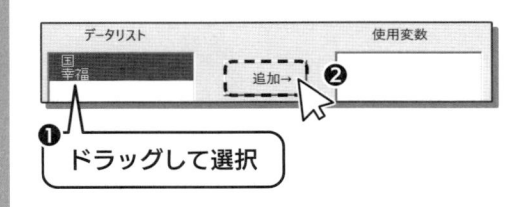

❸使用する変数が「使用変数」の欄に移動したことを確認したら，「OK」をクリックする。

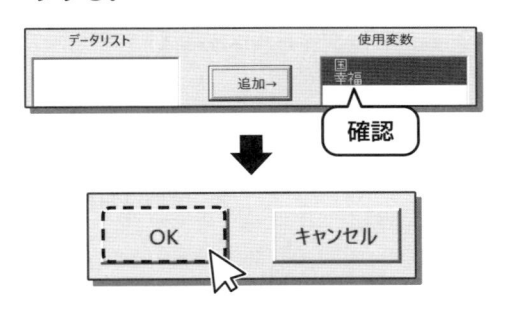

❹変数の順番によってクロス集計表の列（縦方向）と行（横方向）が決まる。順番は列→行であるため，行列を逆にしたい時は変数の順番を入れ替える。

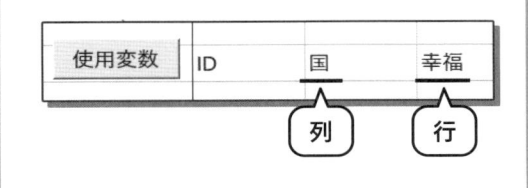

❺「分析」をクリックする。

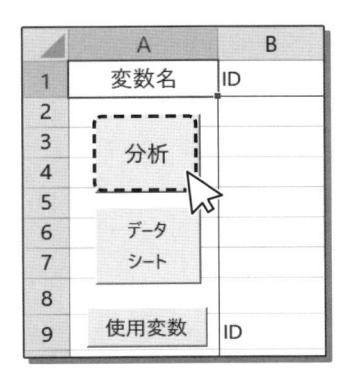

❻「クロス表」をクリックし，「OK」をクリックする。

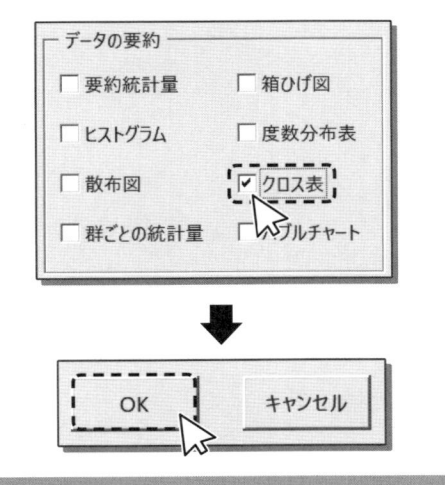

分析結果のまとめ方

クロス集計表（「Cross」シート）

クロス集計表				
変数		幸福		
	出現値	いいえ	はい	合計
国	日本	39	11	50
	アメリカ	17	33	50
	中国	29	21	50
	合計	85	65	150

▶クロス集計表にまとめる

タイトルは左揃え

Table 1
各国の幸福か否かの回答に関するクロス集計表

変数名は中央揃え

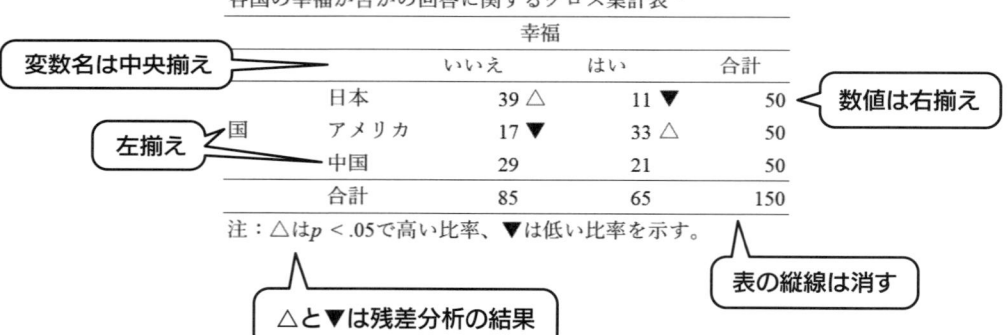

	幸福		
	いいえ	はい	合計
日本	39 △	11 ▼	50
アメリカ	17 ▼	33 △	50
中国	29	21	50
合計	85	65	150

注：△は$p < .05$で高い比率、▼は低い比率を示す。

左揃え

数値は右揃え

表の縦線は消す

△と▼は残差分析の結果

表の作成方法

❶クロス表を選択してコピーする。

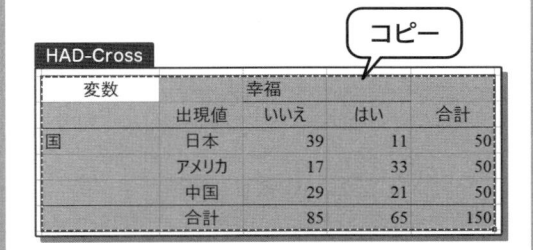

❷別に開いておいた Excel ファイルの B2 のセルに貼り付ける。

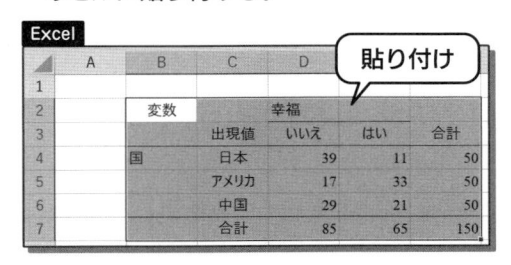

❸「変数」を削除する。

❹行の変数名のセルを選択し，「セルを結合して中央揃え」で結合させる。

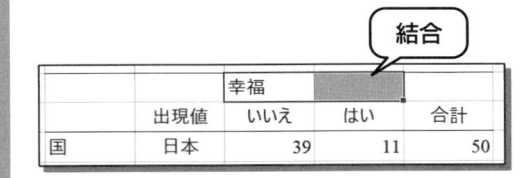

❺列の変数名のセルを選択する。

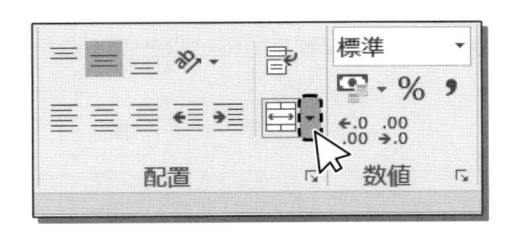

❻「セルを結合して中央揃え」の「▼」をクリックする。

❼「セルの結合」を選択する。

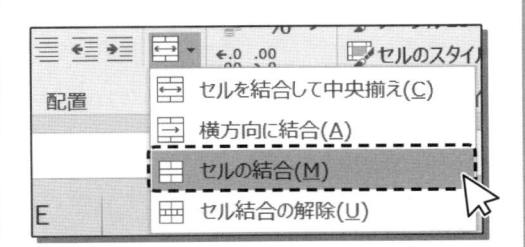

❽「出現値」を削除する。

❾水準名と「合計」を左揃えにする。

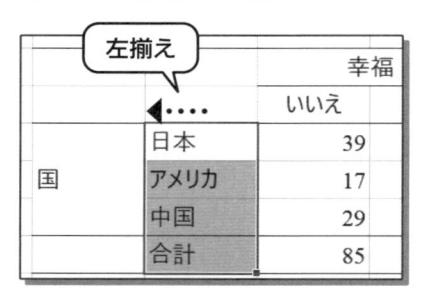

❿水準の行を選択する。

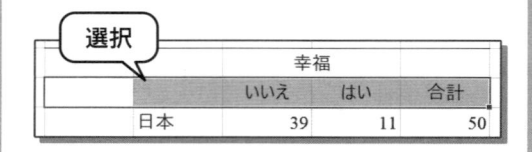

⓫メニューの「フォント」の「罫線」の「▼」をクリックして，「上罫線＋下罫線」を選択する。

⓬【残差分析の結果を挿入】最初の水準の右隣に「挿入」で一列入れる。

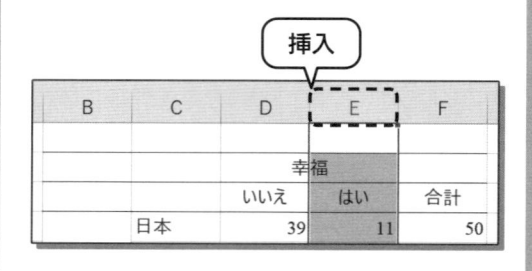

⓭次の水準の右隣に「挿入」で一列入れる。

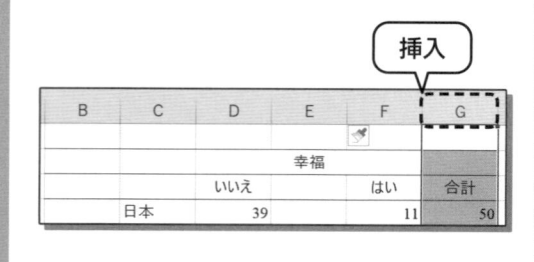

⓮ HAD の「Cross」シートに戻り，残差分析の結果（△と▼）を確認する[4]。

HAD-Cross			
クロス表（△は有意に多い、▼は有意に少ない）			
変数		幸福	
	出現値	いいえ	はい
国	日本	△39	▼11
	アメリカ	▼17	△33
	中国	29	21

---

4) 質的変数の水準数がそれぞれ2つずつ（2×2）の場合や1つの質的変数のみの場合には残差分析の結果は出てきません。

⓯ Table を作成している Excel ファイルに戻り，残差分析の結果を元に，先ほど挿入したセルに△や▼を入力する。

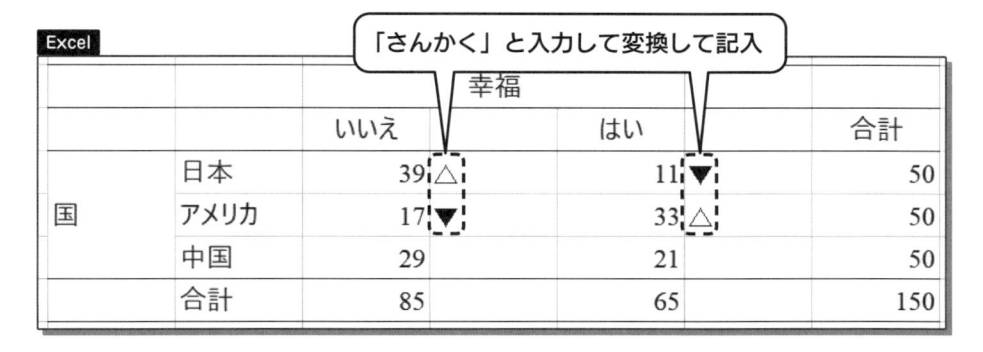

「さんかく」と入力して変換して記入

⓰入力した記号の 2 列を，Ctrl キーを押しながら同時に選択する。

Ctrl キーを押しながら選択

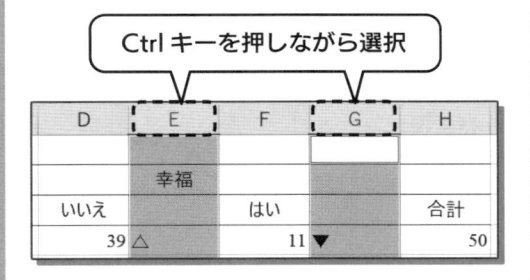

⓱選択したセルの右端をダブルクリックし，幅を調整する。

ダブルクリック

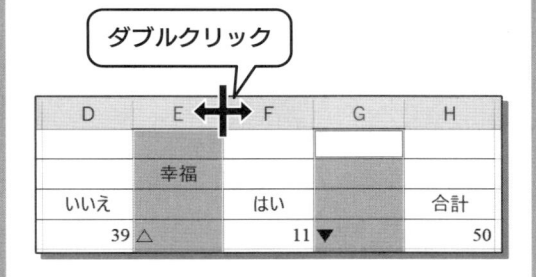

⓲表下のセルを選択し，「セルの結合」で結合する。

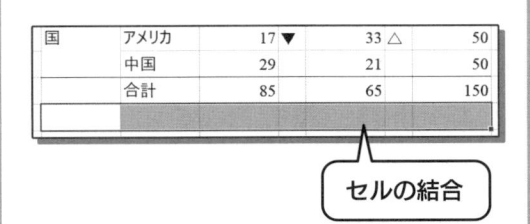

セルの結合

⓳結合したセルに「注：△は *p* < .05 で高い比率，▼は低い比率を示す。」と入力する。

入力

斜体

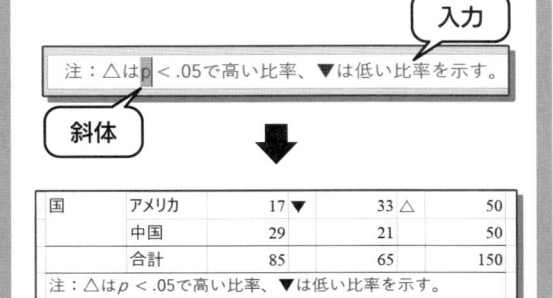

ここから先の作業は，第 5 章第 1 節「表の作成方法」の⓭〜㉕と同じです。pp. 47-48 を参照してください。Table のタイトルは，「各国の幸福か否かの回答に関するクロス集計表」です。

分析結果の見方

カイ二乗検定の自由度，χ^2 値，p 値（「Cross」シート）

	推定値	95%下限	95%上限
クラメール V	.363	.215	.494
χ^2 =	19.765		
df =	2		
p =	.000		

見るべきところ

↓

x^2 値

χ^2 =	19.765
df =	2
p =	.000

自由度（df）

p 値

効果量 V [5]

	推定値	95%下限	95%上限
クラメール V	.363	.215	.494
χ^2 =	19.765		
df =	2		
p =	.000		

見るべきところ

検定統計量のまとめ方

斜体にしない　半角スペース　斜体

$$\chi^2(自由度/\mathrm{df}) = \chi^2値, p値, V値$$

この記号は「かい」を変換して出す

↓

▶有意の場合

$$\chi^2(2) = 19.77, p < .05, V = .36$$

一の位の0は書かない

▶非有意の場合

$$\chi^2(2) = 0.19, ns, V = .00$$

斜体

5）2 × 2のクロス表の場合，効果量はϕ（ファイ）となります。また，この係数は連関係数でもあります。その場合，V またはϕの値と信頼区間を書きましょう（例：$V = .36$（95% CI = .22-.49），CI = Confidence Interval）。

分析結果の書き方

> 仮説：「国によって，「あなたは今，幸せですか」の問いに対し，「はい」と回答する人数は異なるだろう。」

Table 1
各国の幸福か否かの回答に関するクロス集計表

| | | 幸福 | | |
		いいえ	はい	合計
国	日本	39 △	11 ▼	50
	アメリカ	17 ▼	33 △	50
	中国	29	21	50
	合計	85	65	150

注：△は $p < .05$ で高い比率、▼は低い比率を示す。

【差が有意だった場合】

　国と回答についてのクロス集計表を Table 1 に示す。それぞれの国で，幸福か否かの回答の割合に差があるか否かを検討するため，カイ二乗検定を行った結果，有意差が見られた（$\chi^2(2) = 19.77$, $p < .05$, $V = .36$）。残差分析の結果，日本では「いいえ」，アメリカでは「はい」と答える割合が高いことが示された。以上より，仮説は支持された。

> 残差分析の p 値は記載しない

【差が非有意だった場合】

　国と回答についてのクロス集計表を Table 1 に示す。それぞれの国で，幸福か否かの回答の割合に差があるか否かを検討するため，カイ二乗検定を行った結果，有意差が見られなかった（$\chi^2(2) = 1.77$, *ns*, $V = .01$）。以上より，仮説は支持されなかった。

> 有意ではない場合，残差分析の結果は書かない [6]

---

6) ただし，仮説で特定のセルの人数について予測している場合などは，追加で残差分析の結果を報告することがあります。

第10章
相関分析

　心理学を学ぶ大学生が卒業論文を執筆するとき，最も多く用いると言っても過言ではない分析が相関分析です。**相関分析**とは，2つの変数の間に関係があるか否かを調べることです。「関係がある」とは，片方の変数の値が変わると，それにつられてもう一方の変数の値も変わることを意味します（これを**共変関係**と呼びます）。その関係は3種類あります。1つ目が正の相関関係です。正の相関関係とは，片方の変数の値が「大きくなる」ともう1つの変数の値も「大きくなる」関係性のことです。逆も然りで，片方の変数の値が小さくなれば，もう片方の変数の値も小さくなります。いわば，変数同士の「仲良し度」[1] とたとえることができます（例：気温とアイスクリームの売り上げ）。2つ目が負の相関関係です。負の相関関係では，片方の変数の値が「大きくなる」ともう1つの変数の値は「小さくなる」関係性のことです。これは変数同士の「あべこべ度」とたとえることができます（例：気温とホットコーヒーの売り上げ）。最後に無相関です。これは変数間に全く関係がないことです。片方の値が上がっても，もう片方の変数の値は変わらない関係となります（例：気温と椅子の売り上げ）。

　相関関係における関係の深さ（強さ）は数値で表されます。それが**相関係数**です。相関係数は，片方の値が1上がると，もう片方の値が変わる程度を表しています。そのため，数値が大きいほど関係が強いと言えます。数値の範囲は -1 から 1 の間です。＋（プラス）の値は正の相関，－（マイナス）の値は負の相関を表します。無相関の場合は0になります。そして，相関係数に関しても推測統計が用いられます。相関係数が0か否か，つまり関係があるかないかを調べる検定です。有意であれば関係がある（正確に言えば「ないとは言えない」），有意でなければ関係がない，となります。

1）相関係数は2つの変数が似ている程度として調べられる場合があります。正の相関関係で係数が高くなるほど，その2つの変数は似た概念であると言えます。負の相関関係だと，係数が高いほど真逆の概念となります。相関係数が1の場合は，2つの変数が全く同じ概念であり，0の場合は全く異なる概念であることを示しています。この相関関係の特徴を用いた分析として信頼性分析（第11章）や因子分析（第13章）があります。

第1節　ピアソンの相関分析 [2] ....

　ピアソンの相関分析は最もよく使われる分析方法の1つです。一般的に「相関分析」と呼ばれるのはこの方法です。先述したように，概念間の関係性を明らかにします。注意しなければならないのは，相関分析では原因と結果，すなわち因果関係を仮定しないということです。「関係がある」ことまでは分かりますが，どちらが原因でどちらが結果なのかまでは分かりません。そのため，相関分析では「独立変数」や「従属変数」という言葉を使いません。この点は勘違いしやすいところです。十分に気を付けて下さい。

サンプルデータ

　相関分析のサンプルデータは，200名を対象として，ビッグファイブの性格特性とうつ傾向を測定した調査の結果になります。ビッグファイブは，性格が5つの特性に分類されるとした，心理学では最も有名な性格特性の理論です。5つの特性とは，不快な感情を覚えやすいかどうかや，感情の安定性を表す「神経症傾向」，新しい関係を作ることに積極的でおしゃべりな傾向の「外向性」，他人とうまくやっていくことを大切にして同調的な「調和性」，真面目で勤勉であり規律を重んじる「誠実性」，知的好奇心が強く，感情に関してオープンな「開放性」です。この5つの性格特性がうつ傾向と関連するかどうかについて調べます。もし関連が見られた場合，うつ傾向が発症しやすい性格特性を見出すことができ，その予防策の提案に貢献できます。推測統計は仮説を検証する分析方法です。そのため，次の仮説を立て，検証することにします。

**仮説：「うつ傾向は，神経症傾向と正の相関関係になり，開放性とは負の相関関係になる
　　　　だろう。」**

○使用するサンプルデータ：「相関分析＆重回帰分析」シート
※ データは著者が作成した架空のものです。分析結果を信用しないようにして下さい。

2）英語で "Pearson" と書いてあるとつい「パーソン」と読んでしまいそうなピアソンですが，これは相関分析を開発した研究者の名前です。また，後に出てくる順位和相関はスピアマン（Spearman）の相関分析と呼ばれます。担当教員の先生が「ぴあそん」とか「すぴあまん」と言っても，「何のこと？」と動揺しないようにしておきましょう。

分析方法

❶「使用変数」をクリックする。

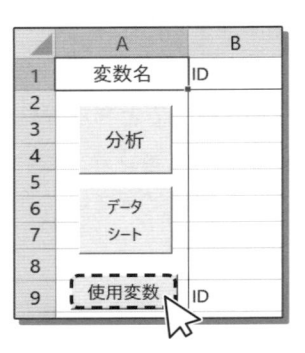

❷使用する変数をドラッグしながら選択し，「追加→」をクリックする。

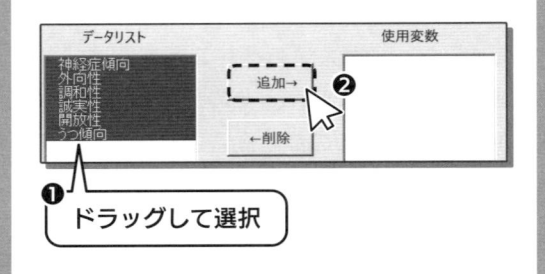

ドラッグして選択

❸使用する変数が「使用変数」の欄に移動したことを確認したら，「OK」をクリックする。

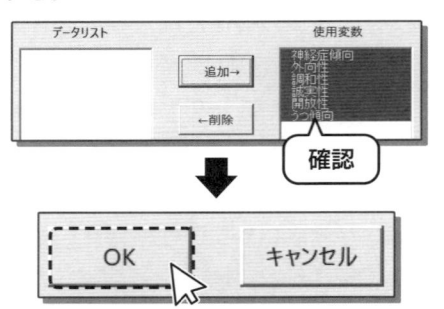

❹「分析」をクリックする。

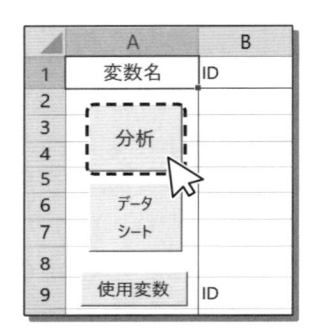

❺「相関分析」をチェックし，「OK」をクリックする。

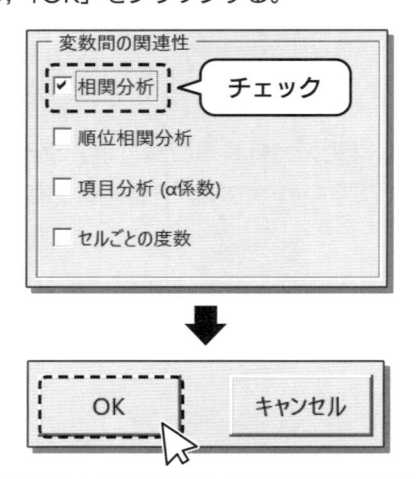

分析結果のまとめ方

相関表[3]

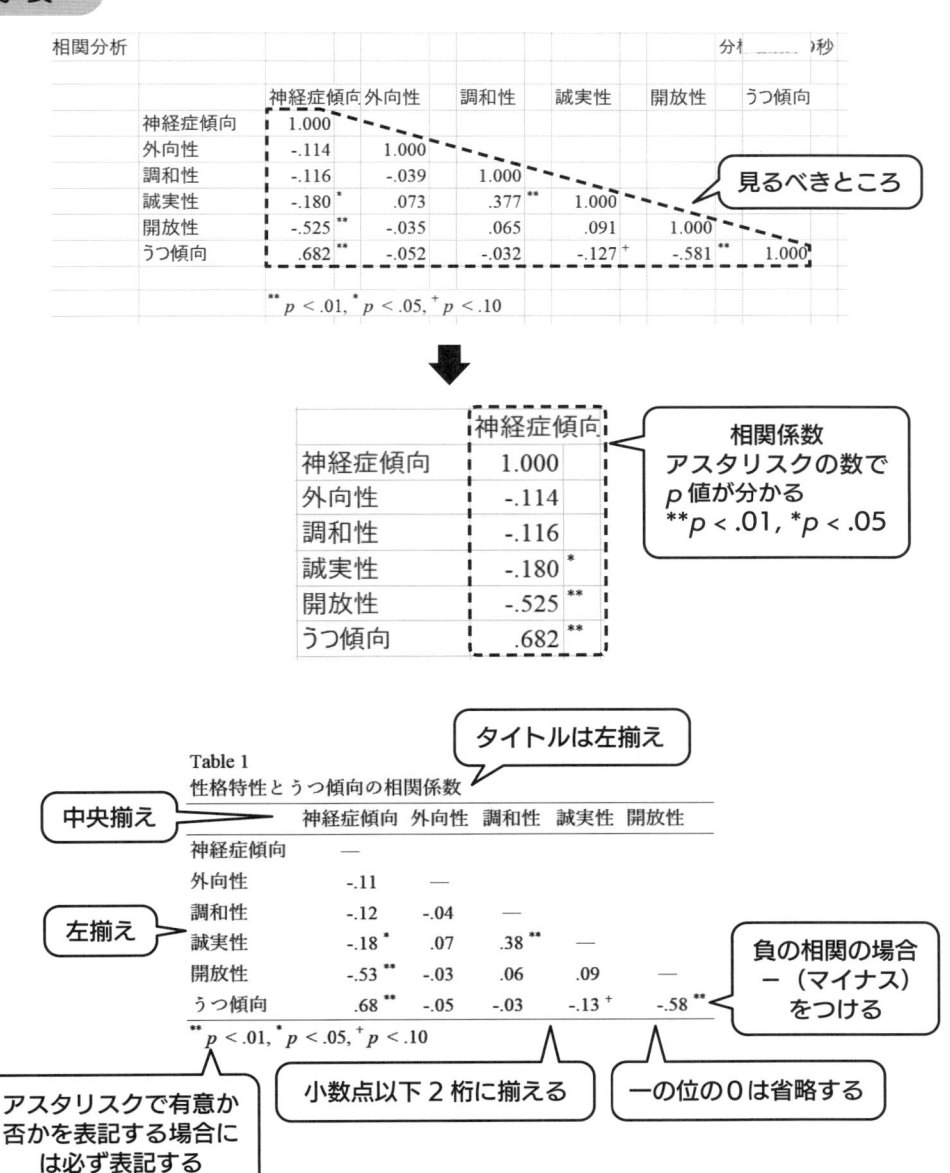

検定統計量のまとめ方

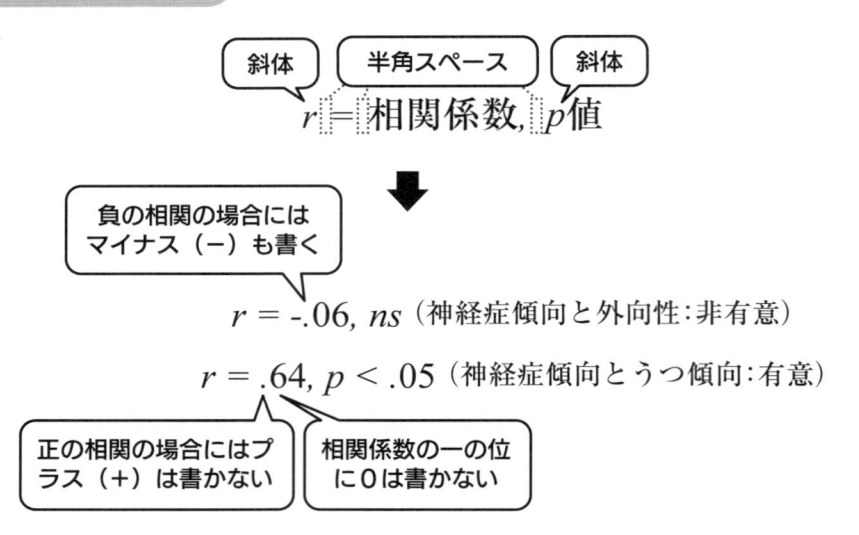

$$r = 相関係数, p値$$

負の相関の場合には
マイナス（−）も書く

$$r = -.06, ns \text{（神経症傾向と外向性：非有意）}$$

$$r = .64, p < .05 \text{（神経症傾向とうつ傾向：有意）}$$

正の相関の場合にはプ
ラス（＋）は書かない

相関係数の一の位
に0は書かない

いたずらしてません

表の作成方法

❶一番右の列を除いて，相関表をコピーする（アスタリスクと p 値のセルも含める）。

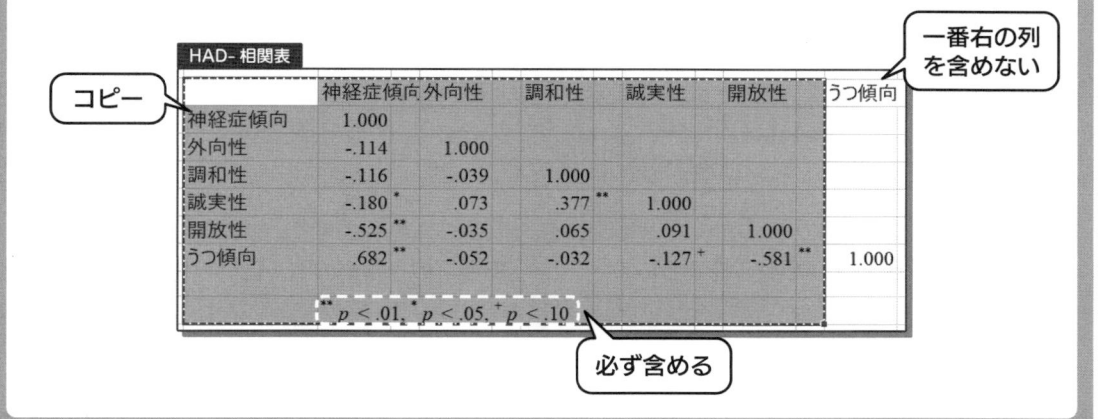

❷別に開いておいた Excel ファイルの B2 のセルに貼り付ける。

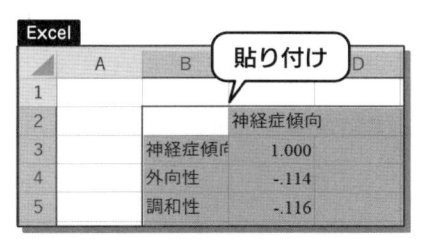

❸行の水準名のセルとその右側のセルを選び，「セルを結合して中央揃え」で結合する。

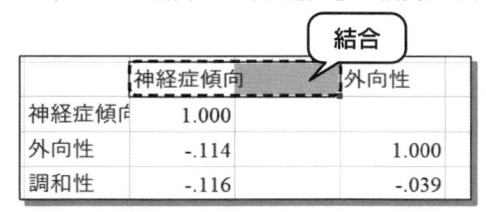

❹全ての水準において❸のように結合を行う。

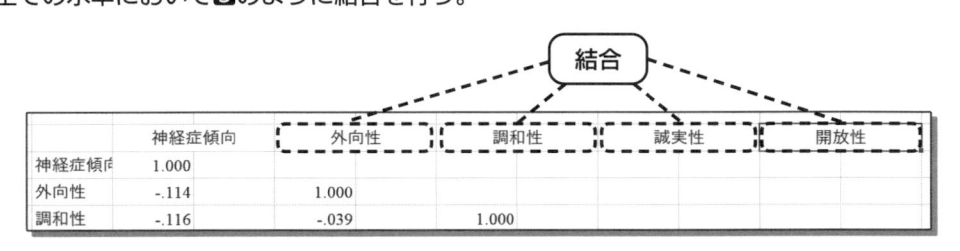

❺同じ変数同士の相関のセルの 1.000 を「−」（全角のダーシ）に変更する。

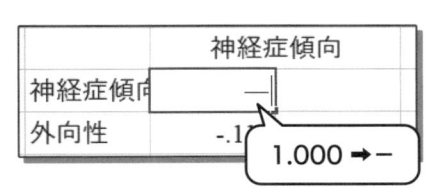

❻❺のセルと右隣のセルを選択し，「セルを結合して中央揃え」で結合する。

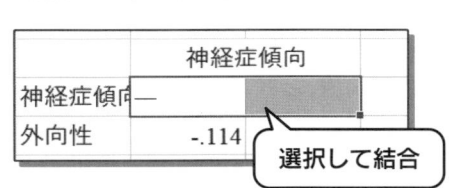

❼ ❻のセルをコピーして，他の「1.000」のセルに貼り付ける。

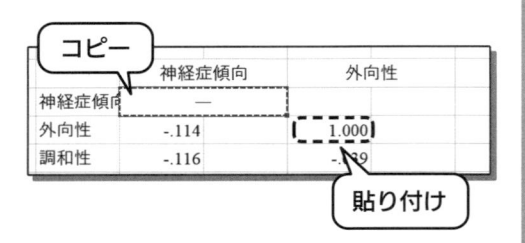

❽ 全ての「1.000」のセルに貼り付ける。

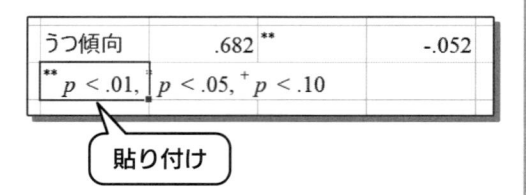

❾ p 値とアスタリスクのセルを切り取る。

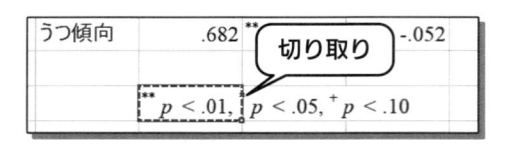

❿ 表下の一番左のセルに貼り付ける。

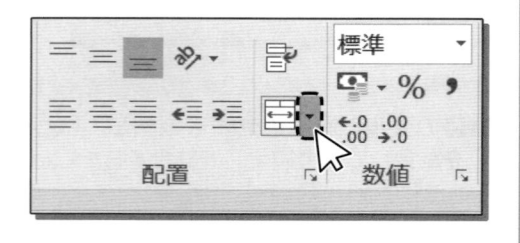

⓫ ❽で貼り付けたセルを含む表の一番下のセルから表の端のセルまで選択する。

誠実性	-.180 *	.073	.377 **	—	
開放性	-.525 **	-.035	.065	.091	—
うつ傾向	.682 **	-.052	-.032	-.127 +	-.581 **
** $p < .01,$ * $p < .05,$ + $p < .10$					選択

⓬ 「罫線」の「▼」をクリックする。

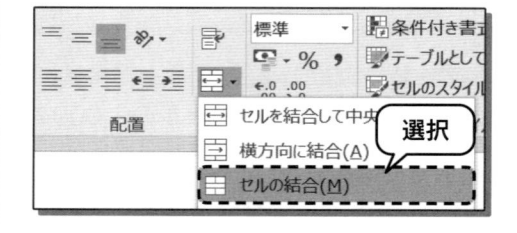

⓭ 「セルの結合」を選択する。

⓮表の列を選択し，列のセルの右端をダブルクリックして，内容に合わせてセルの幅を調節する。

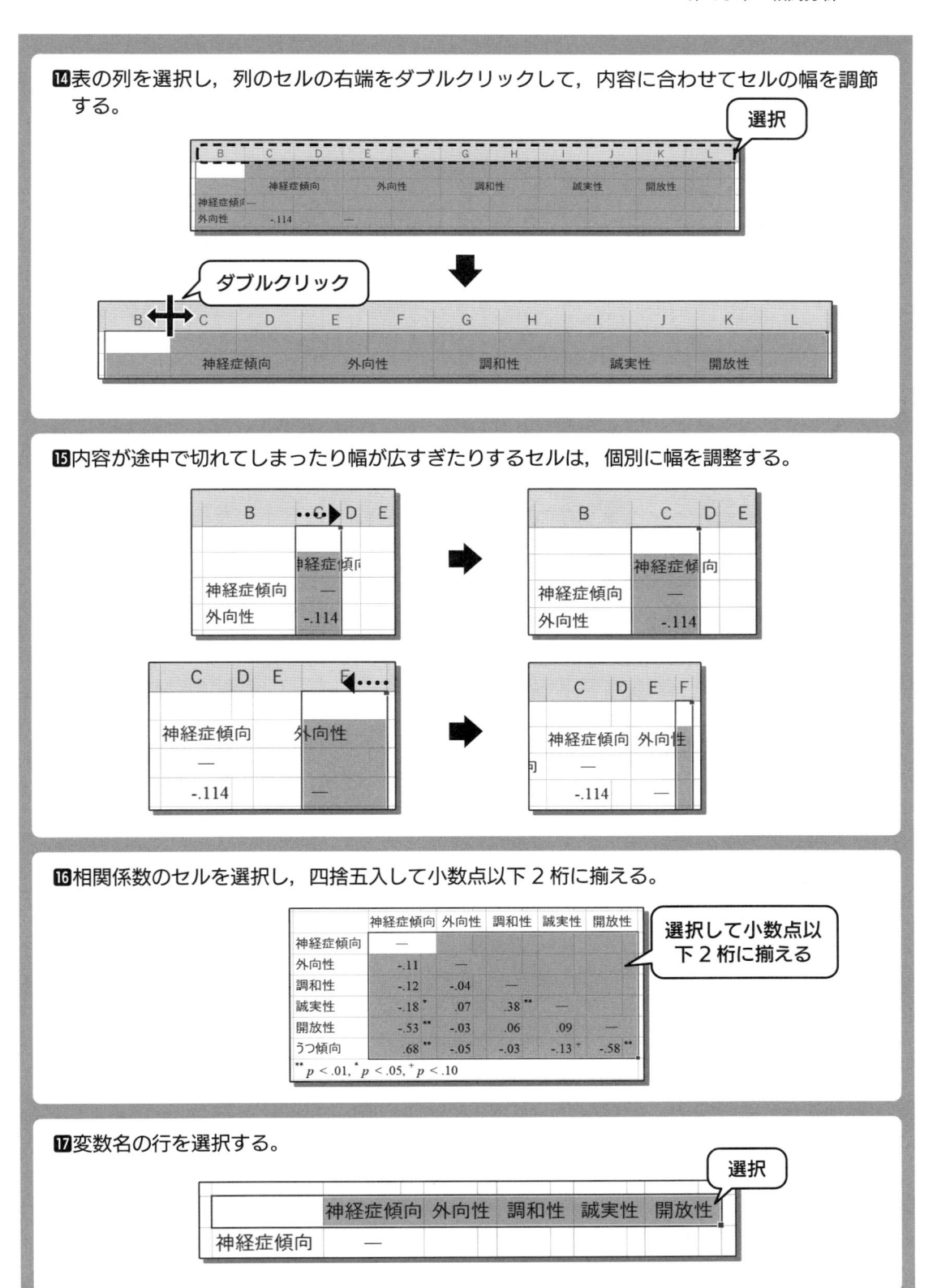

⓯内容が途中で切れてしまったり幅が広すぎたりするセルは，個別に幅を調整する。

⓰相関係数のセルを選択し，四捨五入して小数点以下2桁に揃える。

	神経症傾向	外向性	調和性	誠実性	開放性
神経症傾向	—				
外向性	-.11	—			
調和性	-.12	-.04	—		
誠実性	-.18 *	.07	.38 **	—	
開放性	-.53 **	-.03	.06	.09	—
うつ傾向	.68 **	-.05	-.03	-.13 +	-.58 **

$^{**}\,p < .01,\,^{*}\,p < .05,\,^{+}\,p < .10$

選択して小数点以下2桁に揃える

⓱変数名の行を選択する。

選択

⓲メニューのフォントタブの「罫線」の「▼」をクリックして，「上罫線＋下罫線」を選択する。

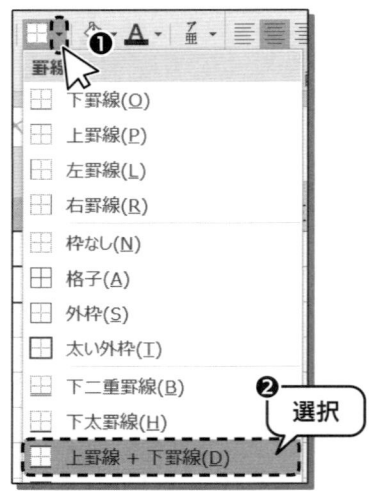

⓳相関係数の数値部分を選択し，「上罫線＋下罫線」をクリックする。

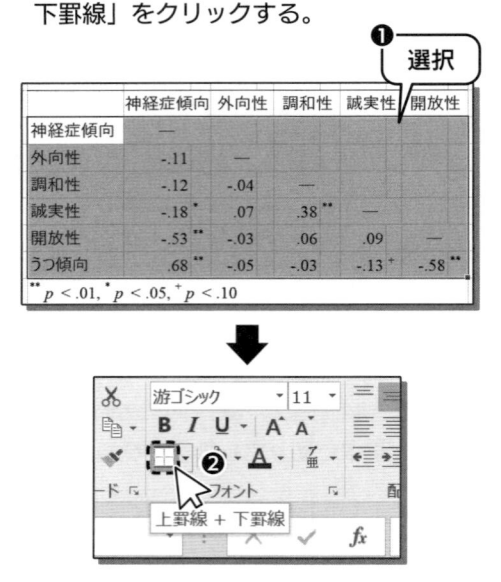

	神経症傾向	外向性	調和性	誠実性	開放性
神経症傾向	—				
外向性	-.11	—			
調和性	-.12	-.04	—		
誠実性	-.18 *	.07	.38 **	—	
開放性	-.53 **	-.03	.06	.09	—
うつ傾向	.68 **	-.05	-.03	-.13 +	-.58 **

** $p < .01$, * $p < .05$, + $p < .10$

ここから先の作業は，第5章第1節「表の作成方法」の⓭〜㉕と同じです。pp. 47-48を参照してください。Tableのタイトルは，「性格特性とうつ傾向の相関係数」です。

分析結果の書き方

> 仮説：「うつ傾向は，神経症傾向と正の相関関係になり，開放性と負の相関関係になるだろう。」

Table 1
性格特性とうつ傾向の相関係数

	神経症傾向	外向性	調和性	誠実性	開放性
神経症傾向	—				
外向性	-.11	—			
調和性	-.12	-.04	—		
誠実性	-.18 *	.07	.38 **	—	
開放性	-.53 **	-.03	.06	.09	—
うつ傾向	.68 **	-.05	-.03	-.13 +	-.58 **

$^{**} p < .01, ^* p < .05, ^+ p < .10$

【相関係数が有意だった場合】

　うつ傾向とビッグファイブの性格特性との相関係数を Table 1 に示す。うつ傾向とビッグファイブとの関連を検討した結果，うつ傾向と神経症傾向は有意な正の相関関係であり（$r = .68, p < .05$），うつ傾向と開放性は有意な負の相関関係であった（$r = -.58, p < .05$）。ただし，外向性（$r = -.05, ns$），調和性（$r = -.03, ns$），誠実性（$r = -.13, ns$）では有意な相関関係は見られなかった。以上より，仮説は支持された。

> 有意ではなかった相関に関しても報告する[4]

【相関係数が有意ではなかった場合】

　うつ傾向とビッグファイブの性格特性との相関係数を Table 1 に示す。うつ傾向とビッグファイブとの関連を検討した結果，うつ傾向と神経症傾向は有意な相関関係は見られず（$r = .04, ns$），うつ傾向と開放性でも有意な相関関係は見られなかった（$r = -.06, ns$）。また，外向性（$r = -.02, ns$），調和性（$r = -.01, ns$），誠実性（$r = .12, ns$）では有意な相関関係は見られなかった。以上より，仮説は支持されなかった。

---

4) ただし，扱う変数の数が多くて結果が膨大になるときには，仮説で予測している相関分析の結果だけを報告します。

第2節　順位和相関分析

　順位和相関分析は相関分析のノンパラメトリック版（第8章参照）です。2つの変数のうちの片方，あるいは両方の変数の分布が正規分布に従わないときに使います。相関係数は外れ値の影響を大きく受けますが，たとえそのようなデータでも，順位和相関を使うことで真の相関を見出すことができます。

　分布が正規分布に従っているか否かを判断するには，**ジャック・ベラ検定**を用います。ジャック・ベラ検定は，分布の尖度と歪度を調べて，正規分布にマッチするかを調べる方法です。尖度とは分布の山が尖っている程度と裾が広がっている程度を示す指標であり，歪度とは左右対称からどれくらい分布が歪んでいるかを示す指標です。正規分布は左右対称の山型をしています。そのため，尖度と歪度の値が正規分布から大きく外れていれば，順位和相関を使うべきとの判断がなされます。

サンプルデータ

　順位和相関分析のサンプルデータは，友達の数と自尊心，幸福感を測定するため，200名を対象とした調査を行った結果です。友達の数が多い人ほど，自尊心が高かったり，幸福感が高くなったりするのでしょうか。この疑問を検討するにあたり，質問紙調査を行いました。さて，サンプルデータにおける友達の数の度数分布表を算出してみましょう。表に示す通り，友達の数の分布には，とびぬけて大きな数の回答（1000人以上など）があることが分かります。このような外れ値があるデータの場合，順位和相関分析は有効です。推測統計は仮説を検証する分析方法です。そのため，次の仮説を立て，検証することにします。

表
友だちの数のヒストグラム

区間	級代表値	度数
0.00〜100.00	50.00	195
100.00〜200.00	150.00	1
200.00〜300.00	250.00	0
300.00〜400.00	350.00	0
400.00〜500.00	450.00	1
500.00〜600.00	550.00	0
600.00〜700.00	650.00	0
700.00〜800.00	750.00	1
800.00〜900.00	850.00	0
900.00〜1000.00	950.00	1
1000.00〜1100.00	1050.00	0
1100.00〜1200.00	1150.00	1
合計		200

仮説：「友達の数は自尊心および幸福感と正の相関関係にあるだろう。」

◯使用するサンプルデータ：「順位和相関分析」シート

※データは著者が作成した架空のものです。分析結果を信用しないようにして下さい。

分析方法

❶「使用変数」をクリックする。

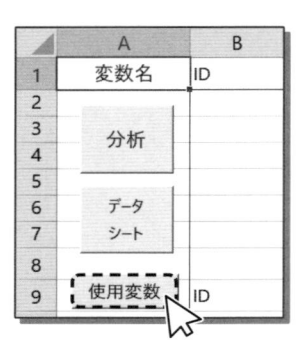

❷使用する変数をドラッグしながら選択し，「追加→」をクリックする。

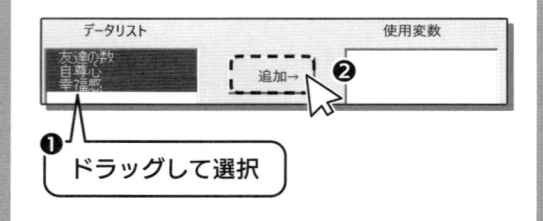

ドラッグして選択

❸使用する変数が「使用変数」の欄に移動したことを確認したら，「OK」をクリックする。

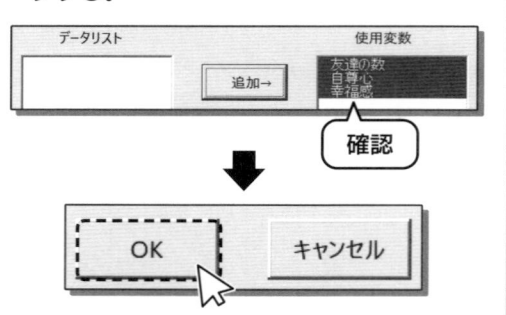

❹「分析」をクリックする。

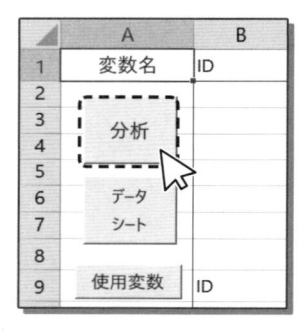

❺「詳細モード」をクリックする。

❻「正規性検定」と「順位相関分析」をチェックし，「OK」をクリックする。

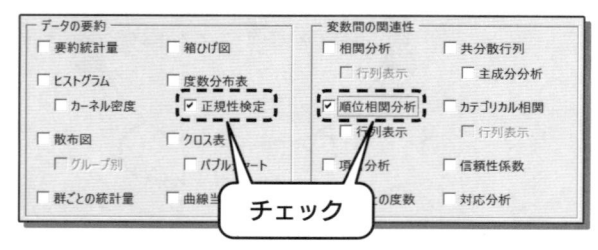

チェック

分析結果のまとめ方

正規性の検定

1.「Normt」のシートを開く

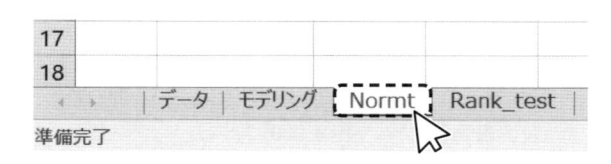

2. ジャック・ベラ検定 [5] を参照する

正規性検定

見るべきところ

分析コード：

変数名	有効N	平均値	標準偏差	歪度	尖度	ジャック・ベラ検定		コルモゴロフ・スミルノフ検定		
						χ2乗値	p値	統計量	p値	補正p値
友達の数	200	63.755	125.643	7.072	54.439	26363.647	.000	0.361	.000	.000
自尊心	200	2.650	1.523	0.781	-0.257	20.863	.000	0.230	.000	.000
幸福感	200	3.220	2.183	1.103	0.564	43.185	.000	0.212	.000	.000

- p 値が有意では<u>ない</u> ＝ 正規分布

  歪度と尖度が 0 であるという帰無仮説を棄却できない ＝ 分布が山型の可能性がある
- p 値が有意<u>である</u> ＝ 分布が歪んでいる

  歪度と尖度が 0 であるという帰無仮説を棄却できる ＝ 分布が山型であるとは言えない

検定統計量のまとめ方

▶ジャック・ベラ検定

斜体　　半角スペース　　斜体

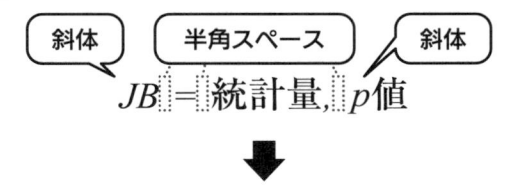

$$JB = 統計量, p値$$

---

5)　ジャック・ベラ検定は適合度検定の一種です。適合度検定とは，集めたデータが理論に当てはまるかどうかを検討する方法です。子どものおもちゃの型はめパズルをイメージすると分かりやすいかもしれません。三角形や四角形，ひし形にくりぬかれた穴にピースを当てはめる知育道具です。同じ形をしたピースを選ばなければ穴に通すことができません。適応度検定も同様です。正規分布などの理論モデルという穴に，実際のデータというピースが当てはまるかどうかを確かめます。このとき，穴とピースが同じ形をしていれば「適合する」と判断できます。そのため，適応度検定では「p値が有意にならない＝理論とデータの間の差がない＝当てはまる」とみなします。よって，ジャック・ベラ検定では，有意差が見られると「正規分布ではない」との結論になるわけです。

$$JB = 26363.65, p < .05 \text{（友達の数）}$$

$$JB = 20.86, p < .05 \text{（自尊心）}$$

$$JB = 43.19, p < .05 \text{（幸福感）}$$

相関表（「Rank_test」シート）

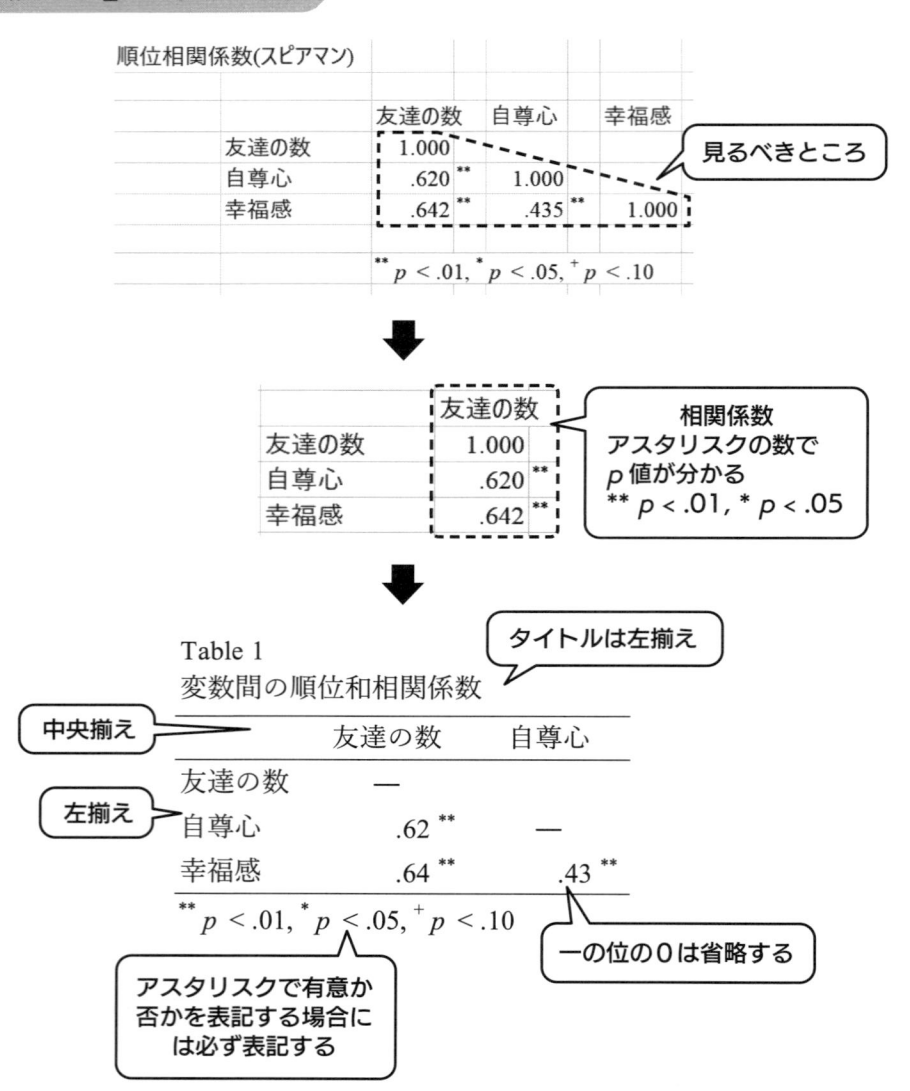

順位相関係数(スピアマン)

	友達の数	自尊心	幸福感
友達の数	1.000		
自尊心	.620 **	1.000	
幸福感	.642 **	.435 **	1.000

見るべきところ

** $p < .01$, * $p < .05$, + $p < .10$

	友達の数	
友達の数	1.000	
自尊心	.620	**
幸福感	.642	**

相関係数
アスタリスクの数で
p 値が分かる
** $p < .01$, * $p < .05$

Table 1
変数間の順位和相関係数

タイトルは左揃え

中央揃え

	友達の数	自尊心
友達の数	—	
自尊心	.62 **	—
幸福感	.64 **	.43 **

左揃え

** $p < .01$, * $p < .05$, + $p < .10$

一の位の0は省略する

アスタリスクで有意か
否かを表記する場合に
は必ず表記する

検定統計量のまとめ方

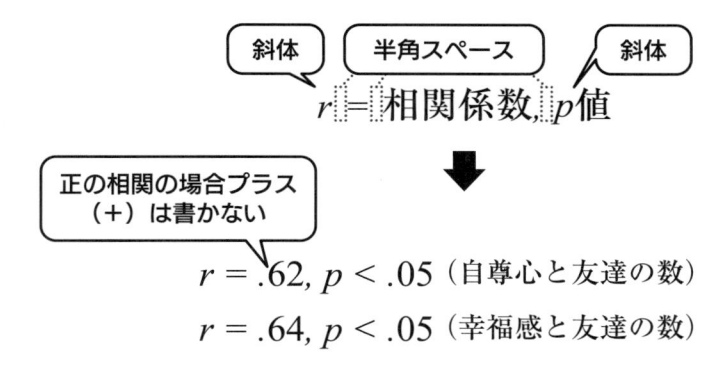

$r = .62, p < .05$（自尊心と友達の数）

$r = .64, p < .05$（幸福感と友達の数）

※負の相関の場合には，相関係数の前にマイナス（ー）を書く

表の作成方法

　ピアソンの相関分析（本章第 1 節）の方法と同じであるため，pp. 157-160 を参照してください。

分析結果の書き方

仮説：「友達の数は自尊心および幸福感と正の相関関係にあるだろう。」

Table 1
変数間の偏相関係数

	友達の数	自尊心
友達の数	—	
自尊心	.62 **	—
幸福感	.64 **	.43 **

$^{**}p < .01, ^{*}p < .05, ^{+}p < .10$

【相関係数が有意だった場合】

　友達の数，自尊心，幸福感の相関係数を Table 1 に示す。各変数の分布において，ジャック・ベラの正規性の検定を行った結果，友達の数（$JB = 26363.65, p < .05$），自尊心（$JB = 20.86, p < .05$），幸福感（$JB = 43.19, p < .05$）は有意であったため，正規性が棄却された。そのため，友達の数，自尊心，幸福感の関連について順位和相関分析を行った。その結果，友達の数は自尊心と有意な正の相関関係が見られ（$r = .62, p < .05$），幸福感とは有意な正の相関関係であった（$r = .64, p < .05$）。以上より，仮説は支持された。

> ジャック・ベラ検定で検討する変数が１つでも有意であった場合には，順位和相関分析を行います

【相関係数が有意ではなかった場合】

　友達の数，自尊心，幸福感の相関係数を Table 1 に示す。各変数の分布において，ジャック・ベラの正規性の検定を行った結果，友達の数（$JB = 26363.65, p < .05$），自尊心（$JB = 20.86, p < .05$），幸福感（$JB = 43.19, p < .05$）は有意であったため，正規性が棄却された。そこで，友達の数，自尊心，幸福感の関連について順位和相関分析を行った。その結果，友達の数は自尊心と有意な関係ではなく（$r = .06, ns$），幸福感とは有意な関係ではなかった（$r = .04, ns$）。以上より，仮説は支持されなかった。

> ジャック・ベラ検定が有意ではなければ，ピアソンの相関分析を行います

第3節　偏相関分析 ………………………………………………………………

　相関分析は 2 つの変数の関連を検討するものです。ただし，世の中で起こる現象には様々な変数が関係しています。そのため，2 つの変数の関連に，全く異なる変数が影響している場合もあります。時には，その見えない別の変数が影響して，「本当は関係がないのに，関係があるように見えてしまう誤解」が生じることがあります。この見せかけの相関関係のことを「**疑似相関関係** [6]」と呼びます。

　偏相関分析は，相関関係において第 3 の変数（剰余変数）の影響を検討するために行います。2 つの変数の相関関係における第 3 の変数の影響力を差し引くことで，その関係が消えるかそのまま残るかを検討します。もしピアソンの相関分析（第 1 節参照）で有意だった相関関係が偏相関分析で有意でなくなったとしたら，最初の相関関係は第 3 の変数の影響による疑似相関であったと言えます。しかし，偏相関分析をしても関連の強さが変わらなければ，第 3 の変数の影響は見られなかったことになります。

　影響力を差し引くことを「統制する」 [7] と呼ぶため，第 3 の変数は「**統制変数**」と呼ばれます。よく用いられる例は，アイスの売れる数と子どもの水難事故の関連です。アイスが売れるほど水辺での子どもの事故の件数が増えるという相関関係が見られたとします。この関係は，気温という第 3 の変数を統制することで消失します。この結果が意味するのは，上記の相関関係の原因が気温だったということです。気温が上がればアイスが売れるし，暑くなるため水辺で遊ぶことが多くなり，結果として事故の数も増えるのです。

サンプルデータ

　偏相関分析のサンプルデータは，自律性と自発性，そして自尊心を測定するため，200 名を対象とした調査を行った結果です。自律性とは，自分の行動や感情を自分でコントロールしているという感覚のことです。自発性は自ら動くということです。自律性が高くなるほど自発性も高くなる，言い換えれば，自分で自分をコントロールできていると感じている人ほど，自ら動くことができるようになるかどうかを調べます。さらに，その関係は，実は自尊心が高いか否かが真の原因ではないかという仮説を立てます。自尊心が高い人ほど自分をコントロールできるし，自信があるため自ら動くようになると考えました。これを偏相関分析に当てはめると，自律性と自発性の相関関係において自尊心を統制すること

6）第 12 章第 3 節に記載している「媒介分析」も同様に見せかけの相関関係を見抜く分析です。媒介分析では，その間接効果が有意かどうかなど，より詳細な分析ができます。

7）この「統制する」という考え方は，分散分析（第 7 章）の主効果や交互作用効果，重回帰分析（第 12 章）でも出てきます。

になります。偏相関分析でも推測統計が用いられます。推測統計は仮説を検証する分析方法です。そのため，次の仮説を立て，検証することにします。

仮説：「自律性と自発性との関連は，自尊心によって統制されるだろう。」

○**使用するサンプルデータ：「偏相関分析」シート**
※データは著者が作成した架空のものです。分析結果を信用しないようにして下さい。

分析方法

① 相関分析を行う

❶ 「使用変数」をクリックする。

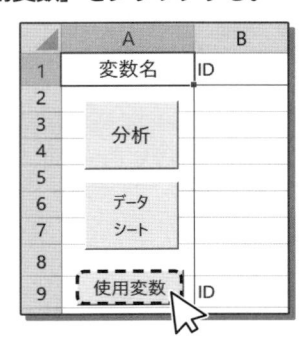

❷ 使用する変数をドラッグしながら選択し，「追加→」をクリックする。

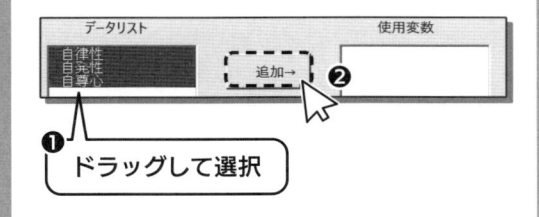

❸ 使用する変数が「使用変数」の欄に移動したことを確認したら，「OK」をクリックする。

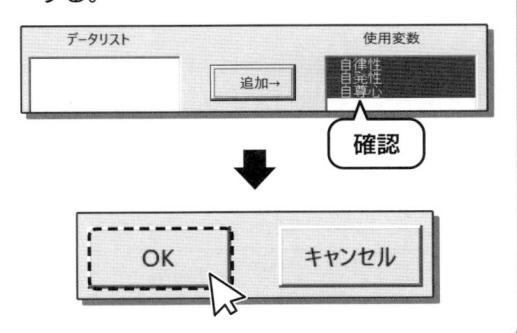

❹ 「分析」をクリックする。

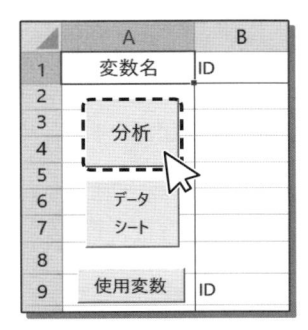

❺ 「相関分析」をチェックし，「OK」をクリックする。

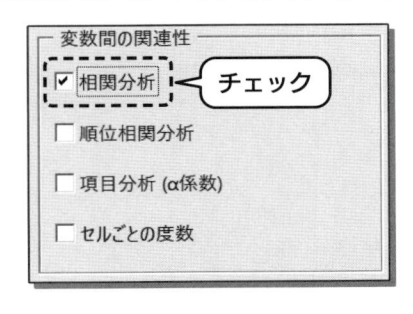

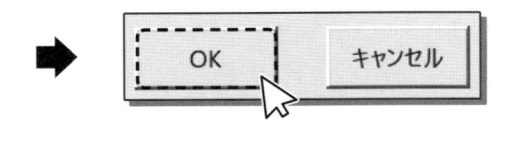

② 偏相関分析を行う

❶ 統制変数を選択して切り取る。

❷ 右隣のセルに貼り付ける。

❸ 統制変数を切り取ったセルに「＄」(ドル)を半角で入力する。

❹ 「分析」をクリックする。

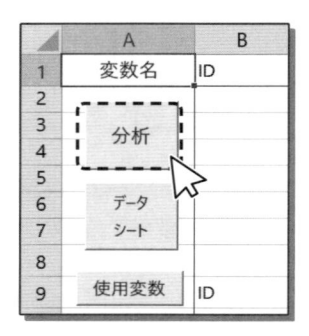

❺ 「相関分析」をチェックする。

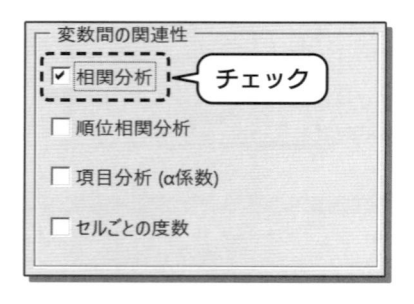

❻ 「出力を上書きしない」[8]をチェックし、「OK」をクリックする。

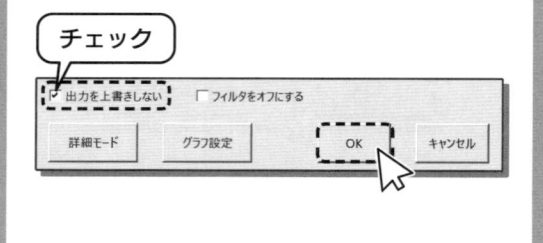

---

8) 「出力を上書きしない」をチェックしておくと、同じ分析を行っても、その結果が同じシートに上書きされず、別のシートに出力されます。変数を変えて何度も同じ分析を行う場合に有効です。シートの名前を分析名に変えて保存しておけば、分析結果を後から見直すときに役立ちます。

③ 相関分析を行わず，直接，偏相関分析を行う

1 「使用変数」をクリックする。

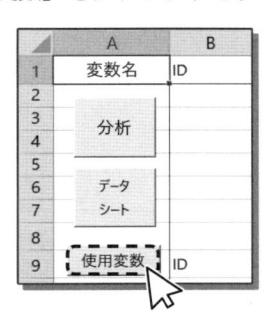

2 統制変数以外の変数を選び，「追加→」を
クリックする。

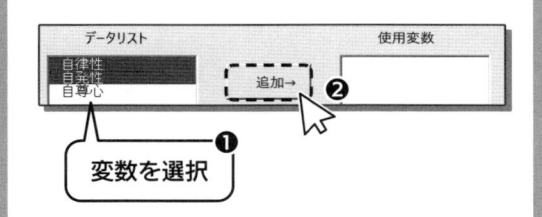

変数を選択

3 使用する変数が「使用変数」の欄に移動
したことを確認したら，「OK」をクリッ
クする。

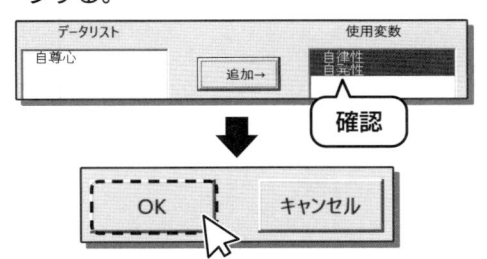

確認

4 統制変数を選択して，「統制変数を投入」
をクリックする。

選択

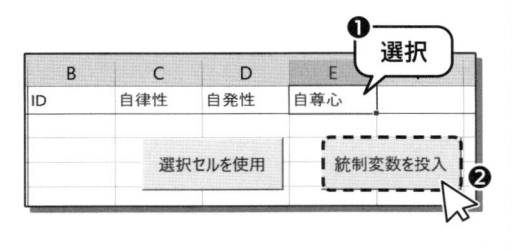

5 「分析」をクリックする。

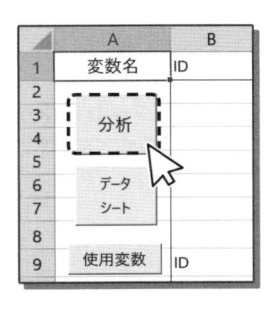

6 「相関分析」をチェックする。

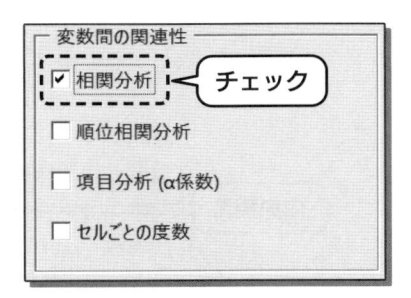

チェック

7 「出力を上書きしない」をチェックし，「OK」をクリックする。

チェック

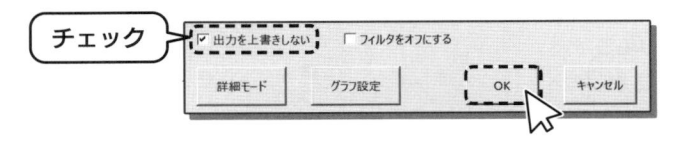

分析結果のまとめ方

相関表と偏相関表を見比べる

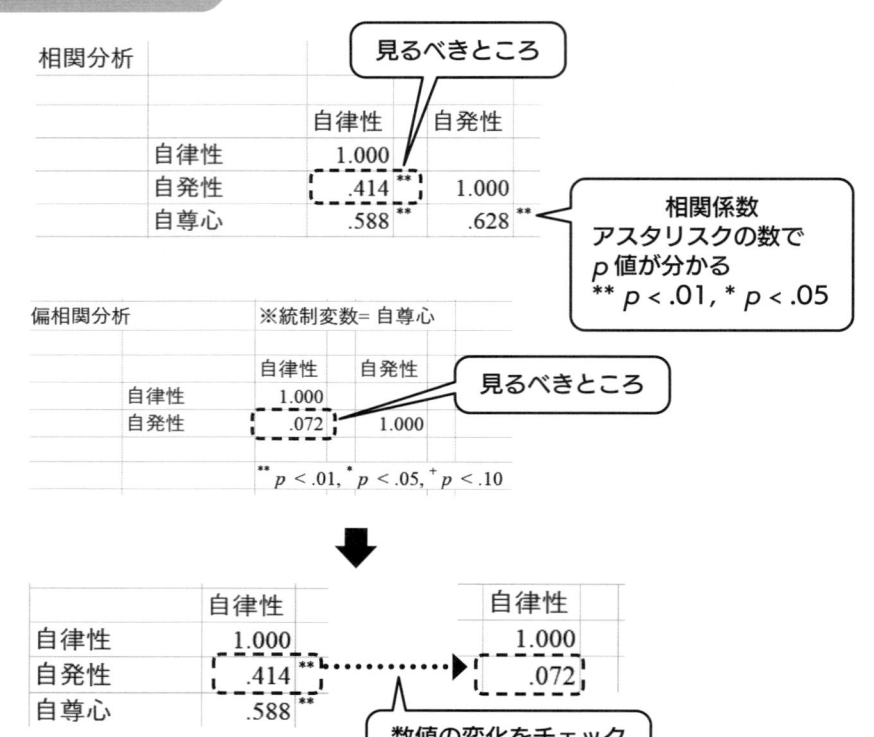

相関分析

見るべきところ

	自律性	自発性
自律性	1.000	
自発性	.414 **	1.000
自尊心	.588 **	.628 **

相関係数
アスタリスクの数で
p 値が分かる
** $p < .01$, * $p < .05$

偏相関分析　　　※統制変数= 自尊心

見るべきところ

	自律性	自発性
自律性	1.000	
自発性	.072	1.000

** $p < .01$, * $p < .05$, + $p < .10$

	自律性		自律性
自律性	1.000		1.000
自発性	.414 **		.072
自尊心	.588 **		

数値の変化をチェック

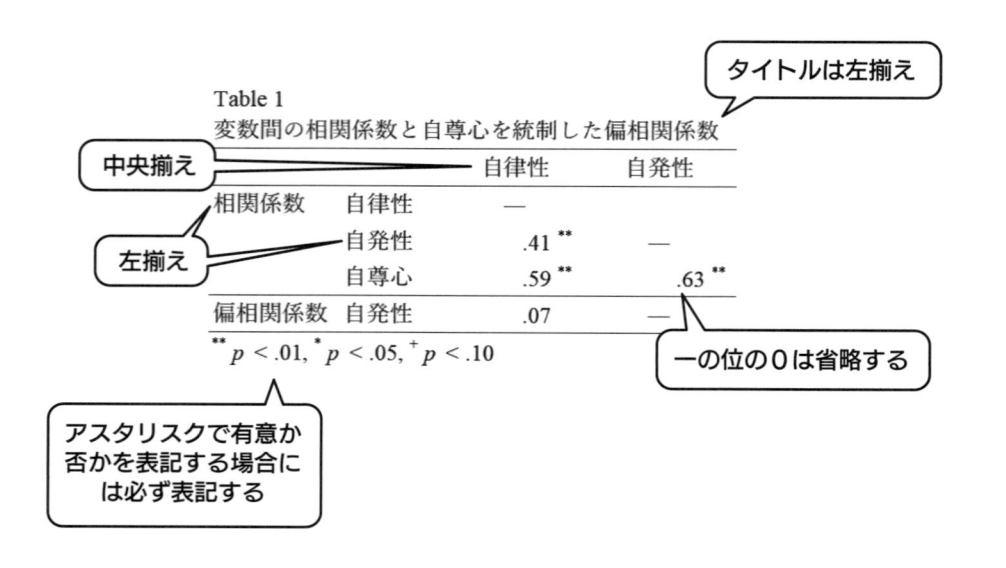

タイトルは左揃え

Table 1
変数間の相関係数と自尊心を統制した偏相関係数

中央揃え

左揃え

		自律性	自発性
相関係数	自律性	—	
	自発性	.41 **	—
	自尊心	.59 **	.63 **
偏相関係数	自発性	.07	—

** $p < .01$, * $p < .05$, + $p < .10$

一の位の0は省略する

アスタリスクで有意か
否かを表記する場合に
は必ず表記する

検定統計量のまとめ方

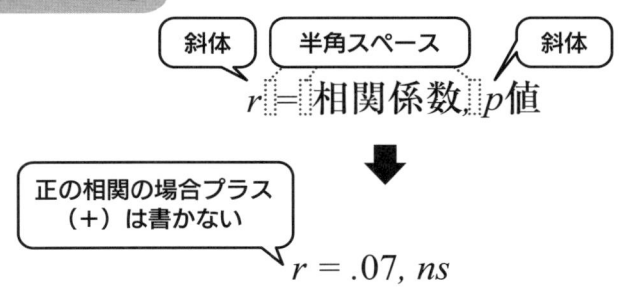

r = 相関係数 p値

正の相関の場合プラス（＋）は書かない

$$r = .07,\ ns$$

（自尊心を統制した自律性と自発性の偏相関）

※負の相関の場合には，相関係数の前にマイナス（−）を書く

表の作成方法

❶「Corr_test」シートをクリックして開く（①相関分析の結果）。

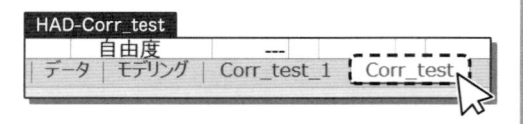

❷ 一番右（統制変数）の列は含めずに相関表をコピーする。

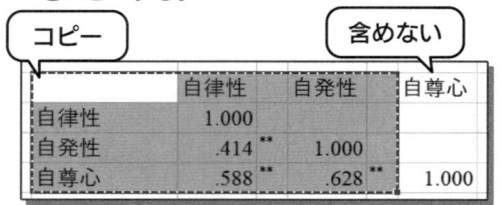

❸ 別に開いておいた Excel ファイルの B2 のセルに貼り付ける。

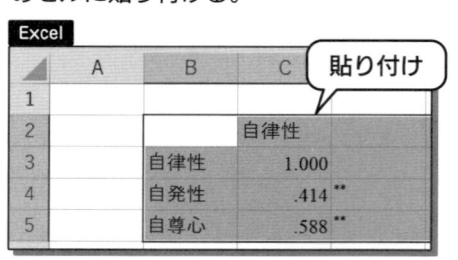

❹ HAD に戻り、「Corr_test_1」シートをクリックして開く（②偏相関分析の結果）。

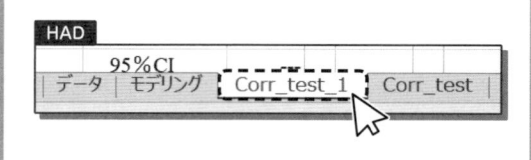

❺ 偏相関表の偏相関係数の部分をコピーする（アスタリスクと p 値のセルも含める）。

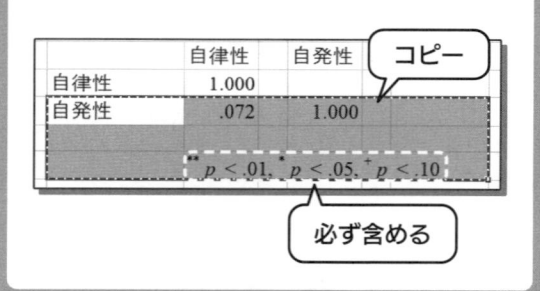

❻ Excel の相関表の下に貼り付ける。

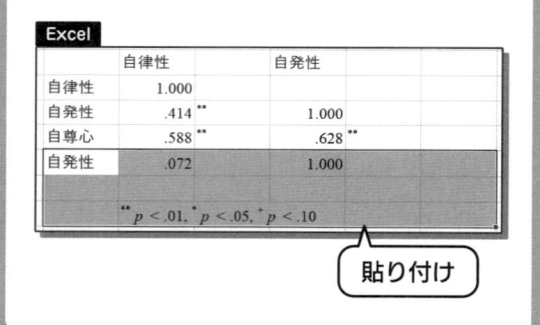

❼ 同じ変数同士のセルの「1.000」を「―」（全角のダーシ）に書き換える。

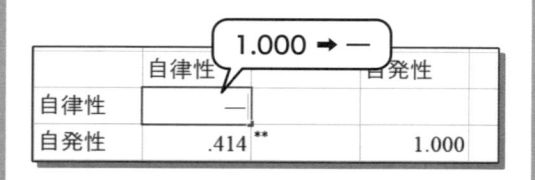

❽ ❼ の右隣のセルと「セルを結合して中央揃え」で結合させる。

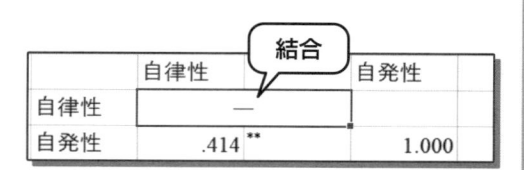

9 **8**のセルをコピーして他の「1.000」の
セルに貼り付ける。

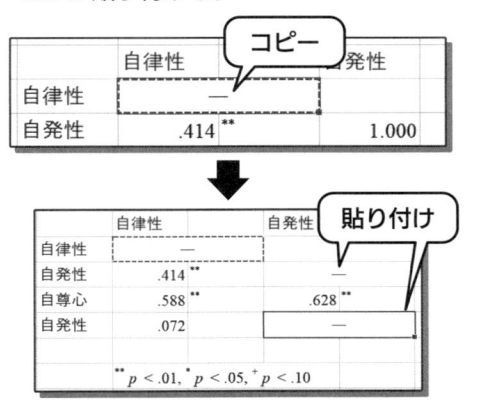

10 変数名のセルと右隣のセルを「セルを結
合して中央揃え」で結合させる。もう1
つの変数のセルも同様に結合させる。

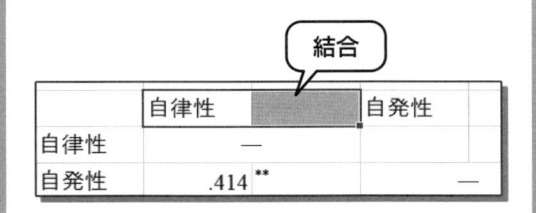

11 数値のセルを選択し，四捨五入して小数
点以下2桁に揃える。

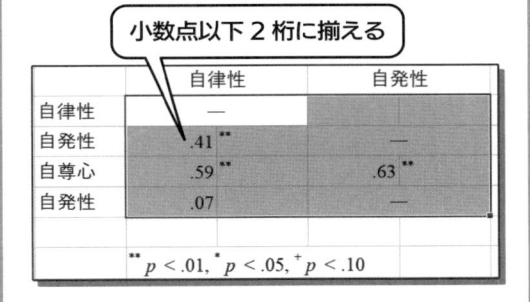

12 変数の列の一番上のセルに「相関係数」
と入力する。

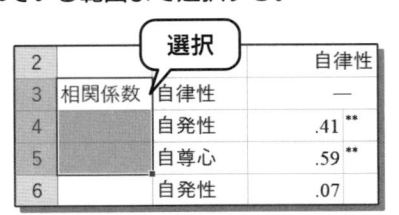

13 「相関係数」のセルから相関係数が示さ
れている範囲まで選択する。

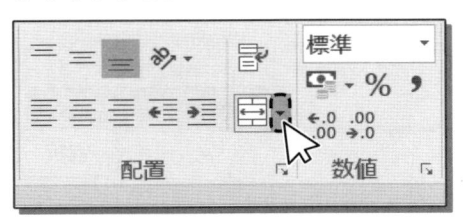

14 「セルを結合して中央揃え」の「▼」を
クリックする。

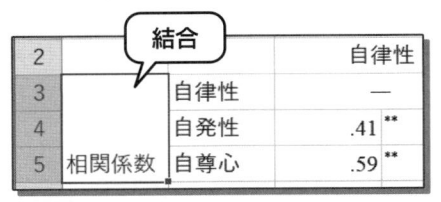

15 「セルの結合」で結合する。

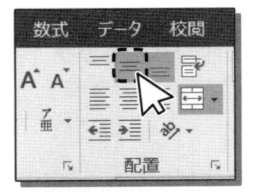

16 「上下中央揃え」で位置を揃える。

⓱偏相関係数の右隣のセルに「偏相関係数」を入力する。

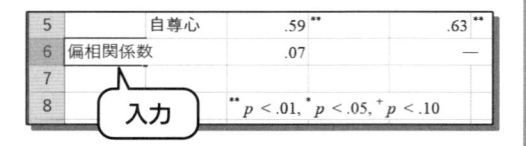

⓲表下のアスタリスクのセルを切り取る。

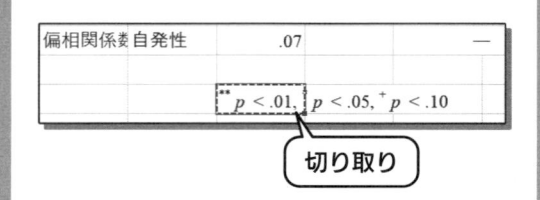

⓳表の左下のセルに貼り付ける。

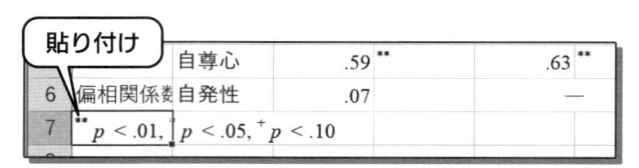

⓴アスタリスクのセルを含めた表下のセルを選択する。

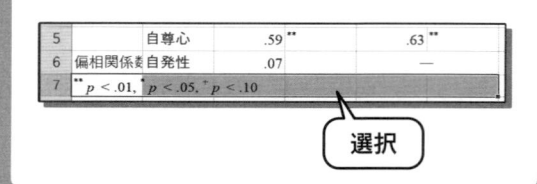

㉑「セルを結合して中央揃え」の「▼」をクリックする。

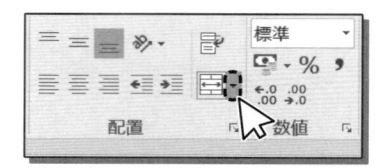

㉒「セルの結合」を選択する。

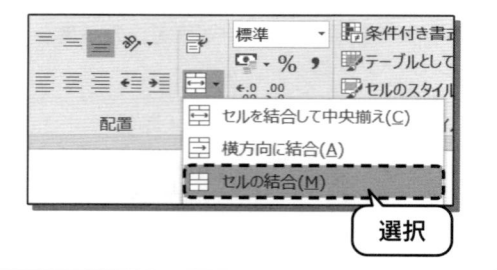

㉓「相関係数」の列とアスタリスクの列を，Ctrl キーを押しながら同時に選択する。

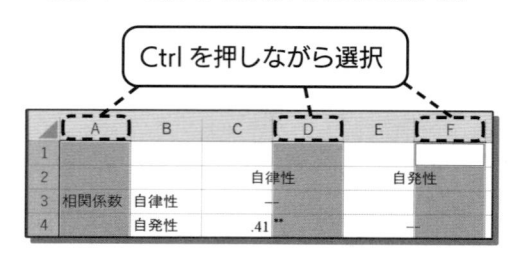

㉔セルの右端にカーソルを合わせ，以下の形になったらダブルクリックして幅を調整する。

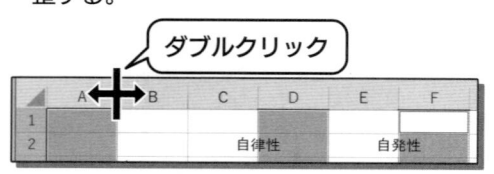

㉕変数名の行を選択する。

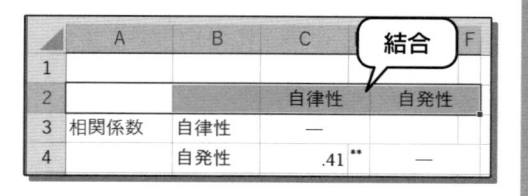

㉖フォントのメニュータブの「罫線」の「▼」をクリックして，「上罫線＋下罫線」を選択する。

㉗偏相関係数の行を選択する。

4		自発性	.41 **	—
5		自尊心	.59 **	.63 **
6	偏相関係数	自発性	.07	—
7	** $p < .01,$ * $p < .05,$ + $p < .10$			

選択

㉘「上罫線＋下罫線」をクリックする。

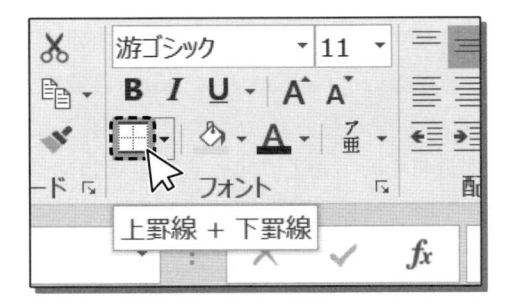

ここから先の作業は，第 5 章第 1 節「表の作成方法」の⑬〜㉕と同じです。pp. 47-48 を参照してください。Table のタイトルは，「変数間の相関係数と自尊心を統制した偏相関係数」です。

分析結果の書き方

仮説：「自律性と自発性との関連は，自尊心によって統制されるだろう。」

Table 1
変数間の相関係数と自尊心を統制した偏相関係数

		自律性	自発性
相関係数	自律性	—	
	自発性	.41**	—
	自尊心	.59**	.63**
偏相関係数	自発性	.07	—

$** p < .01, * p < .05, + p < .10$

【偏相関分析で関連が統制された場合】

　相関係数および偏相関係数を Table 1 に示す。自律性，自発性，自尊心との関連について相関分析を行った。その結果，自律性と自発性は有意な正の相関関係であり（$r = .41, p < .05$），自律性と自尊心（$r = .59, p < .05$），自発性と自尊心（$r = .63, p < .05$）でそれぞれ有意な正の相関が見られた。また，自律性と自発性の関連において自尊心を統制した偏相関分析を行ったところ，自律性と自発性の関連は有意ではなくなった（$r = .07, ns$）。以上より，仮説は支持された。

【偏相関分析で関連が統制されなかった場合】

　相関係数および偏相関係数を Table 1 に示す。自律性，自発性，自尊心との関連について相関分析を行った。その結果，自律性と自発性は有意な正の相関関係であり（$r = .41, p < .05$），自律性と自尊心（$r = .59, p < .05$），自発性と自尊心（$r = .63, p < .05$）でそれぞれ有意な正の相関が見られた。また，自律性と自発性の関連において自尊心を統制した偏相関分析を行ったところ，自律性と自発性の関連は変わらなかった（$r = .40, p < .05$）。以上より，仮説は支持されなかった。

第11章
信頼性分析

　データセットを作成し（第1章），データを HAD に読み込ませた（第2章）後，まずすることは何でしょうか。もし心理尺度を用いたデータであれば，最初のステップは信頼性分析を行い，心理尺度の尺度得点を算出することになります。

　信頼性分析とは質問項目の間での内的一貫性の程度を調べるものです。言い換えると，心理尺度に含まれる多くの質問項目の値を1つの**尺度得点**としてまとめることができるかどうかを判断するための分析です。心理尺度は，心を様々な側面からとらえるため，その心について尋ねる複数の項目を設定します。しかし，分析をするとなると，一つ一つの項目を別々に検討することになるため，途方もない時間と労力がかかる上に，結果をまとめることも困難となります。そのため，通常は，心理尺度の全ての項目の平均値や合計値を算出して分析を行います。この平均値や合計値のことを尺度得点と呼びます。

　では，なぜ平均値や合計値を用いることができるのでしょうか。心理尺度に含まれる全ての項目は同じ1つの心理（構成概念と呼びます）を測定している「はず」だと考えられて作成されています。「はず」というのは，サンプルや時代，文化が違うことで，質問項目の解釈が異なるため，各項目が想定とは異なる心理を測定している可能性があるからです。そのため，全ての質問項目が一貫して1つの心理を測定できているか否かを検討する必要があります。この，質問項目全てが1つの心理を一貫して測定できていること，つまり内的一貫性を調べるのが信頼性分析です。

　信頼性分析でよく使われる値は**α（アルファ）係数**です。このα係数は，質問項目の数が増えると値が高くなる傾向があります。その点を考慮して改良されたω（オメガ）[1] 係数も同時に掲載されている論文をよく見るようになりました。どちらの係数も0〜1の間の値をとります。0.70以上であれば，十分な内的一貫性があると判断されます。もし値が0.70未満と十分な値が得られなかった場合には，因子分析（第12章）を行って，いくつの構成概念（心）が絡まっているのかを明らかにします[2]。

---

1)（´・ω・｀）← この顔文字の口の部分がオメガです。

2) ただし，α係数の値が.60台でも尺度得点にまとめて分析に使用しているケースもあります。この場合，先行研究や因子分析の結果を踏まえた上で，分析に使用できるかを判断しましょう。

　信頼性分析は，データセットを作成した後に最初に行う「分析の下ごしらえ」[3] と言えます。心理尺度を用いない実験でその必要はありませんが，調査研究ではまずこの分析を行った上で尺度得点を算出することが最初のステップになります[4]。

サンプルデータ

　信頼性分析のサンプルデータは，5 項目の心理尺度について 100 名を対象に行った調査の結果です。この 5 項目を 1 つの尺度得点にまとめるため，信頼性分析を行いましょう。

○使用するサンプルデータ：「信頼性分析」シート

※データは著者が作成した架空のものです。分析結果を信用しないようにして下さい。

---

3) 著者はよく，分析の手順を料理にたとえています。料理の場合は野菜や肉を切ったり，片栗粉をまぶしたり，湯通ししたりなど，下ごしらえをします。分析も同じで，データセット（第 1 章参照）を作ったり，信頼性分析をしてから尺度得点を算出したりして，仮説検証の分析をするための下ごしらえをします。料理の場合は，作るものに応じて適切な道具で煮たり焼いたりします。分析の場合は，仮説検証に応じて適切な分析方法を用います。

4) 信頼性分析を行う前に，確認的因子分析（第 13 章参照）を行う場合もあります。信頼性分析では各項目がどれくらい構成概念を捉えることができているかを知ることはできません。そのため，項目の中でも十分に測定できていない項目を見つけるという意味で，確認的因子分析を行うことは有効です。そのため，信頼性分析のみならず，確認的因子分析の結果も同時に参照することも重要です。

分析方法

1 「使用変数」をクリックする。

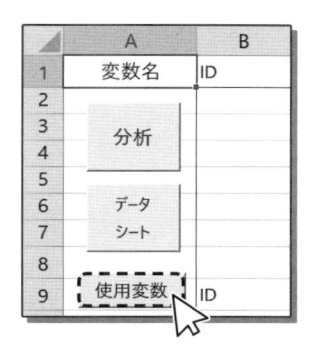

2 使用する変数をドラッグしながら選択し，「追加→」をクリックする。

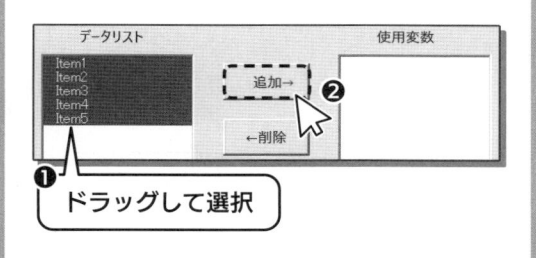

ドラッグして選択

3 使用する変数が「使用変数」の欄に移動したことを確認したら，「OK」をクリックする。

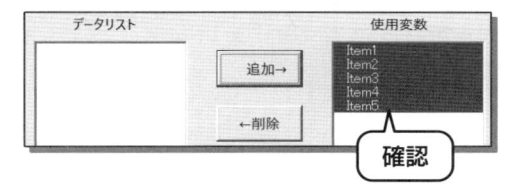

確認

4 「分析」をクリックする。

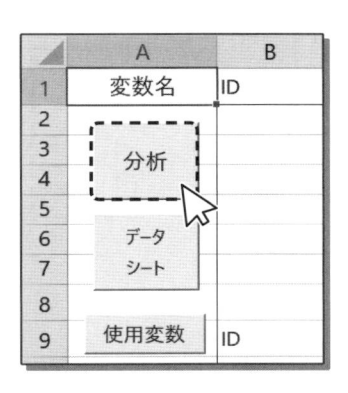

5 「項目分析（α係数）」をチェックし，「OK」をクリックする。

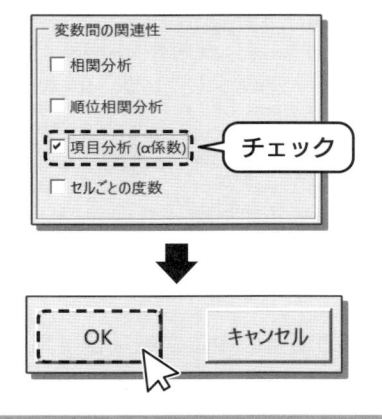

チェック

分析結果のまとめ方

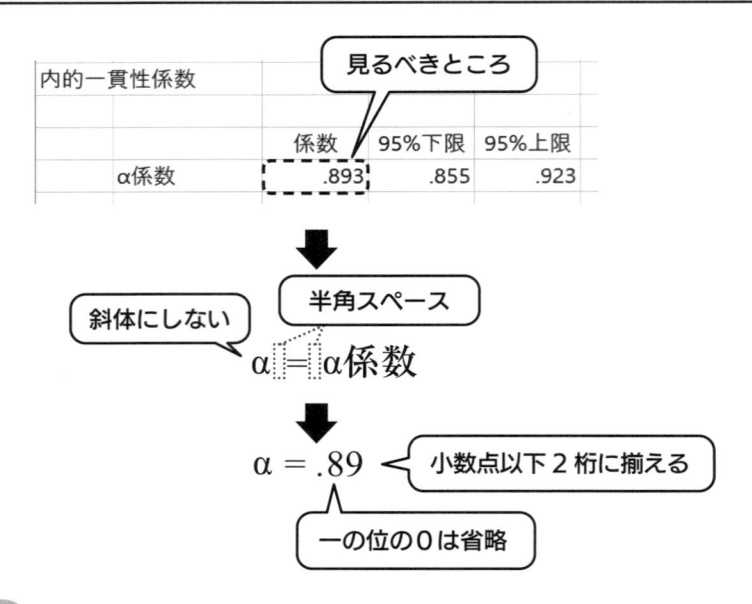

内的一貫性係数

	係数	95%下限	95%上限
α係数	.893	.855	.923

見るべきところ

↓

斜体にしない　半角スペース

α ＝ α係数

↓

α = .89

小数点以下2桁に揃える

一の位の0は省略

項目ごとの分析

「変数名」の項目を信頼性分析から削除したときのα係数（削除後のα係数）を示す。

含まれる項目数が多い尺度では，項目を削除することでα係数が上昇する場合には，削除して尺度得点を算出することを検討する。

項目ごとの分析

					ジャック・ベラ検定		尺度との	主成分	削除後の
変数名	平均値	標準偏差	歪度	尖度	χ2乗値	p値	相関係数	負荷量	α係数
Item1	3.720	1.793	0.228	-1.029	5.278	.071	.936	.933	.835
Item2	2.520	1.453	0.847	-0.285	12.293	.002	.841	.845	.867
Item3	2.230	1.347	1.188	1.168	29.193	.000	.811	.820	.875
Item4	2.420	1.485	0.980	0.204	16.180	.000	.822	.82	.874
Item5	2.490	1.446	0.787	-0.347	10.837	.004	.768	.760	.889

見るべきところ

逆転後のα

尺度の項目の中に逆転項目（第0章 p. 2参照）が含まれており，その処理が行われていない場合，その項目を逆転処理したときのα係数を示す。

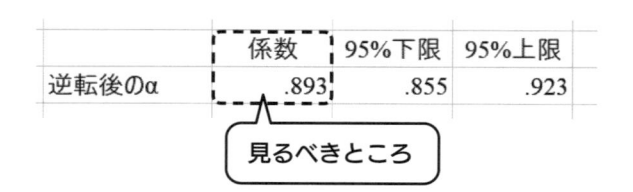

	係数	95%下限	95%上限
逆転後のα	.893	.855	.923

見るべきところ

分析結果の書き方

　信頼性係数（α係数）は，0.70 以上であれば十分な内的一貫性が得られたと言えます。しかし，実際には 0.60 台でも内的一貫性が得られたとして分析に用いることもあります。十分な信頼性係数が得られなかった場合には，因子分析（第 13 章）を行います。

　信頼性係数の報告は，次の 3 パターンになります。

1) 結果の文章中に記載する。
2) 結果の要約統計量を報告する表中に記載する。
3) 方法の尺度を記載する文章中に記載する。

---

　1) 結果の文章中に記載する場合
【十分な内的一貫性が得られた場合】
　　？？尺度の内的一貫性を検討するため，5 項目の信頼性係数を算出したところ，十分な内的一貫性が得られた（α = .89）。よって，5 項目の尺度得点を算出し，以下の分析で用いることとした。

【十分な内的一貫性が得られなかった場合】
　　？？尺度の内的一貫性を検討するため，5 項目の信頼性係数を算出したところ，十分な内的一貫性が得られなかった（α = .08）。そこで 5 項目でプロマックス回転を用いた因子分析を行ったところ…【これ以下の記述は第 13 章「因子分析」を参照】。

---

　2) 結果の要約統計量を報告する表中に記載する場合
　　各尺度の要約統計量と信頼性係数を Table 1 に示す。

Table 1
各性格特性とうつ傾向の記述統計量とα係数

	神経症傾向	外向性	調和性	誠実性	開放性	うつ傾向
N	200	200	200	200	200	200
M	2.64	4.04	2.33	2.51	6.48	4.20
SD	1.50	1.90	1.25	1.32	1.32	1.86
α	.83	.85	.82	.90	.88	.87

3）方法の尺度を記載する文章中に記載する場合

方　法

手 続 き

　（質問紙調査を行った場所や手続きを記述する）

尺　度

　？？尺度　〜を測定するため，XX・YY・ZZ（2021）が開発した？？尺度を用いた。尺度は 5 項目であり，評定は 5 段階（1. 全くそう思わない，2. あまりそう思わない，3. どちらとも言えない，4. ややそう思う，5. 非常にそう思う）で行われた（α = .89）。

第**12**章
重回帰分析

　相関分析（第 10 章）で分かることは，あくまで 2 つの変数間の関係性でした。一方，**重回帰分析**では，ある 1 つの変数に対する複数の変数の影響力を調べることができます。重回帰分析では独立変数と従属変数が設定されるため，因果関係が「仮に」想定されます。そして，他の独立変数の影響を差し引く（統制する）ことによって，1 つの独立変数が従属変数に与える純粋な影響力を明らかにできます。イメージとしては，バーベル上げの競技です。バーベル上げでは，複数の選手がそれぞれどれくらい重いバーベルを上げることができるかを競います。各選手は，他の選手の力を借りず，一人一人競技に臨みます。すなわち，一人一人の選手の純粋な力量が測定されます。重回帰分析も，一つひとつの独立変数の純粋な影響力を明らかにします。

　重回帰分析での注意点は，投入する独立変数の間に強い相関関係がないようにすることです。相関の強い 2 つの独立変数を同時に入れた場合，**多重共線性**[1] という問題が起きます。重回帰分析では独立変数同士の統制が行われるため，似た変数がある場合，この統制がうまくいかなくなり，正確な影響力が算出されなくなってしまうという問題です。多重共線性があるかないかを判定するのが **VIF** という指標です。VIF が高い場合には多重共線性の問題を含む可能性が高くなります（一般的には 10 を超えるとアウトですが，5 程度でも確認する必要があります）。多重共線性の問題を避けるためには変数の中心化[2] が有効です。HAD では重回帰分析を行うと自動的に中心化が行われます。HAD の A は「安心」の A[3] かもしれません。

　注意すべき点は，重回帰分析で分かることが，変数間の因果関係ではなく，あくまでも相関関係であるということです（複数の偏相関分析（第 10 章第 3 節）を同時に行うイメー

---

1) 著者の授業では多重共線性の問題を次のように説明します。面接の場面をイメージしてください。従属変数は面接官で，独立変数は面接を受ける人たちです。面接を受ける人たちは控室に待機しています。面接官は一人ずつ面接室に呼び出して，その独立変数の影響力を査定します。この場合，他の独立変数は控室に待機しているため，影響力の査定に影響しません。これが他の独立変数の影響を統制している状態です。しかし，ある 2 人の独立変数は仲が良いため，しっかりと手をつないで一緒に面接室に入ってきてしまいました。この手をつなぐことは独立変数間の相関が強い状態を表します。すると，面接官はすっかり混乱して正確な査定ができなくなってしまいます。これが多重共線性の問題です。
2) 独立変数の各値から，その変数の平均値を引くことです。

ジ）。実際に因果関係を検討するには実験を実施する必要があります。そのため，重回帰分析の結果だけで「因果関係が明らかになった」と結論付けるのは時期尚早だと言えます。

重回帰分析は，その目的に応じて，様々な使い方があります。本章では，独立変数の影響力を比較する重回帰分析，分散分析（第6章）のように使用する交互作用項を含めた重回帰分析，そして媒介分析を紹介します。

第1節　重回帰分析

第1節では，独立変数の影響力を比較する重回帰分析について紹介します。この重回帰分析は，上述したように，複数の独立変数のうち，どの変数の影響力が従属変数に対して最も強いのかを調べます[4]。算出される影響力（主に β）は，他の独立変数の影響力を統制しているため，純粋な影響力だと言えます。重回帰分析のときに同時に得られる値として **R^2値**（決定係数）があります。R^2値とは，投入された独立変数の影響力を全て合わせたときの大きさです。正確に言えば，独立変数の影響力が従属変数の分散のうち，どれくらいの割合を占めるか，ということです。R^2値が有意でない場合には，独立変数の影響力はあるとは言えないと考えてよいでしょう。R^2値の欠点は独立変数の数が増えると大きくなることです。そのため，独立変数の数が多い場合には，自由度調整済みの R^2値を参照しましょう。

サンプルデータ

重回帰分析のサンプルデータは第10章第1節の相関分析を行ったものと同じデータを用います。200名を対象とした調査で，ビッグファイブの性格特性とうつ傾向を測定しました。5つの性格特性を独立変数として，どの性格特性が最もうつ傾向に対して大きな影

---

3) 制作者の清水裕士先生によると HAD の正式名称には「諸説」あり，一説によれば「人をあんなにダメにする」の略，だそうです（2017年1月29日のツイートより（@simizu706））。心理学を学ぶ学生，特に大学院生は，R や SAS，SPSS など，プログラミングや操作が複雑な統計ソフトの使い方を習得する必要があります。しかし，HAD があまりにも便利であるため，それらの統計ソフトから学生を遠ざけてしまうのです。これが「ダメにする」の意味です。しかし最近（2024年12月10日），ChatGPT によって新たな略称が提案されました。それは「Hiroshi Shimizu's Analysis and Datavisualization」です！ 新しい略称を考えるという楽しみも HAD にはあるのです。

4) 重回帰分析でよく用いられる手法の1つとして，独立変数を段階的に増やしていく階層的重回帰分析というものがあります。仮説の段階で重要だと考えている独立変数の影響力が，他の様々な変数の効果を統制しても見られるかを検討する分析です。例えば，第1段階ではその影響力を見たい独立変数とデモグラフィック変数（性別などの個人属性），第2段階では第3の変数となり得る心理変数も独立変数として投入し（増やし），第3段階ではさらに環境要因（国籍や社会階層など）を投入する，というやり方です。

響力を持つのかについて調べます。重回帰分析でもどの独立変数の影響力があるのか否か，すなわちβ（ベータ：標準化偏回帰係数）が有意か否かについて検討します。推測統計は仮説を検証する分析方法です。そのため，次の仮説を立て，検証することにします。

仮説：「うつ傾向に対して，神経症傾向は正の関連，開放性は負の関連を示すだろう。」

○使用するサンプルデータ：「相関分析＆重回帰分析」シート
※データは著者が作成した架空のものです。分析結果を信用しないようにして下さい。

分析方法

1 「使用変数」をクリックする。

2 使用する変数をドラッグしながら選択し，「追加→」をクリックする。

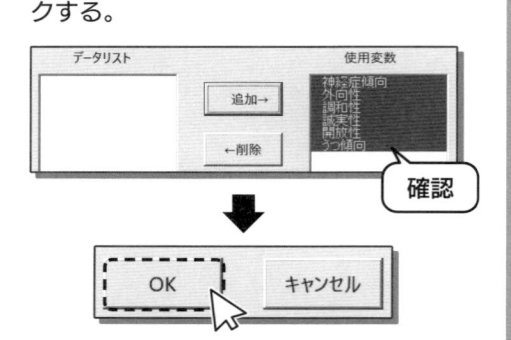

ドラッグして選択

3 使用する変数が「使用変数」の欄に移動したことを確認したら，「OK」をクリックする。

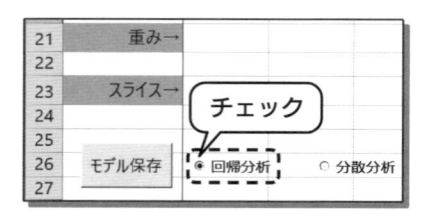

確認

4 「回帰分析」をチェックする。

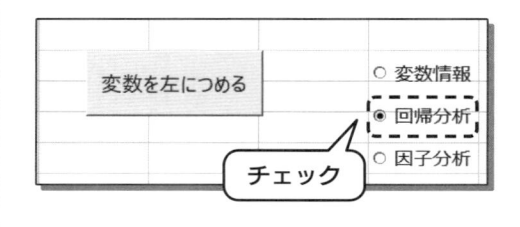

チェック

5 「モデル保存」の右の「回帰分析」にチェックが入っていることを確認する。チェックされていない場合は選択する。

チェック

6 従属変数を選択して，「目的変数を投入」をクリックする（目的変数＝従属変数，ここでは「うつ傾向」）。

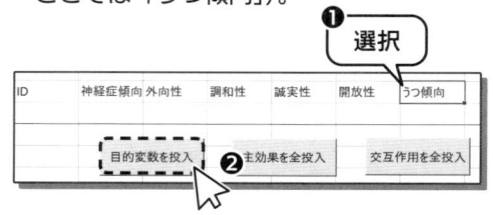

選択

7 「主効果を全投入」をクリックする。

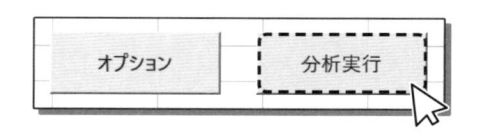

8 「分析実行」をクリックする。

分析結果のまとめ方

重回帰分析を報告する際には，必ず事前に相関分析の結果を報告する（第 10 章第 1 節を参照）。

重回帰分析の結果（「Reg」シート）

▶ R^2 値

適合指標	R^2	Adjust R^2	F 値	df	p 値	AIC	BIC	CAIC
	.537	.525	45.022	5, 194	.000	675.195	698.283	---

見るべきところ

▶ β（標準化偏回帰係数）

標準化係数	目的変数 = うつ傾向				

見るべきところ

変数名	うつ傾向		95%下限	95%上限	VIF
神経症傾向	.522	**	0.406	0.638	1.450
外向性	.001		-0.097	0.099	1.035
調和性	.059		-0.046	0.163	1.176
誠実性	-.028		-0.133	0.078	1.199
開放性	-.308	**	-0.422	-0.194	1.398
R^2	.537	**			

VIF

β と R^2

** $p < .01,$ * $p < .05,$ + $p < .10$

▶ β（標準化偏回帰係数）の詳細な p 値を見たい場合

見るべきところ

回帰係数	目的変数 = うつ傾向						

変数名	係数	標準誤差	95%下限	95%上限	t 値	df	p 値
切片	5.197	0.748	3.721	6.673	6.944	194	.000
神経症傾向	0.649	0.073	0.505	0.794	8.881	194	.000 **
外向性	0.001	0.049	-0.095	0.097	0.027	194	.979
調和性	0.088	0.079	-0.068	0.244	1.109	194	.269
誠実性	-0.039	0.075	-0.188	0.109	-0.519	194	.604
開放性	-0.435	0.082	-0.596	-0.275	-5.338	194	.000 **

タイトルは左揃え

Table 1
独立変数を性格特性、従属変数をうつ傾向とした重回帰分析

変数名は左揃え

数値は右揃え

小数点以下 2 桁に揃える

	β	95%下限	95%上限	VIF
神経症傾向	.52 **	0.41	0.64	1.45
外向性	.00	-0.10	0.10	1.03
調和性	.06	-0.05	0.16	1.18
誠実性	-.03	-0.13	0.08	1.20
開放性	-.31 **	-0.42	-0.19	1.40
R^2	.54 **			

$^{**} p < .01,\ ^{*} p < .05,\ ^{+} p < .10$

p 値をアスタリスクで表示する場合，アスタリスクの数がどの有意水準を表しているかを表の下に表記する

検定統計量のまとめ方

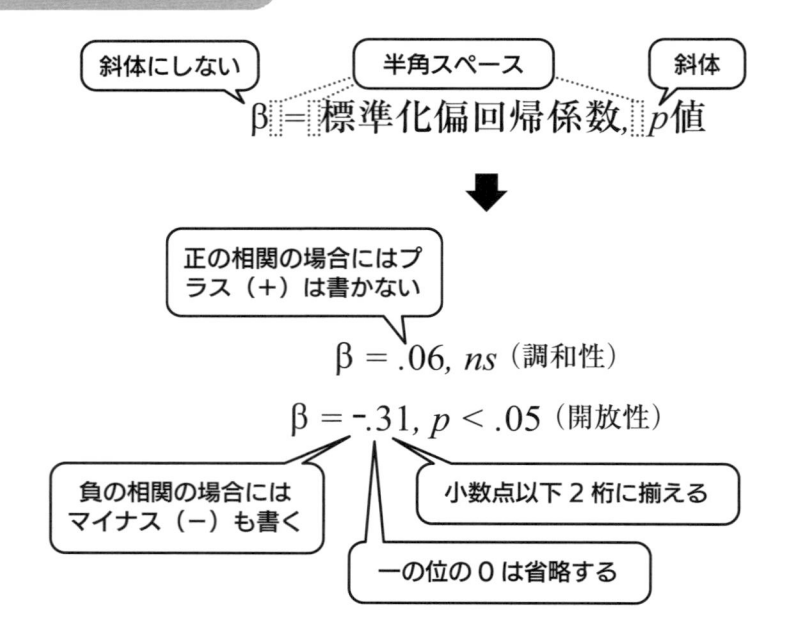

斜体にしない　**半角スペース**　**斜体**

β = 標準化偏回帰係数, p値

正の相関の場合にはプラス（＋）は書かない

β = .06, *ns*（調和性）

β = -.31, $p < .05$（開放性）

負の相関の場合にはマイナス（－）も書く

小数点以下 2 桁に揃える

一の位の 0 は省略する

表の作成方法

❶「標準化係数」の表をコピーする（アスタリスクの部分も必ず含める）。

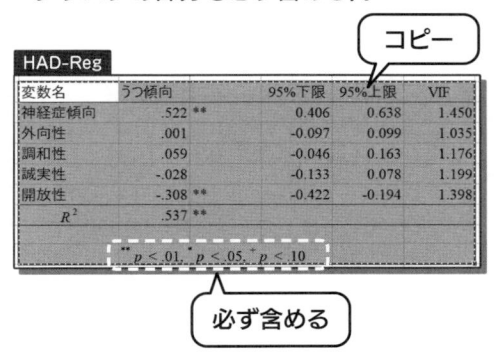

❷別に開いておいた Excel ファイルの B2 のセルに貼り付ける。

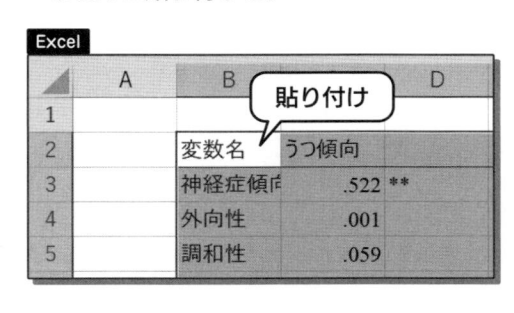

❸「変数名」と従属変数の名前（「うつ傾向」）を削除する。

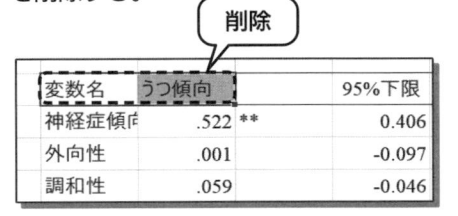

❹ β 値の上の 2 つのセルを選択し，「セルを結合して中央揃え」で結合する。

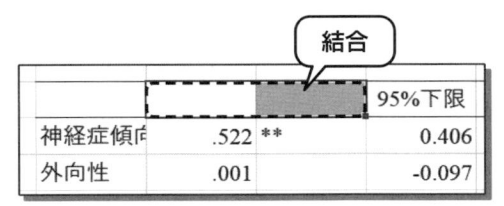

❺「β」を入力する（「べーた」を変換）。

	β	VIF
神経症傾向	.522 **	1.450
外向性	.001	1.035

❻ β 値と R^2 値のセルを選択して，小数点以下 2 桁にそろえる。

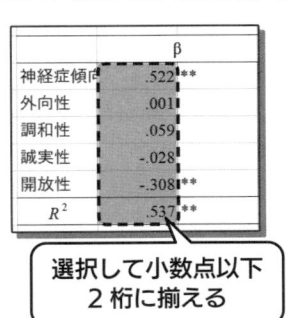

	β	
神経症傾向	.52	**
外向性	.00	
調和性	.06	
誠実性	-.03	
開放性	-.31	**
R^2	.54	**

7 95％下限，95％上限，VIF 値のセルを選択し，小数点以下 2 桁に揃える[5]。

選択して小数点以下
2 桁に揃える

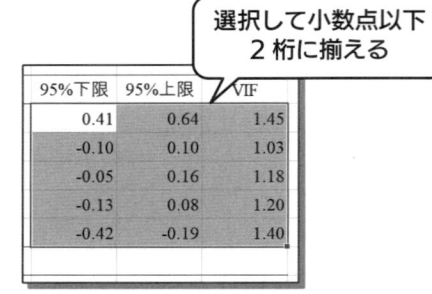

8 変数名の列（B 列）を選択し，セルの右端をダブルクリックして幅を調整する。

ダブルクリック

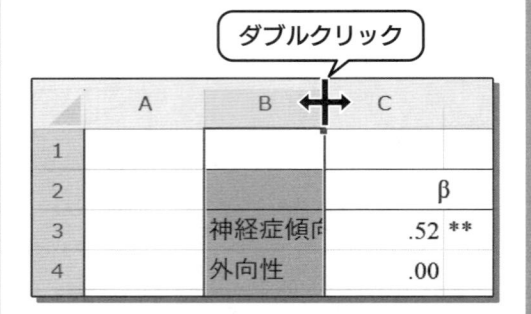

9 p 値とアスタリスクのセルを切り取る。

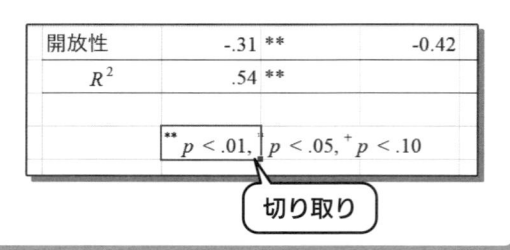

切り取り

10 表下の一番左のセルに貼り付ける。

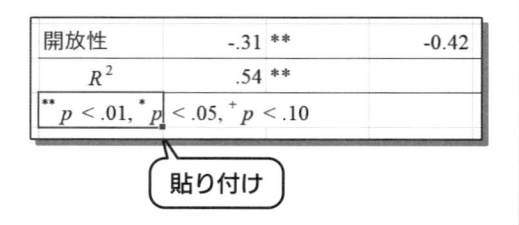

貼り付け

11 表下のセルを選択する。

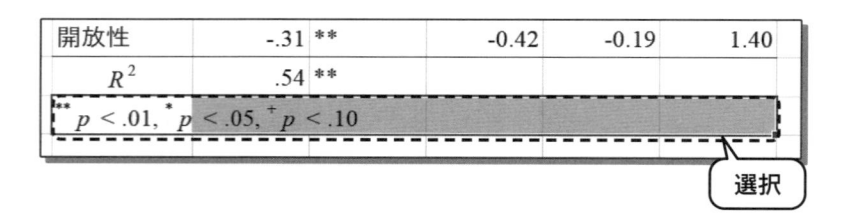

選択

12 「罫線」の「▼」をクリックする。

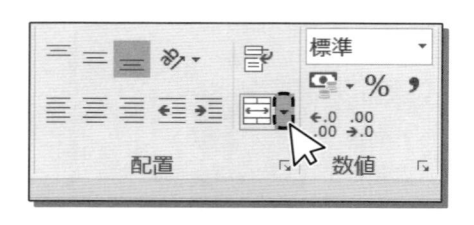

13 「セルの結合」を選択する。

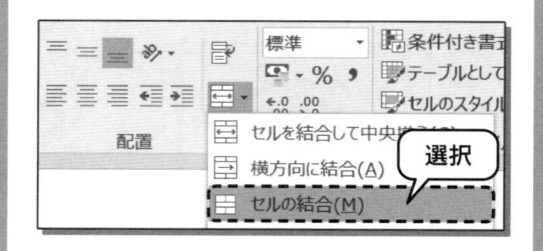

選択

5）Ctrl キーを押しながら全てのセルを選択した上で桁数を揃える方法もありますが，この方法では β 値の一の位の 0 が現れてしまいます。そのため，β のみを選択して揃える方法にしています。

⓮ R^2 を左揃えにする。

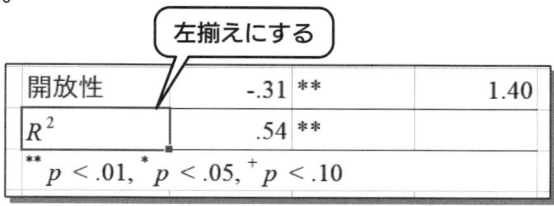

左揃えにする

開放性	-.31 **	1.40
R^2	.54 **	
** $p < .01$, * $p < .05$, + $p < .10$		

ここから先の作業は，第 5 章第 1 節「表の作成方法」の⓭〜㉕と同じです。pp. 47-48 を参照してください。Table のタイトルは，「独立変数を性格特性，従属変数をうつ傾向とした重回帰分析」です。

「R^2」の書き方

❶ 半角で「R2」と入力する。

入力

❷ 「2」を選択する。

選択

❸ メニューのフォントタブの「上付き」をクリックする。

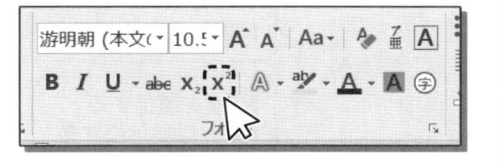

❹ （❸の別の方法）フォントの右下をクリックする。

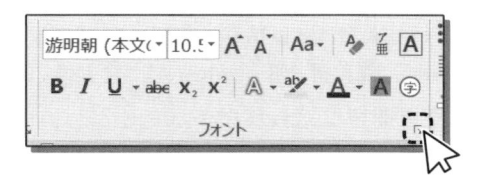

❺ 「上付き」をチェックして，「OK」をクリックする。

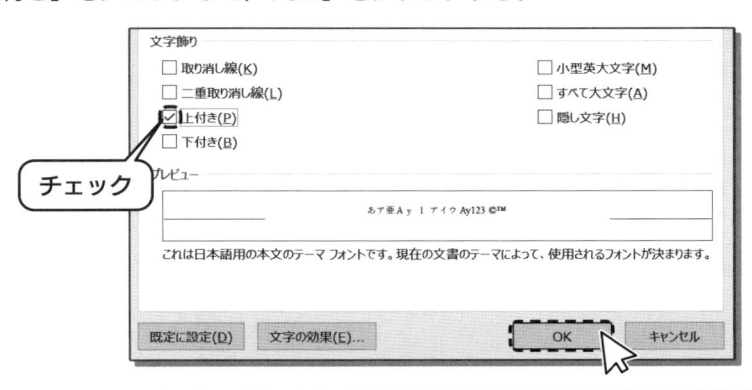

チェック

分析結果の書き方

仮説：「うつ傾向に対して，神経症傾向は正の関連，開放性は負の関連を示すだろう。」

Table 1
独立変数を性格特性、従属変数をうつ傾向とした重回帰分析

	β	95%下限	95%上限	VIF
神経症傾向	.52 **	0.41	0.64	1.45
外向性	.00	-0.10	0.10	1.03
調和性	.06	-0.05	0.16	1.18
誠実性	-.03	-0.13	0.08	1.20
開放性	-.31 **	-0.42	-0.19	1.40
R^2	.54 **			

$**\ p < .01,\ *\ p < .05,\ +\ p < .10$

【β が有意だった場合】

　独立変数を各性格特性，従属変数をうつ傾向とした重回帰分析の結果を Table 1 に示す。うつ傾向に対するビッグファイブの各性格の影響を検討した結果，神経症傾向は有意な正の関連があり（β = .52, $p < .05$），開放性は有意な負の関連が見られた（β = -.31, $p < .05$）。外向性（β = .00, ns），調和性（β =.06, ns），誠実性（β = -.03, ns）では有意な関連は見られなかった（R^2 = .54, $p < .05$）。以上より，仮説は支持された。

> 有意ではなかった変数に関しても報告する [6]

> R^2 値を報告する「R^2」は斜体にする

【β が有意ではなかった場合】

　独立変数を各性格特性，従属変数をうつ傾向とした重回帰分析の結果を Table 1 に示す。うつ傾向に対するビッグファイブの各性格の影響を検討した結果，神経症傾向（β = .09, ns），開放性（β = -.06, ns），外向性（β = .01, ns），調和性（β =.01, ns），誠実性（β = .06, ns）では有意な関連は見られなかった（R^2 = .01, ns）。以上より，仮説は支持されなかった。

6）ただし，扱う変数の数が多くて結果が膨大になるときには，仮説で予測している結果の部分だけを報告します。

第2節　交互作用項を含めた重回帰分析 ·················

　交互作用項を含めた重回帰分析を用いた論文は，近年，社会心理学の分野を中心に増え
つつあります。この分析は，基本的に，分散分析（第6章）と同じことを検討している
と考えてください。違いは独立変数が質的変数なのか量的変数なのかという点です。分散
分析の独立変数は水準（カテゴリー）であり，質的変数です。一方，重回帰分析の独立変
数には水準を含まない数値の量的変数が含まれます[7]。例えば，分散分析では独立変数は
国（アメリカか日本か）のようなカテゴリーであり，重回帰分析の独立変数は心理尺度の
得点（7件法）のような数値となります。

　一昔前だと，独立変数が数値の場合，その変数を中央値で分割して高群と低群という水
準を作り，分散分析を行っていました。しかし，この方法では効果が有意になりにくかっ
たり，誤った解釈を招いたりする危険があります。特に，中央値分割した同じ群の中でも
高めの値を示す人と低めの値を示す人では異なる心理傾向を示す可能性もあります。その
ため，数値の変数を水準に分割すること自体を避ける必要があります。この問題は，数値
のまま独立変数を投入し，独立変数を中心化（本章第1節を参照）した上で交互作用項
を導入すれば解決されます。

　平均値を検討する分散分析と異なり，重回帰分析で検討されるのはあくまで相関関係で
す。そのため，交互作用効果は，ある独立変数と従属変数との相関がもう1つの独立変
数の程度によって変わることを意味します。イメージとしては，恋愛ドラマです。主人公
とヒロインの関係性が，第3者の友人が関わる度合い（相手への気持ちを代わりに伝え
たり，相手を疑うような情報を聞かせる，など）によって仲が進展したり（正の相関が有
意になる），むしろ離れ離れになったりする（相関が有意にならない），というものです。

　分散分析で群間の差を検討する単純主効果検定は，重回帰分析の場合，**単純傾斜分析**と
呼ばれます。単純傾斜分析の結果は回帰直線（相関関係の分布を直線で表したもの）の図
として表現されます。ただし，回帰直線はどこまでも続くものであるため，見やすくなる
ように，HAD で出力される図は，平均値から標準偏差1つ分を足した／引いた範囲が切
り取られています。HAD の図をレポートや卒論で報告する場合，有意な相関関係には図
中に *p* 値を表すアスタリスクをつけますが，有意でない相関関係には何も印をつけません。

---

7)「含まれる」という表現にしたのは，独立変数として1つ目は量的変数，2つ目は質的変数を投入することがある
　からです。例えば，独立変数として自尊心と国（日本／アメリカ）を投入して，その交互作用を見るというような
　分析もよく行われます。

サンプルデータ

　交互作用項を含めた重回帰分析のサンプルデータは，友達の数と親密度，そして幸福度を測定した100名を対象とする調査の結果です。友達の数が多いほど（友達の数の主効果），そして友達との関係が親密であるほど（親密度の主効果），その人は幸せなのかを調べます。また，友達との関係の親密度と幸福度の関係が，友達の数の多さによって変わるかどうか（交互作用効果）を調べます。推測統計は仮説を検証する分析方法です。そのため，次の仮説を立て，検証することにします。

仮説：「友達の数が少ない人は，友人との親密度が高いほど幸福を感じるだろう。」

○**使用するサンプルデータ：「交互作用項を入れた重回帰分析」シート**
※データは著者が作成した架空のものです。分析結果を信用しないようにして下さい。

分析方法

❶「使用変数」をクリックする。

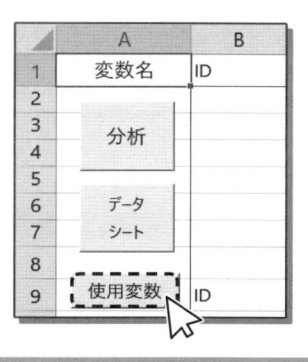

❷使用する変数をドラッグしながら選択し，「追加→」をクリックする。

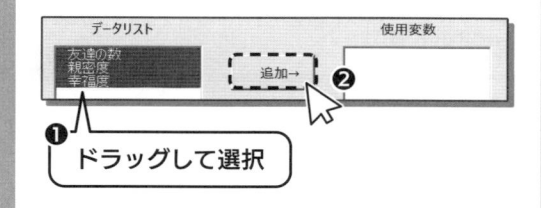

❸使用する変数が「使用変数」の欄に移動したことを確認したら，「OK」をクリックする。

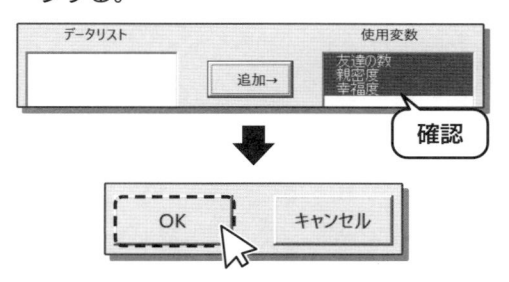

❹「回帰分析」をチェックする。

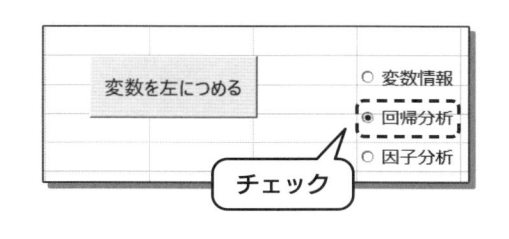

❺「モデル保存」の右の「回帰分析」にチェックが入っていることを確認する。チェックされていない場合は選択する。

❻従属変数を選択して，「目的変数を投入」をクリックする（目的変数＝従属変数，ここでは「幸福度」）。

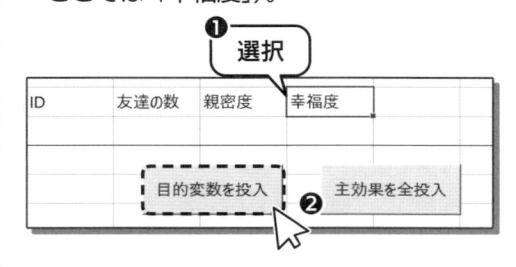

❼「主効果を全投入」をクリックする。

❽「交互作用を全投入」をクリックする。

9 独立変数のどちらかを選択し，「スライス」をクリックする。

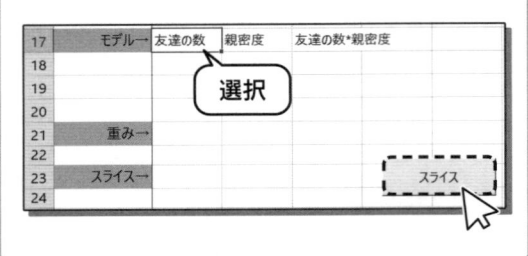

10「分析実行」をクリックする。

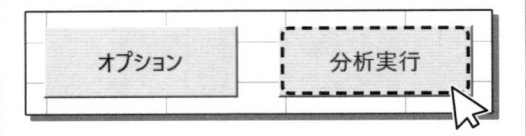

分析結果のまとめ方

β（標準化偏回帰係数）と R^2 値[8]（「Reg」シート）

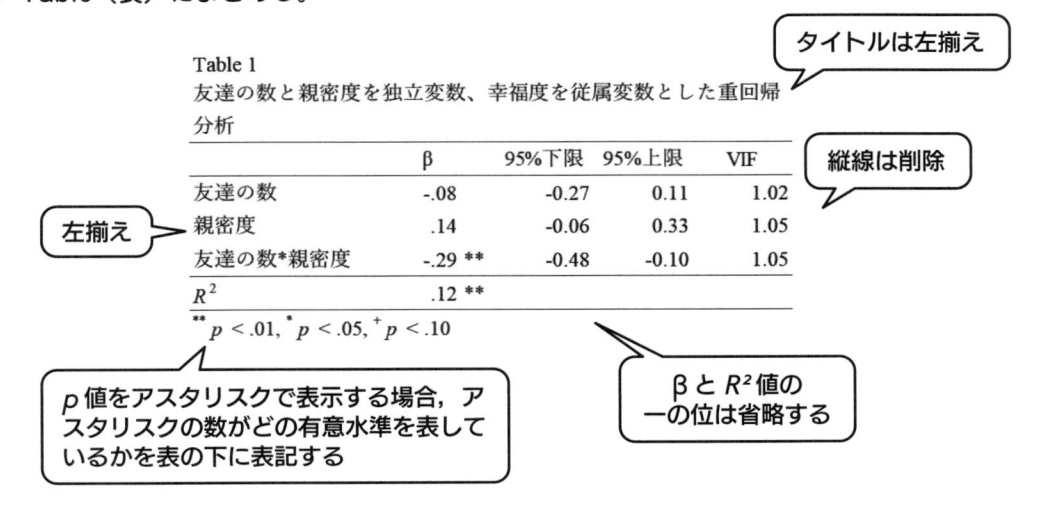

標準化係数　　目的変数 = 幸福度

変数名	幸福度		95%下限	95%上限	VIF
友達の数	-.078		-0.269	0.113	1.016
親密度	.138		-0.056	0.333	1.046
友達の数*親密	-.290 **		-0.484	-0.096	1.046
R^2	.123 **				

見るべきところ

β と R^2 値　　VIF

$^{**}p < .01,\ ^{*}p < .05,\ ^{+}p < .10$

▶ β の p 値

回帰係数　　目的変数 = 幸福度

変数名	係数	標準誤差	95%下限	95%上限	t 値	df	p 値
切片	3.286	0.125	3.038	3.534	26.274	96	.000
友達の数	-0.004	0.005	-0.013	0.005	-0.807	96	.421
親密度	0.107	0.075	-0.043	0.256	1.415	96	.160
友達の数*親密	-0.009	0.003	-0.015	-0.003	-2.968	96	.004 **

見るべきところ　　p 値

▶ Table（表）にまとめる。

タイトルは左揃え

Table 1
友達の数と親密度を独立変数、幸福度を従属変数とした重回帰分析

	β	95%下限	95%上限	VIF
友達の数	-.08	-0.27	0.11	1.02
親密度	.14	-0.06	0.33	1.05
友達の数*親密度	-.29 **	-0.48	-0.10	1.05
R^2	.12 **			

$^{**}p < .01,\ ^{*}p < .05,\ ^{+}p < .10$

縦線は削除　　**左揃え**

p 値をアスタリスクで表示する場合，アスタリスクの数がどの有意水準を表しているかを表の下に表記する

β と R^2 値の一の位は省略する

---

8) 「95％上限／下限」という数値は，信頼区間を表します。信頼区間とは真の値が含まれていると考えられる範囲のことです。この範囲が狭くなるほど，真の値に近い値が得られていることになります。さらに，β が有意か否かを判断する際には，この信頼区間に 0 が含まれているかどうかが重要になります。0 が含まれている場合，β = 0 となる可能性が高くなるため，有意であるとは考えにくくなります。

表の作成方法

❶「Reg」シートを開き「標準化係数」の表をコピーする（アスタリスクの部分も必ず含める）。

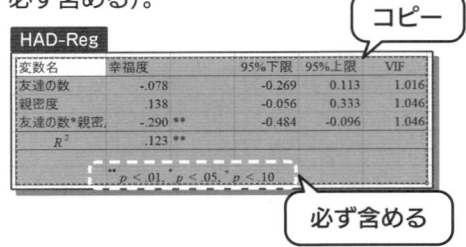

コピー

必ず含める

❷ 別に開いておいた Excel ファイルの B2 のセルに貼り付ける。

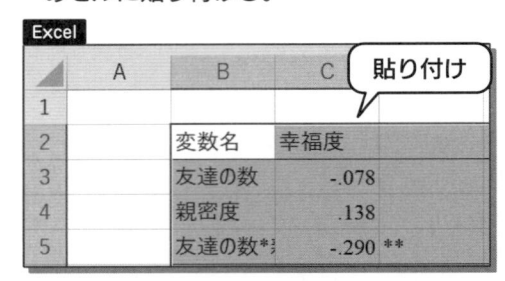

貼り付け

❸「変数名」と「幸福度」を削除する。

削除

❹ β値の上の2つのセルを選択し，「セルを結合して中央揃え」で結合する。

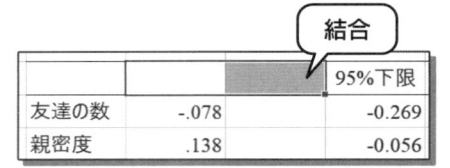

結合

❺「β」を入力する（「べーた」を変換）。

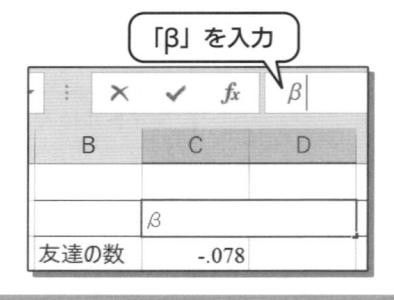

「β」を入力

❻ β値と R^2 値のセルを選択し，小数点以下2桁に揃える[9]。

選択して小数点以下2桁に揃える

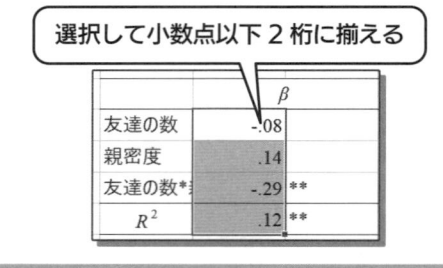

❼ 95% 信頼区間，VIF 値のセルを選択し，小数点以下2桁に揃える。

95%下限	95%上限	VIF
-0.27	0.11	1.02
-0.06	0.33	1.05
-0.48	-0.10	1.05

選択して小数点以下2桁に揃える

[9] Ctrl キーを押しながら全てのセルを選択した上で桁数を揃える方法もありますが，この方法ではβ値の一の位の0が現れてしまいます。そのため，βのみを選択して揃える方法にしています。

8 変数名の列（B列）を選択し，セルの右端をダブルクリックして幅を調整する。

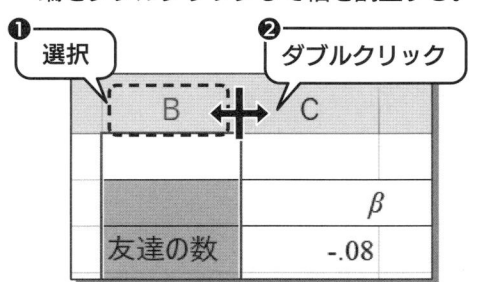

❶ 選択　❷ ダブルクリック

9 アスタリスクの列（D列）を選択し，セルの右端をダブルクリックして幅を調整する。

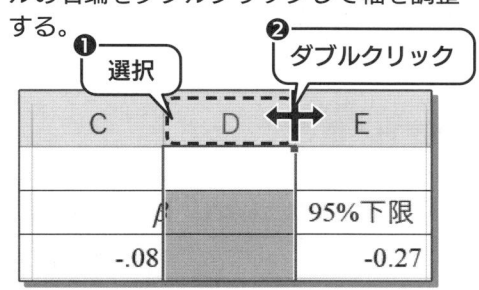

❶ 選択　❷ ダブルクリック

10 p 値とアスタリスクのセルを切り取る。

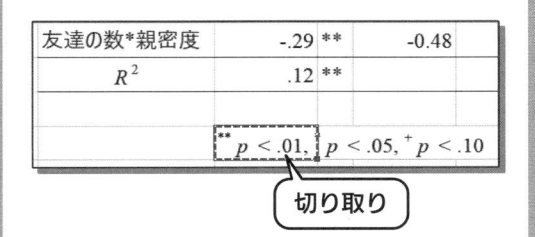

切り取り

11 表の一番左下のセルに貼り付ける。

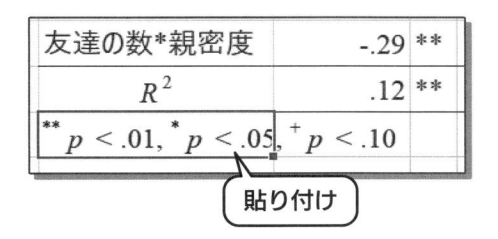

貼り付け

12 表下のセルを選択する。

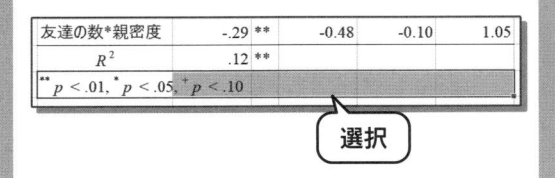

選択

13 「セルを結合して中央揃え」の「▼」をクリックする。

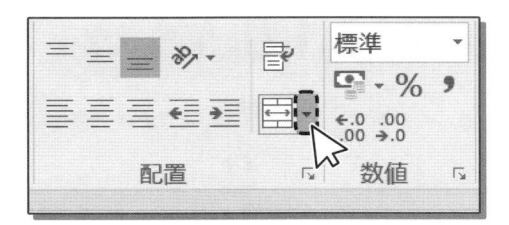

14 「セルの結合」を選択する。

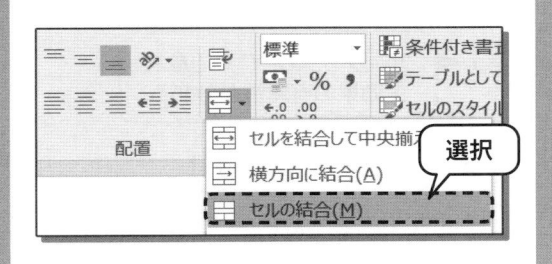

選択

15 R^2 を左揃えにする。

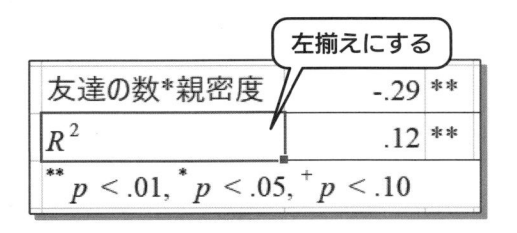

左揃えにする

ここから先の作業は，第 5 章第 1 節「表の作成方法」の⓭〜㉕と同じです。pp. 47-48 を参照してください。Table のタイトルは，「友達の数と親密度を独立変数，幸福度を従属変数とした重回帰分析」です。

検定統計量のまとめ方

斜体にしない　半角スペース　斜体

$$\beta = 標準化偏回帰係数,\ p値$$

正の相関の場合にはプラス（＋）は書かない

$$\beta = -.08,\ ns\ （友達の数の主効果）$$
$$\beta = .14,\ ns\ （親密度の主効果）$$
$$\beta = -.29,\ p < .05\ （交互作用効果）$$

負の相関の場合にはマイナス（−）も書く

小数点以下 2 桁に揃える

一の位の 0 は省略する

単純傾斜分析（「Slice1」シート）

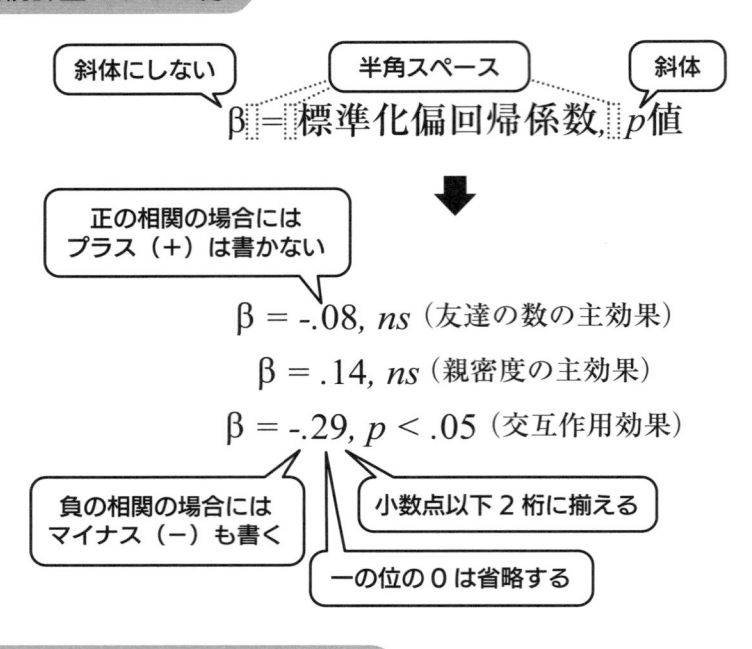

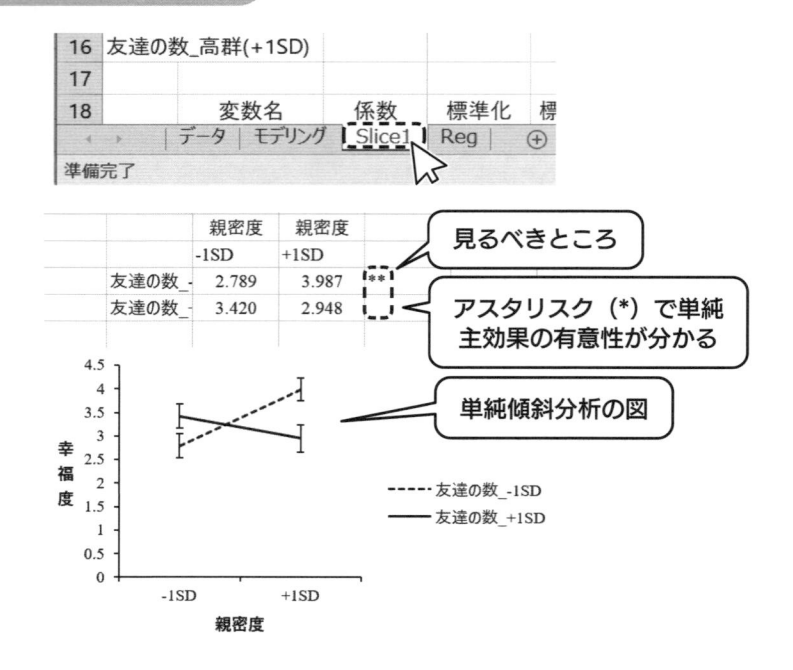

見るべきところ

アスタリスク（*）で単純主効果の有意性が分かる

単純傾斜分析の図

解　説

	親密度 -1SD	親密度 +1SD	
友達の数_-1SD	2.789	3.987	**
友達の数_+1SD	3.420	2.948	

①友達の数が少なくなると親密度と幸福度の相関は有意である

②友達の数が多くなると親密度と幸福度の相関は有意ではない

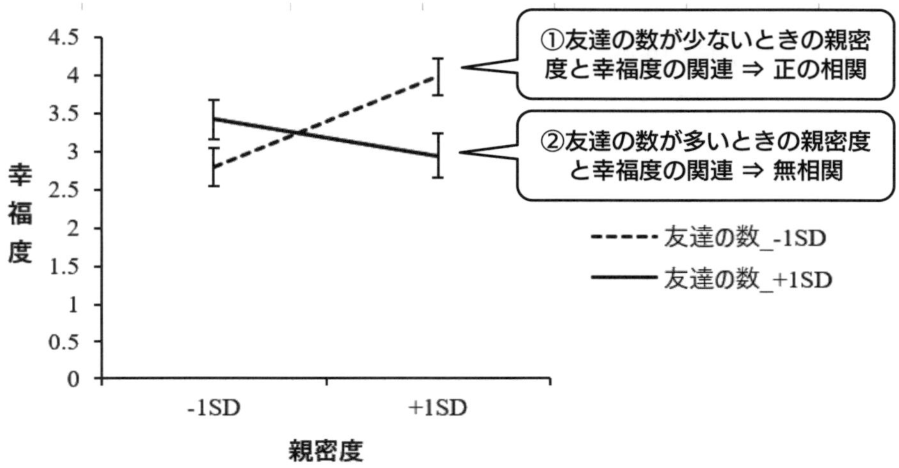

①友達の数が少ないときの親密度と幸福度の関連 ⇒ 正の相関

②友達の数が多いときの親密度と幸福度の関連 ⇒ 無相関

- - - - - 友達の数_-1SD
───── 友達の数_+1SD

※正の相関の場合には右肩上がり，負の相関の場合には右肩下がりとなり，無相関の場合には傾きが横軸と平行に近くなります。

単純傾斜分析の図の作成方法

1 「Slice 1」シートを選択する。

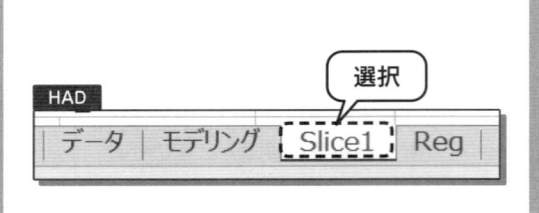

2 図の縦軸の数値を右クリックし，「軸の書式設定」を選択する。

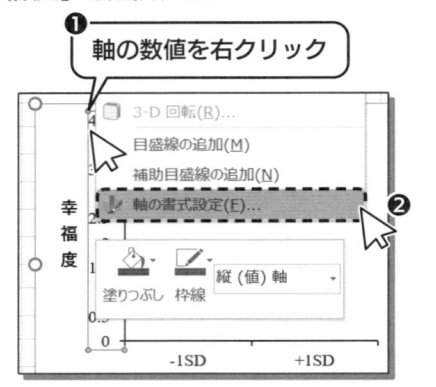

3 「軸のオプション」で縦軸の範囲と目盛を入力する。

（ア）従属変数が心理尺度（リッカート法）を用いている場合，尺度の最小値を入力する（今回，従属変数は5点尺度で範囲は1～5のため，最小値「1」最大値「5」）。

（イ）目盛の大きさは尺度の得点の幅に合わせる（今回は「1」）。

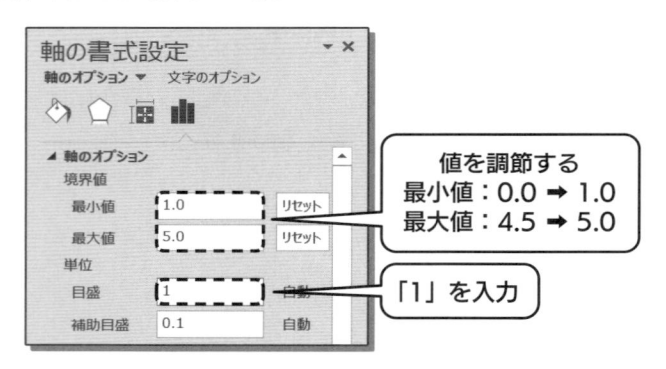

4 「軸の書式設定」を閉じる。

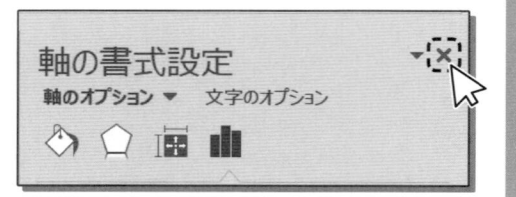

5 メニューの「挿入」をクリックする。

❻「図形の挿入」のテキストボックスをクリックする。

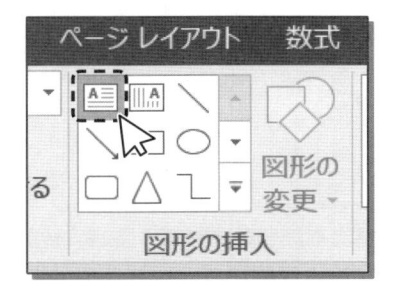

❼【有意な関連にアスタリスクをつける】
有意な関連が見られた群のグラフの近くにテキストボックスを挿入する。

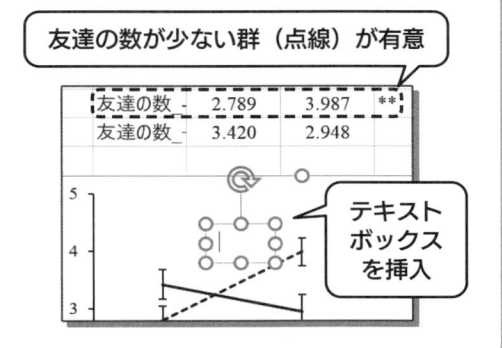

❽❼と同じ数のアスタリスクを入力する。

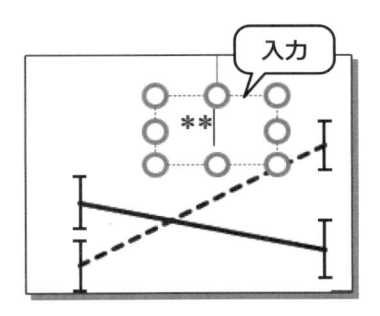

❾有意ではない関連にはアスタリスクをつけない。

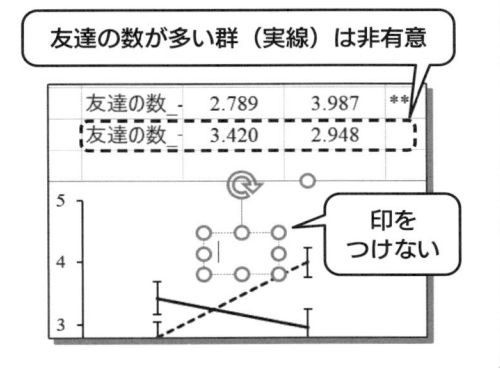

❿テキストボックスを有意な関連の線の近くに移動させる。

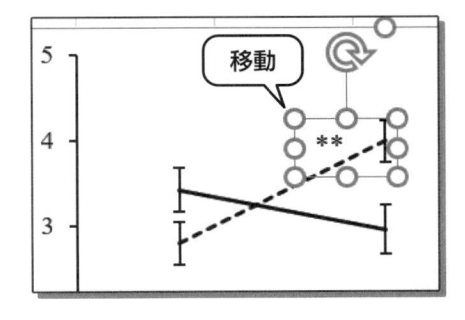

⓫グラフの枠の〇を右クリックして，「フォント」を選択する。

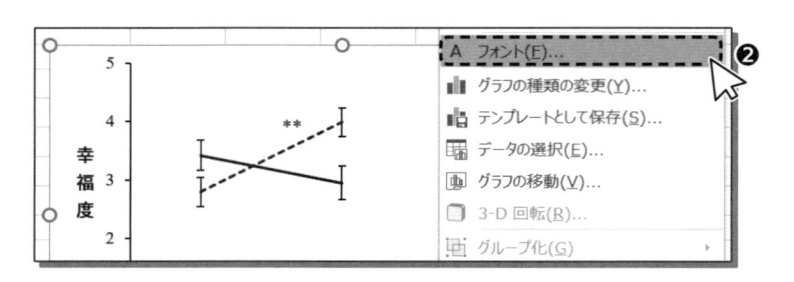

⓬「英数字用のフォント」を「Times New Roman」，「日本語用のフォント」を「游明朝」
に設定して，「OK」をクリックする。

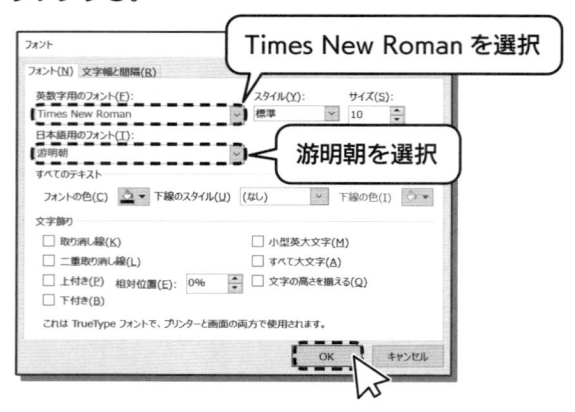

⓭グラフの空白部分を右クリックして，コピーする。

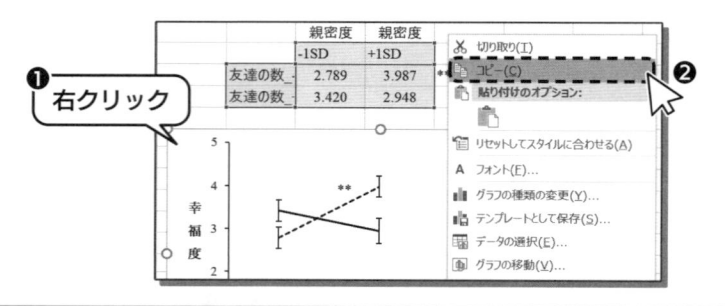

⓮ Word に図で貼り付ける。

分析結果の書き方

仮説：「友達の数が少ない人は，友人との親密度が高いほど幸福を感じるだろう。」

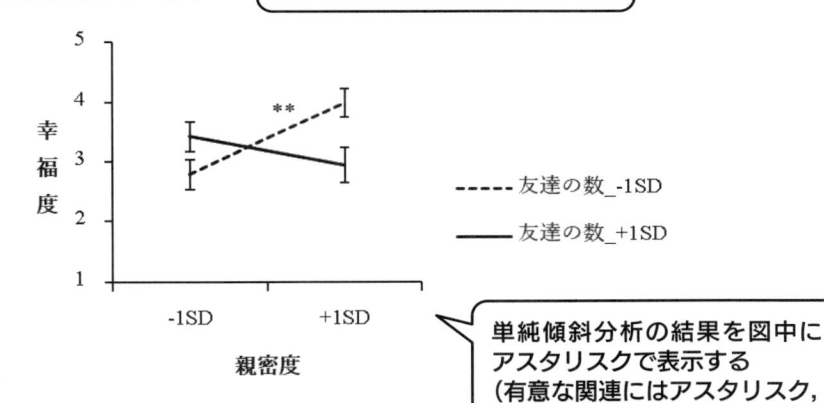

Table 1
友達の数と親密度を独立変数、幸福度を従属変数とした重回帰分析

	β	95%下限	95%上限	VIF
友達の数	-.08	-0.27	0.11	1.02
親密度	.14	-0.06	0.33	1.05
友達の数*親密度	-.29 **	-0.48	-0.10	1.05
R^2	.12 **			

** $p < .01$, * $p < .05$, + $p < .10$

Figure 1
単純傾斜分析の結果

> タイトルはFigureの上に書き，左揃えにする

> 単純傾斜分析の結果を図中にアスタリスクで表示する（有意な関連にはアスタリスク，非有意な関連は何もつけない）

【関連が有意だった場合】

　友達の数と親密度を独立変数，幸福度を従属変数とした重回帰分析の結果を Table 1，単純傾斜分析の結果を Figure 1 に示す[10]。幸福度における友達の数と親密度の関連を検討した結果，友達の数の主効果は見られず（β = -.08, *ns*），親密度の主効果は見られなかった（β =.14, *ns*）。そして，交互作用効果は有意であった（β = -.29, *p* < .05, R^2 = .12, *p* < .05）。単純傾斜分析の結果，友達の数が少な

> 有意ではなかった変数に関しても報告する

> R^2 値を報告する「R^2」は斜体にする

---

10) 交互作用項を含めた重回帰分析は，交互作用効果が有意だった場合，単純傾斜分析を示す図も一緒に掲載します。図を示さなければ，具体的にどのような交互作用のパターンだったかが分からないためです。

い人たちでは，友人との親密度と幸福度との正の相関関係が見られるが（$p < .05$），友達の数が多い人は，親密度と幸福度との関連は見られなかった（ns）。以上より，仮説は支持された。

【交互作用項が有意ではなかった場合】

　友達の数と親密度を独立変数，幸福度を従属変数とした重回帰分析の結果を Table 1，単純傾斜分析の結果を Figure 1 に示す。幸福度における友達の数と親密度の関連を検討した結果，友達の数の主効果は見られず（β = -.08, ns），親密度の主効果も見られなかった（β =.14, ns）。そして，交互作用効果は有意ではなかった（β = -.09, ns）。以上より，仮説は支持されなかった。

交互作用効果が有意ではない場合，単純主効果の結果を報告する必要はない

第 3 節　媒介分析 ··

　媒介分析とは，2 つの変数間の相関関係において第 3 の異なる変数の影響力を調べる分析方法です。ある現象が起こるとき，そこにはたいてい様々な要因が絡んでいます。2 つの変数間の関係に関しても同じことが言えます。もしかしたら，目に見える 2 つの変数だけではなく，何か別の要因がその関係をもたらしている可能性もあります。このように，真の原因の影響力が隠れているにもかかわらず，あたかも 2 つの変数間に相関関係があるように見えることを**疑似相関関係**と呼びます。

　媒介分析を用いれば，この疑似相関関係を見抜くことができます。2 つの変数間の相関関係における，真の原因となる第 3 の変数（剰余変数）の影響力を検討するためです。疑似相関を見抜く分析と言えば，第 10 章第 3 節で紹介した偏相関分析があります。媒介分析では，偏相関分析では分からない，第 3 の変数の影響力の程度についてよりくわしく知ることができます。ただし，媒介分析は，事前に相関分析を行い，3 つの変数間に有意な関連が見られていなければ行うことができません。

　心理学の研究では，ある 2 つの概念の関連の原因を探ったり，ある現象の背後にある心理メカニズム（心理プロセス）を明らかにするために媒介分析がよく用いられます。例として，楽観主義（ものごとは最善になるように起こるものであり，人々の望みや目的は最終的には満たされるという考え方）と学業の成績に有意な関連が見られた場合を考えます。楽観主義傾向が強い人ほど，成績が良くないという負の相関関係が見られたとします（あくまで仮定の話であり，このような事実はありません）。なぜ楽観主義傾向が強い人は成績が良くないのでしょうか。その原因として，先延ばし傾向（やらなければならないことを行わなかったり，課題着手を遅らせたりする傾向）が考えられます。楽観主義傾向が高い人ほど，課題やテスト勉強などの先延ばしをする傾向が高いため，結果として良い成績をとれなくなる，という心理プロセスが推測されるのです。このような心理プロセスの存在を検証するのが媒介分析です。

　媒介分析では，まず 2 つの変数間の関連を示した後，第 3 の変数を投入して，それまでの関連の強さに変化があるかを検討します。第 3 の変数のことを**媒介変数**と呼びます。

　　図　媒介分析

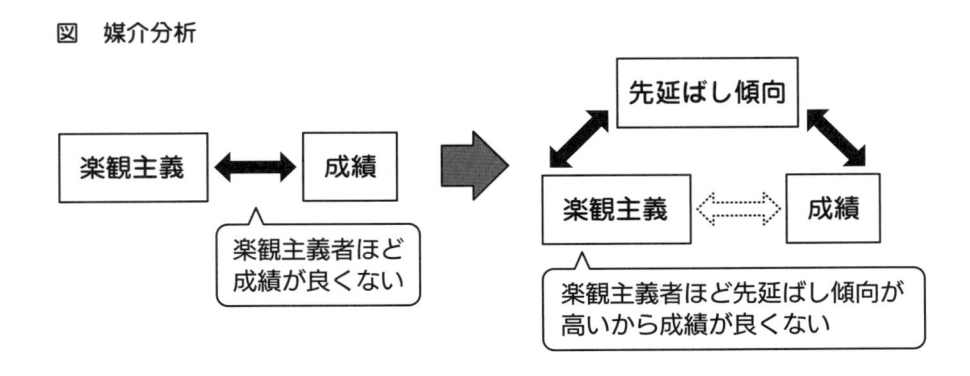

媒介分析で媒介変数の影響力が強い場合,「A と B の関係は C によって**完全に**媒介される」と言います。これは,媒介変数を投入することで,それまであった 2 つの変数間の関連が有意でなくなることです[11]。完全媒介の場合,2 つの変数間の関連は疑似相関であり,「A と B の関連をもたらす本当の原因は C である」[12] と言えます。一方,第 3 の変数を投入することで,2 つの変数間の関係が有意なまま,関連が弱くなる場合があります。このとき,「A と B の関係は C によって**部分的に**媒介される」と言います。部分媒介の場合,「A が B に直接影響する心理プロセスと,A が C を経て B に影響する心理プロセスが見られた」と言えます。この直接的な影響力のことを「直接効果」,第 3 の変数を経る間接的な影響を「間接効果」と呼びます。

　間接効果が有意に見られるか否かを検証する検定方法があります。ソーベル法（Sobel's test）とブートストラップ法（Bootstrap method）です。この 2 つは,データの合計数（N）によってどちらを用いるかが変わります。データ数が 200 以上の場合にはソーベル法,200 以下であればブートストラップ法を用います。どちらの方法でも有意であった場合,間接効果が見られたと言えます。有意でなければ,効果があったとは言えません。

サンプルデータ

　媒介分析のデータは,例として上述した楽観主義と先延ばし傾向,試験の成績に関するものです。媒介分析では,まず,偏相関分析（第 10 章第 3 節）と同じように,変数間の相関関係を確認します。3 つの変数間に有意な相関関係が見られなければ,そもそも媒介分析を実施することはできません。その後,楽観主義と試験の成績の関係が先延ばし傾向によって媒介されるかどうかを調べます。もし楽観主義と試験の成績の間に有意な関連があり,先延ばし傾向を投入することでその関係が有意ではなくなったら,楽観主義と試験の成績の関係は先延ばし傾向によって媒介される,とみなすことができます。そのため,楽観主義を独立変数,試験の成績を従属変数,そして先延ばし傾向を媒介変数とした媒介分析を行います。間接効果の検証には推測統計が用いられます。推測統計は仮説を検証する分析方法です。そのため,次の仮説を立て,検証することにします。

仮説:「楽観主義と試験の成績の関連は,先延ばし傾向によって媒介されるだろう。」

　○使用するサンプルデータ:「媒介分析」シート
　※データは著者が作成した架空のものです。分析結果を信用しないようにして下さい。

---

11) この現象は,2 つの変数間の相関関係が,第 3 の変数によって統制された,と言い換えることもできます。
12) ここでは分かりやすさを重視してあたかも因果関係（原因と結果）があるように表現していますが,媒介分析もあくまで相関関係を調べているにすぎません。そのため,媒介関係が見られたからといって因果関係は特定されません。

分析方法

1 「使用変数」をクリックする。

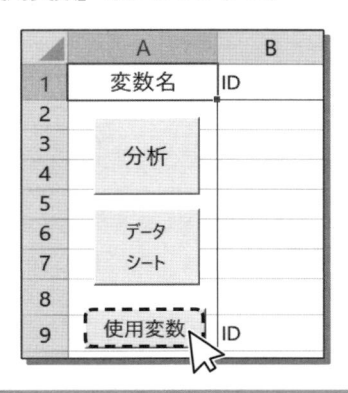

2 使用する変数をドラッグしながら選択し，「追加→」をクリックする。

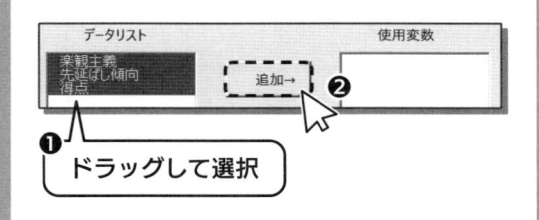

3 使用する変数が「使用変数」の欄に移動したことを確認したら，「OK」をクリックする。

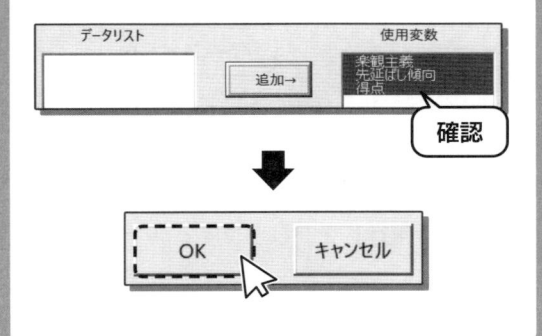

4 【相関係数を算出する】「分析」をクリックする。

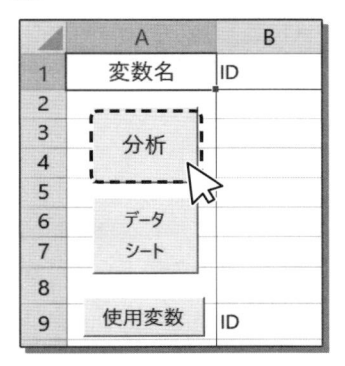

5 「相関分析」をチェックし，「OK」をクリックする。

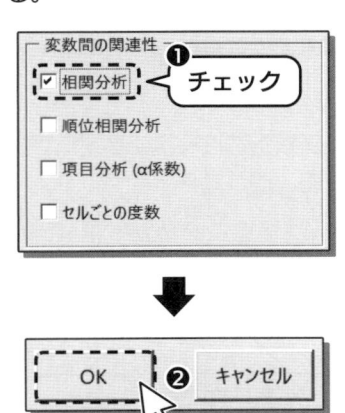

6 【媒介分析を行う】「モデリング」シートをクリックして，「回帰分析」をチェックする。

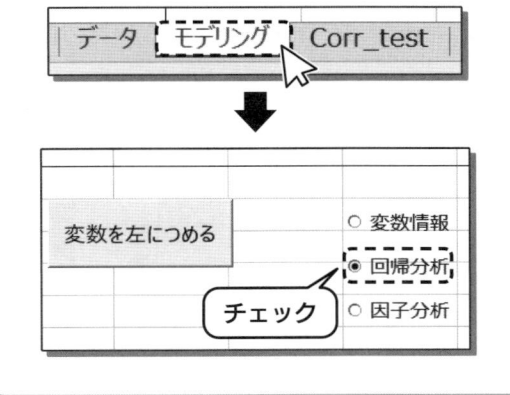

7 「Corr_test」シートに相関表が表示される。

相関分析			
	楽観主義	先延ばし傾向 得点	
楽観主義	1.000		
先延ばし傾向	.706 **	1.000	
得点	-.584 **	-.796 **	1.000

** $p < .01$, * $p < .05$, + $p < .10$

8 「モデル保存」の右の「回帰分析」にチェックが入っていることを確認する。チェックされていない場合は選択する。

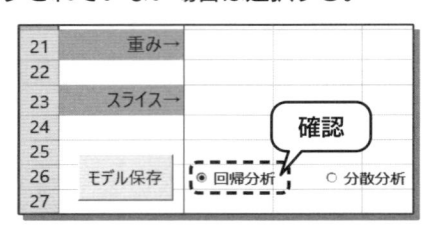

9 従属変数（目的変数＝従属変数，今回は「得点」）を選択し，「目的変数を投入」をクリックする。

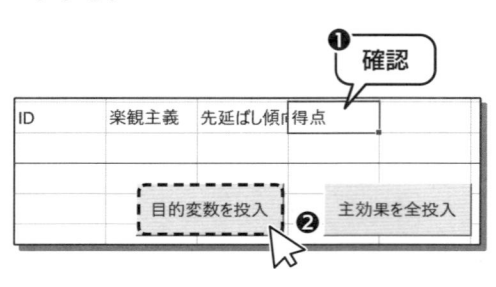

10 媒介変数（今回は「先延ばし傾向」）⇒ 独立変数（今回は「楽観主義」）の順番で「モデル→」の右のセルにコピペする。

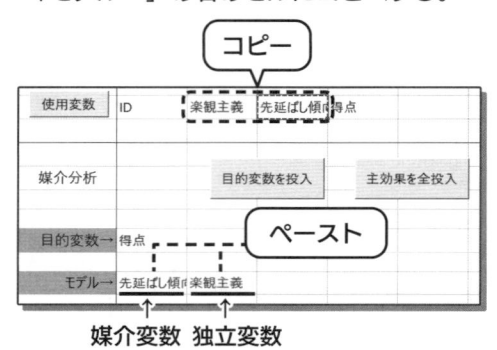

媒介変数 独立変数

11 左下（オプションの真下）の「媒介分析」をチェックする。

□ ステップワイズ	□ 各ステップを出力しない	□ 判別分析
☑ 媒介分析		□ 多変量回帰分析

チェック

12 「分析実行」をクリックする。

オプション　　　分析実行

13 「Medi」シートが表示される。

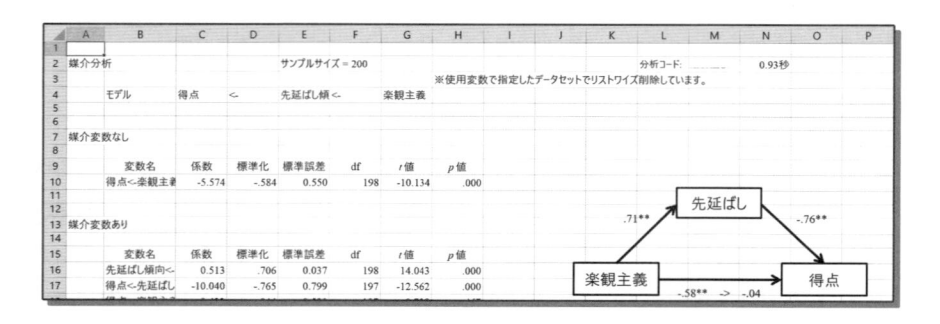

分析結果のまとめ方

まずは相関分析で相関関係があるか否かを調べる（「Corr_test」シート）

▶相関分析

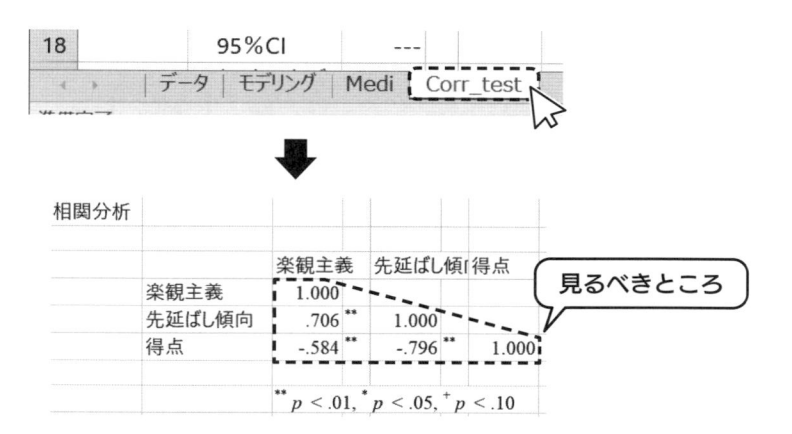

もし変数間のどこかに有意な関連が見られなかった場合，媒介分析を行うことはできません。

次に媒介分析の結果を見る（「Medi」シート）

▶媒介分析

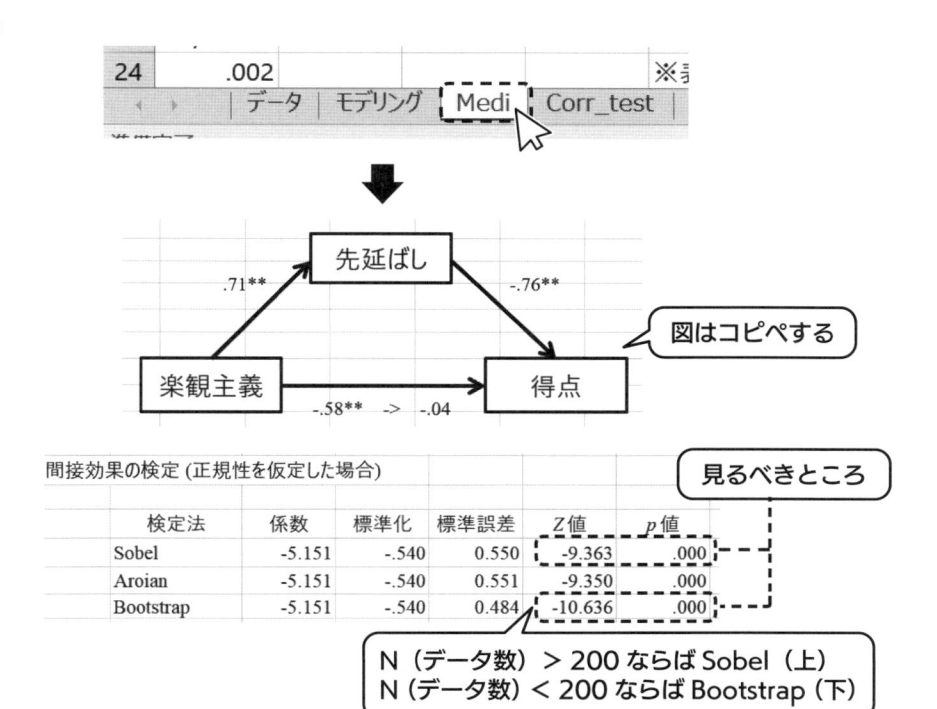

検定統計量のまとめ方

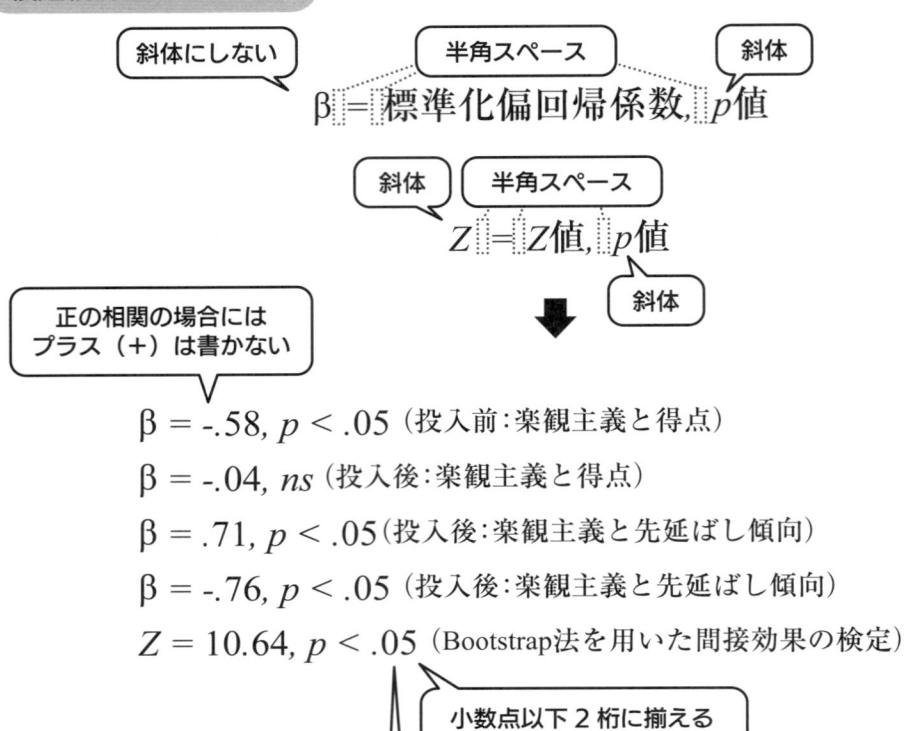

$\beta = -.58,\ p < .05$ （投入前：楽観主義と得点）

$\beta = -.04,\ ns$ （投入後：楽観主義と得点）

$\beta = .71,\ p < .05$（投入後：楽観主義と先延ばし傾向）

$\beta = -.76,\ p < .05$ （投入後：楽観主義と先延ばし傾向）

$Z = 10.64,\ p < .05$ （Bootstrap法を用いた間接効果の検定）

図の作成方法

1 図中に表示が見切れている変数名や数値がある場合，テキストボックスの幅を調整する。今回は，「先延ばし傾向」のテキストボックスの大きさを調整する。

2 ホームタブの編集メニューにある「検索と選択」をクリックする。

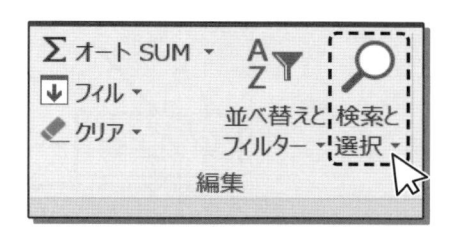

3 「オブジェクトの選択」を選択する（ポインタが矢印になる）。

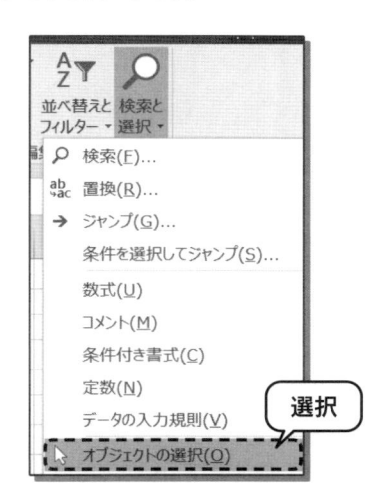

4 媒介分析のパス図を全て選択する。

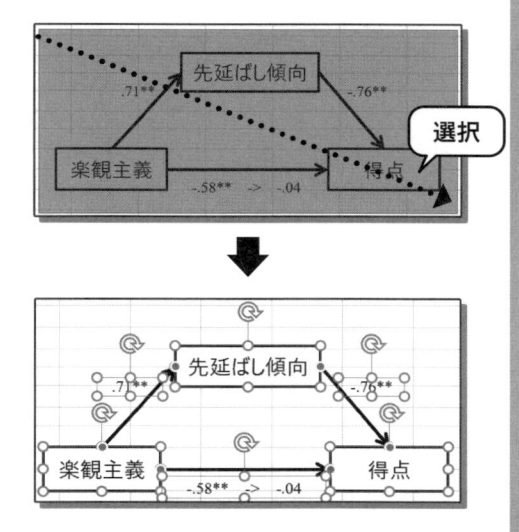

5 図が全て選択された状態でコピーする。

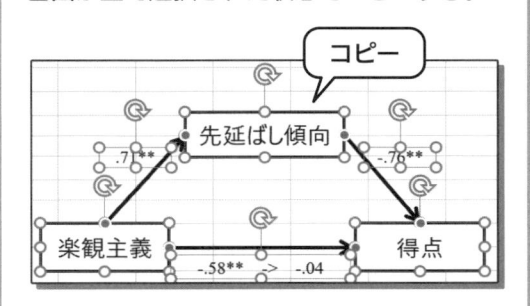

6 Word に「図」で貼り付ける。

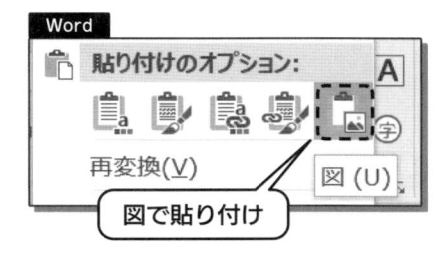

❼ タイトルを入力する。まず "Figure ?"（? には図番号が入る）と入力し，改行してからタイトルを入力する。

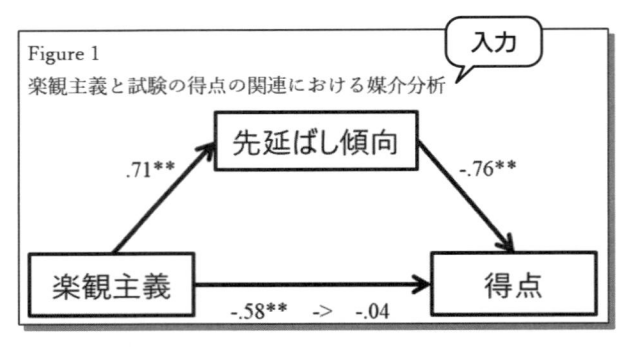

❽ HAD に戻り，「検索と選択」から「オブジェクトの選択」をクリックして，ポインタを元に戻す。

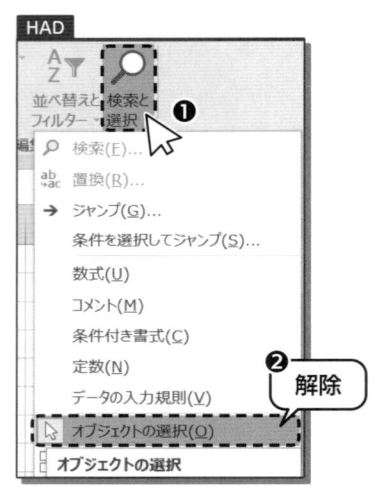

❾ 図の下にある p 値のセルをコピーする。

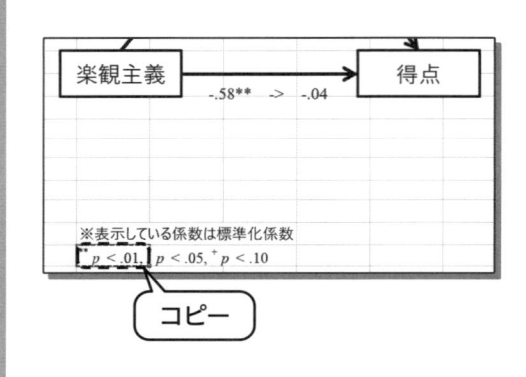

❿ 図の下に貼り付ける。

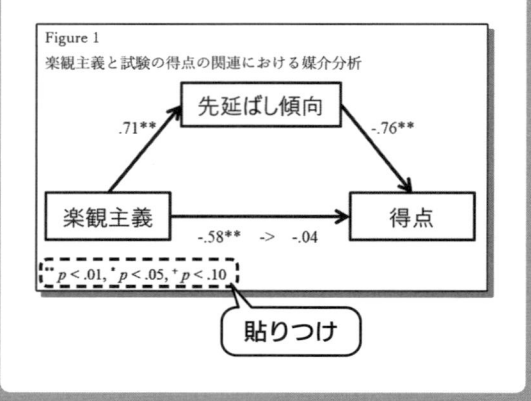

分析結果の書き方

仮説：「楽観主義と試験の成績の関連は，先延ばし傾向によって媒介されるだろう。」

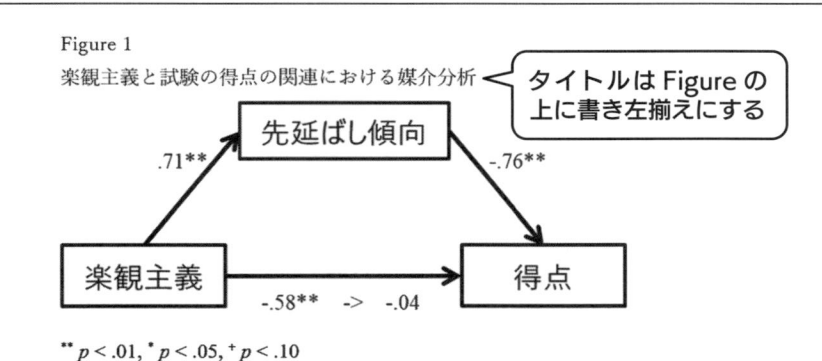

Figure 1
楽観主義と試験の得点の関連における媒介分析

> タイトルは Figure の上に書き左揃えにする

$^{**} p < .01, {}^* p < .05, {}^+ p < .10$

【完全媒介の場合】

　媒介分析の結果を Figure 1 に示す。楽観主義と試験の得点の関連において先延ばし傾向が媒介されるか否かを検討した。その結果，楽観主義と試験の得点の関連は，先延ばし傾向を投入することによって有意ではなくなった（投入前：β = -.58, *p* < .05, 投入後：β = -.04, *ns*）。そして，Bootstrap 法を用いた間接効果の検定の結果，先延ばし傾向の間接効果は有意であった（*Z* = 10.64, *p* < .05）。すなわち，楽観主義と試験の得点の関連は先延ばし傾向によって完全に媒介されていた。以上より，仮説は支持された。

【部分媒介の場合】

　媒介分析の結果を Figure 1 に示す。楽観主義と試験の得点の関連において先延ばし傾向が媒介されるか否かを検討した。その結果，楽観主義と試験の得点の関連は，先延ばし傾向を投入すると，数値は下がったが有意なままであった（投入前：β = -.58, *p* < .05, 投入後：β = -.24, *p* < .05）。そして，Bootstrap 法を用いた間接効果の検定の結果，先延ばし傾向の間接効果は有意であった（*Z* = 3.24, *p* < .05）。すなわち，楽観主義と試験の得点の関連は先延ばし傾向によって部分的に媒介されていた。以上より，仮説は支持された。

【媒介効果が有意ではなかった場合】

　媒介分析の結果を Figure 1 に示す。楽観主義と試験の得点の関連において先延ばし傾向が媒介されるか否かを検討した。その結果，楽観主義と試験の得点の関連は，先延ばし傾向を投入しても，有意なままであった（投入前：β = -.58, *p* < .05, 投入後：β = -.56, *p* < .05）。そして，Bootstrap 法を用いた間接効果の検定の結果，先延ばし傾向の間接効果は有意ではなかった（*Z* = 0.64, *ns*）。よって，楽観主義と試験の得点の関連は先延ばし傾向によって媒介されるとは言えなかった。以上より，仮説は支持されなかった。

第13章
因子分析

　因子分析は，心理尺度を用いて測定したデータにひそんでいる，1つまたは複数の「**因子**」を見つけるために行う分析方法です。心理尺度は1つの「心」（構成概念）を測定するために作られています。しかし，その心に複数の側面が存在する場合があります。例えば，気分（中長期的にゆるやかに持続する感情）を測定すると，良い気分と悪い気分に分けることができます。このように1つの構成概念に含まれる複数の側面のことを下位概念と呼びます。因子分析では，この下位概念がいくつ含まれているのかを明らかにすることができます。また，心理尺度はその時代やサンプルによって先行研究とは異なる結果が得られることがあります。例えば，ある心理尺度が先行研究では1因子であることが示されていたのに，測定してみると2因子になることもあります。このとき，信頼性分析（第10章参照）のα係数の値は低くなります。α係数が低い時にも因子分析を用いて，先行研究で見られた因子数（因子構造と呼びます）とどのように違うのかを検討します。

　因子分析は，因子の見つけ方（抽出法と呼びます）や回転（第1節参照）などを含め，様々な方法が開発されています。これらの方法について本章ではくわしく説明しません。本章では，最もよく使われる因子分析と，近年使われることが多くなってきた確認的（確証的）因子分析を紹介します[1]。

　因子分析は，推測統計とは異なり，分析者の判断が求められる分析方法です。最終的にどの因子構造を採用するか，得られた因子をどのような概念と解釈し，いかに名付けるかは分析者に委ねられるからです。そのため，因子分析は，1つの因子構造だけを検証して終わるのではなく，様々な因子構造を検証してみて，最も妥当な解釈ができるものを選択する作業が必要です。

---

1) HAD では，本章で紹介する方法以外にも「主成分分析」を行うこともできます。やり方は簡単で，因子分析のように変数を選択し，因子分析の「主成分法」というボタンをクリックすれば結果を得ることができます。主成分分析は，とてもざっくり説明すると，データそのものの情報を元に因子を決定する方法です。かつて SPSS では主成分分析がデフォルトで設定されていたため，因子分析と言えば主成分法が用いられていました。しかし，心理学で扱われるデータ，特に1つの共通する構成概念を測定していると仮定される心理尺度を用いる場合には因子分析の方が適切であるため，近年では主成分分析はあまり用いられない傾向にあります。ただし，単位が異なる変数同士をまとめることができるなどの利点もあるため，因子にまとめる対象の性質を見極めた上で使用すると良いでしょう。

第 1 節　因子分析 ⋯⋯⋯⋯⋯⋯⋯⋯⋯⋯⋯⋯⋯⋯⋯⋯⋯⋯⋯⋯⋯⋯⋯⋯⋯

　第 11 章では，分析の下ごしらえとして，まず信頼性分析を行うと述べました。α の値が 0.70 以上あれば，心理尺度の質問項目を尺度得点としてまとめることができます。もし 0.70 に満たなかった場合，どうすればいいでしょうか。そこで用いられるのが**因子分析**です。因子分析は，心理尺度で測定した「心」（構成概念）がいくつの下位概念に分けられるかを明らかにすることができます。信頼性分析で測定された心理が 1 つでないことが分かったら，次は因子分析でいくつの心理が隠されているかを調べます。このとき，目指していた「心」の測定ができていない項目を見つけて分析から外すことにも役立ちます。

　それ以外にも，因子分析は仮説検証に使われます。因子分析の基本的な考え方は，いくつの因子が見出されるかについての仮説（モデル）を立てて，その仮説にデータがどれくらい当てはまるかを調べます。ここで述べる「因子」とは「心」のことです。先行研究ですでに因子の数が報告されていたり，尺度を作成するときにあらかじめ因子の数（因子構造）を想定していたりする場合に使います。そのため，分析の際には，「3 因子構造になるだろう」というように，因子数に関する仮説を立てます。推測統計と異なるのは，p 値のような，仮説検証の基準となる値がないということです。そのため，どの因子構造が当てはまるかは，分析者が判断することになります。

　因子分析および第 2 節の確認的因子分析のイメージはジグソーパズルです。最後の 1 ピースのスペースにいくつものピースを当てて，どれくらい当てはまるかを調べるということです。この場合，スペースがモデルで，ピースがデータということになります。

　また，因子構造に関する仮説とは異なる結果が得られた場合，どのような因子構造が最もよく当てはまるのかを探す際にも使用します。例えば，あらかじめ因子数を予測して作った心理尺度のデータを調べるときです。実際に仮説通りに項目が因子に含まれるかどうか，また，因子に含まれない項目を見つけ，その項目を削除すると仮説通りになるかどうかなど，項目を入れたり出したりしながら，最も適切なモデルを探すために使います。そのため，確認的因子分析（第 2 節）で，先行研究と同様の結果が得られなかったときにも使用します。確認的因子分析を行うと，尺度に含まれる項目が先行研究で報告されたものと一致しないことがあります。その場合，因子分析を行って，実際に得られたデータが先行研究の因子数に本当に当てはまるかどうかを調べます。様々な因子構造を試した上で，最も当てはまりの良いモデルを選びます。

　因子分析では回転とモデル検証が行われます。**回転**とは因子の解釈をしやすくするために行われる方法です。ちょうど，ピースを当てはめようとしたときに向きを変えると当てはまる，というイメージです。回転にはいくつも種類がありますが，主に使われるのは**プロマックス回転**（斜交回転）と**バリマックス回転**（直交回転）です。どちらを用いるかは因子同士に相関があると予測されるか否かで決まります。因子同士に相関があると考える

場合にはプロマックス回転, 相関がないと考える場合にはバリマックス回転を採用します。ただし, 著者の経験上, まずはプロマックス回転を設定することが多いです。

　因子の数を特定するために, **スクリープロット**（Figure 1）という折れ線グラフのような図を見ます。スクリープロットには, 折れ線がいきなり「ガクンと下がる」ところがあります。横軸は因子数になっているため, その「ガクンと下がる」ところの因子数が, 予測される因子の数になります。「ガクンと下がる」ことが意味するのは, 固有値が下がることです。縦軸の固有値は「その因子にいくつの質問項目が含まれるか」を示した値だと考えると分かりやすいでしょう（正確には各因子が説明する分散）。そのため, 固有値が 1 以下になると, その因子には 1 項目も含まれないことになり, 因子として成り立ちません。この固有値 1 以下の部分がスクリープロットの「ガクンと下がる」ところに当たります。スクリープロットには「ガクンと下がる」ポイントが複数あることがあります。これは, 複数の因子構造が予測されることを意味します（例えば, 2 因子構造にもなれば 4 因子構造にもなる）。それぞれの「ガクンと下がる」因子数を指定して因子分析をしてみましょう。

　HAD では, 因子分析を行うと**適合度**も一緒に算出されます。これはモデル検証に使う値です。モデル検証は, あらかじめ立てたモデルにどの程度当てはまるかを調べることです。検証には複数の基準があり, 全ての基準を満たすとモデルの当てはまりが非常に良いと判断されます。HAD で算出される適合度の中で, よく用いられるのは χ^2 値, CFI, RMSEA です。特に, 因子分析の場合, いくつかのモデルを立てて, どのモデルが最もよく当てはまるかを調べることがあります。また, 確認的因子分析で先行研究と異なる結果が得られたときには, 何因子になるのか, どの項目を削除するのかなど, 試行錯誤が必要となります。モデル比較を行う場合は, 先ほどのモデル検証の基準に加えて, AIC や BIC という値を参照します。AIC と BIC の値を比較して最も低いものを採用します。

Figure 1
スクリープロット

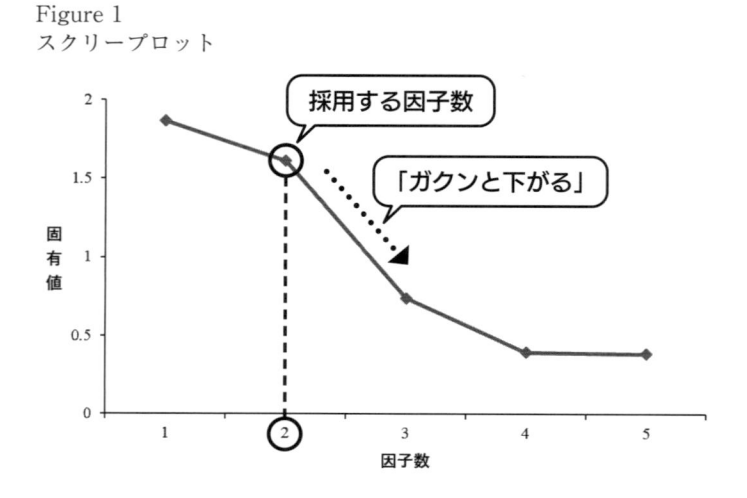

サンプルデータ

　因子分析のサンプルデータは，「？？尺度」という仮想の心理尺度を測定した 200 名の調査データです。15 項目あり，3 つの下位概念に分かれることを想定して作成されました。因子分析は推測統計ではありませんが，因子構造の仮説を立てます。そのため，今回は，以下の仮説を立てました。

仮説：「？？尺度は，3 因子構造になるだろう。」

○**使用するサンプルデータ**：「因子分析（因子・確認的）」シート

※データは著者が作成した架空のものです。分析結果を信用しないようにして下さい。

分析方法

1「使用変数」をクリックする。

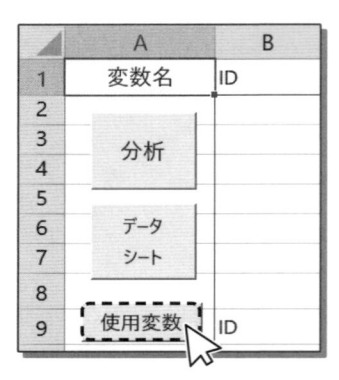

2 使用する変数をドラッグしながら選択し，「追加→」をクリックする。

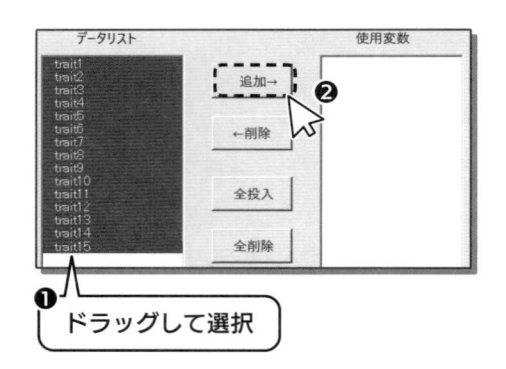

ドラッグして選択

3 使用する変数が「使用変数」の欄に移動したことを確認したら，「OK」をクリックする。

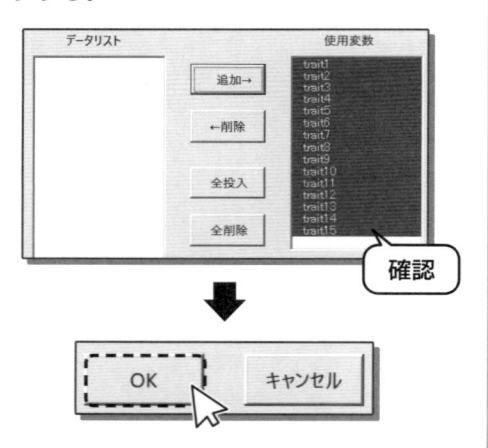

4「因子分析」をチェックする。

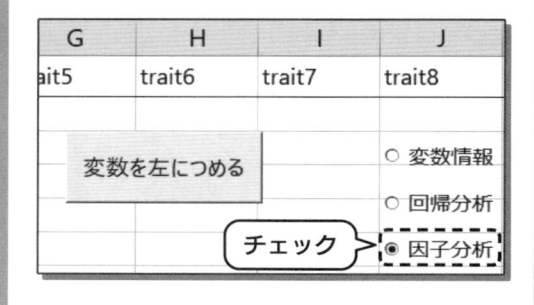

5「スクリープロット」をクリックする。

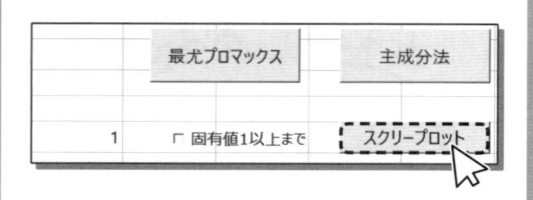

6「Scree」シートをクリックする。

7 スクリープロットを見て，固有値がガクンと下がる前の「因子数」から，因子数を確認する。

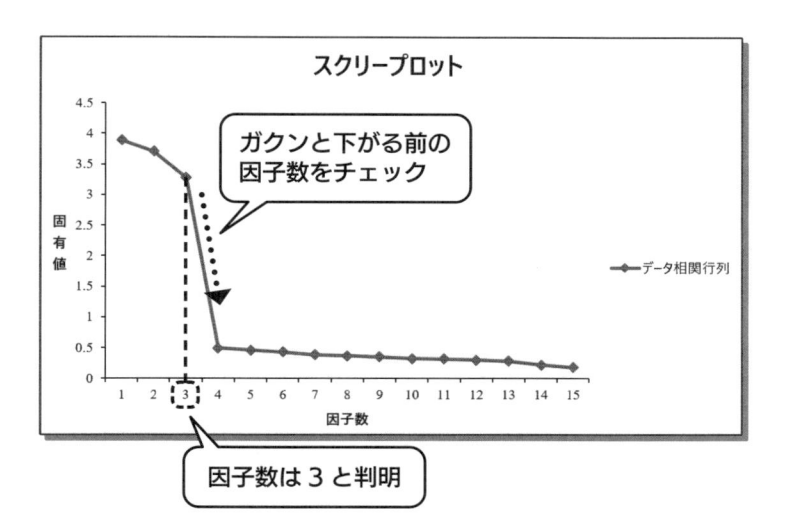

8 「モデリング」シートをクリックする。

9 「因子数→」の右のセルに先ほど確認した因子数を入力する。

10 抽出法が「最尤法」²⁾，回転法が「斜交回転」³⁾であることを確認する（斜交回転：プロマックス回転，直交回転：バリマックス回転）。

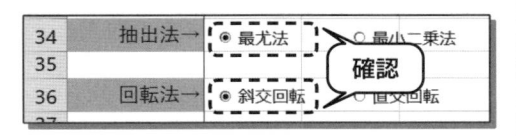

11 「尺度得点」をチェックする⁴⁾。

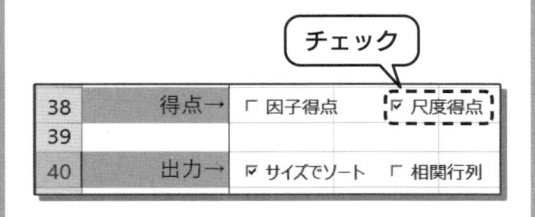

---

2) HAD の開発者である関西学院大学の清水先生の HP では，因子分析を行うとき，サンプルサイズが小さい場合には，因子抽出法として最尤法は適切でないと述べられています。その代わり，一般化した最小二乗法が適切であり，不適解が出た場合には反復因子法（初期値を 100 くらいまで上げる）を実行することを勧めています（https://norimune.net/705）。

3) 因子間の関連がない（因子間相関が有意ではない）と予測される場合には，バリマックス回転を選択してください。

4) 尺度得点をチェックすると，因子分析で得られた結果を元に，各因子に含まれる質問項目の平均値を算出した尺度得点が自動的に「ScoreF」シートに表示されます。その際，13 で操作したように逆転項目は処理された上で尺度得点が算出されます。因子分析をするだけでなく，逆転項目の処理までやって尺度得点を出してくれる，そんな至れり尽くせりな解析ソフトが HAD なのです。

⓬「分析実行」をクリックする。

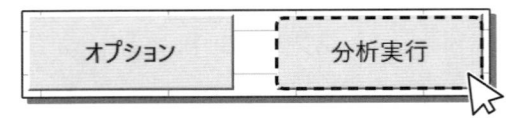

⓭【逆転項目の処理】逆転項目がある場合，「分析実行」をクリックした後，尺度平均値を計算するためのテーブルが出てくる。この場合，尺度得点の最大値＋1の数値を「固定値」に入力して，「OK」をクリックする。

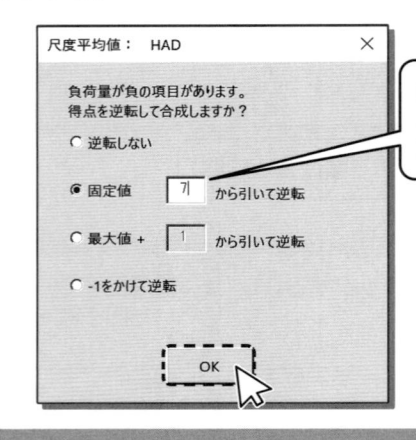

最大値＋1の値を入力
（この場合，6点尺度のため，6 + 1 = 7）

分析結果の見方

スクリープロット（「Scree」シート）

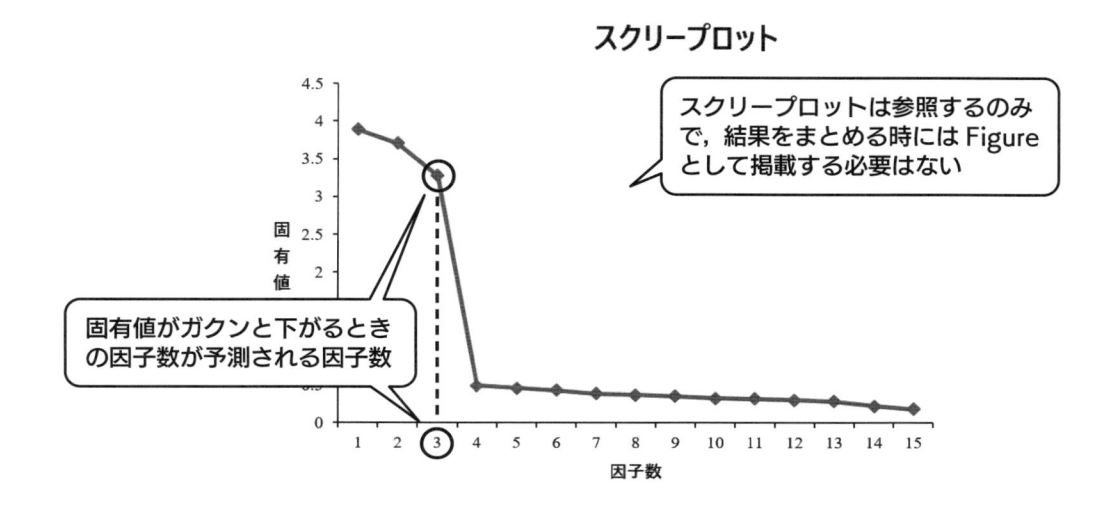

スクリープロット

スクリープロットは参照するのみで，結果をまとめる時には Figure として掲載する必要はない

固有値がガクンと下がるときの因子数が予測される因子数

因子分析

▶ 「Factor」シートの解説

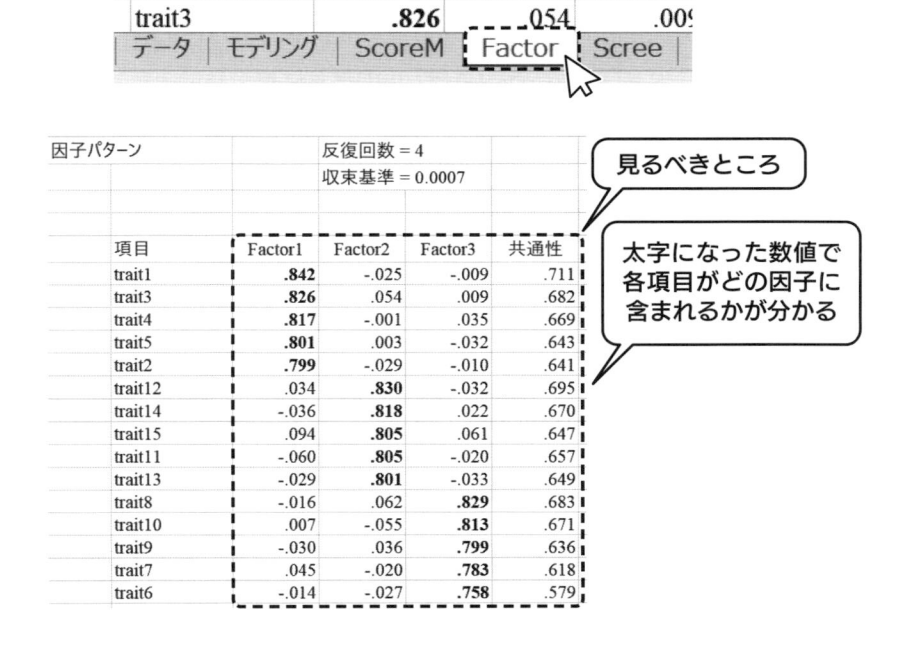

見るべきところ

太字になった数値で各項目がどの因子に含まれるかが分かる

因子パターン　　　　　反復回数 = 4
　　　　　　　　　　　収束基準 = 0.0007

項目	Factor1	Factor2	Factor3	共通性
trait1	**.842**	-.025	-.009	.711
trait3	**.826**	.054	.009	.682
trait4	**.817**	-.001	.035	.669
trait5	**.801**	.003	-.032	.643
trait2	**.799**	-.029	-.010	.641
trait12	.034	**.830**	-.032	.695
trait14	-.036	**.818**	.022	.670
trait15	.094	**.805**	.061	.647
trait11	-.060	**.805**	-.020	.657
trait13	-.029	**.801**	-.033	.649
trait8	-.016	.062	**.829**	.683
trait10	.007	-.055	**.813**	.671
trait9	-.030	.036	**.799**	.636
trait7	.045	-.020	**.783**	.618
trait6	-.014	-.027	**.758**	.579

▶因子負荷量の見方 [5]

因子パターン		反復回数 = 4		
		収束基準 = 0.0007		
項目	Factor1	Factor2	Factor3	共通性
trait1	**.842**	-.025	-.009	.711
trait3	**.826**	.054	.009	.682
trait4	**.817**	-.001	.035	.669
trait5	**.801**	.003	-.032	.643
trait2	**.799**	-.029	-.010	.641
trait12	.034	**.830**	-.032	.695
trait14	-.036	**.818**	.022	.670
trait15	.094	**.805**	.061	.647
trait11	-.060	**.805**	-.020	.657
trait13	-.029	**.801**	-.033	.649
trait8	-.016	.062	**.829**	.683
trait10	.007	-.055	**.813**	.671
trait9	.030	.036	**.799**	.636
trait7	.045	-.020	**.783**	.618
trait6	-.014	-.027	**.758**	.579

第1因子 → trait1, trait3, trait4, trait5, trait2
第2因子 → trait12, trait14, trait15, trait11, trait13
第3因子 → trait8, trait10, trait9, trait7, trait6

モデルの適合度

適合度					見るべきところ
	乖離度 =	0.386	CFI =	.992	
	χ^2値 =	73.731	RMSEA =	.033	
	DF =	63	AIC =	160.752	
	p =	.167	BIC =	299.282	

適合度を判断する指標 [6]

- χ^2 値と p 値：p 値が **0.05 以上**（非有意）でモデルの当てはまりが良い [7]。
- CFI（Comparative Fit Index）：**0.95 以上**の値でモデルの当てはまりが良い。
- RMSEA（Root Mean Square Error of Approximation）：**0.05 以下**であればモデルの当てはまりが良く，0.10 以上であればモデルの適合は良くない。
- AIC（Akaike's Information Criterion）と BIC（Bayesian Information Criterion）：複数のモデルを比較し，最も良い適合度のモデルを探す際に使う指標。**数値が低い**ほど，より良い適合のモデルとみなされる。

信頼性分析

信頼性係数　※α係数とω係数は太字の項目から計算（負荷量が負のものは逆転）

	Factor1	Factor2	Factor3	見るべきところ
α係数	.909	.906	.896	
ω係数	.910	.908	.898	
因子得点	.910	.906	.898	

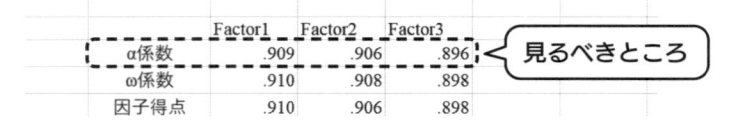

---

5) 因子負荷量とは，測定項目と潜在変数との関連の強さを表す値です。簡単に言い換えると，想定される因子との仲良し度（相関）です。因子負荷量の値が高いほど，そのグループ（因子）にどっぷりつかっているとイメージしてください。相関なので値がマイナス（負）になることもあります。この場合，その因子のことが好きなのにツンデレを発動させていると考えてください。逆転させれば素直になります。

6) 本書では，学術論文で掲載されることが少ない乖離度の説明は割愛します。

因子間相関

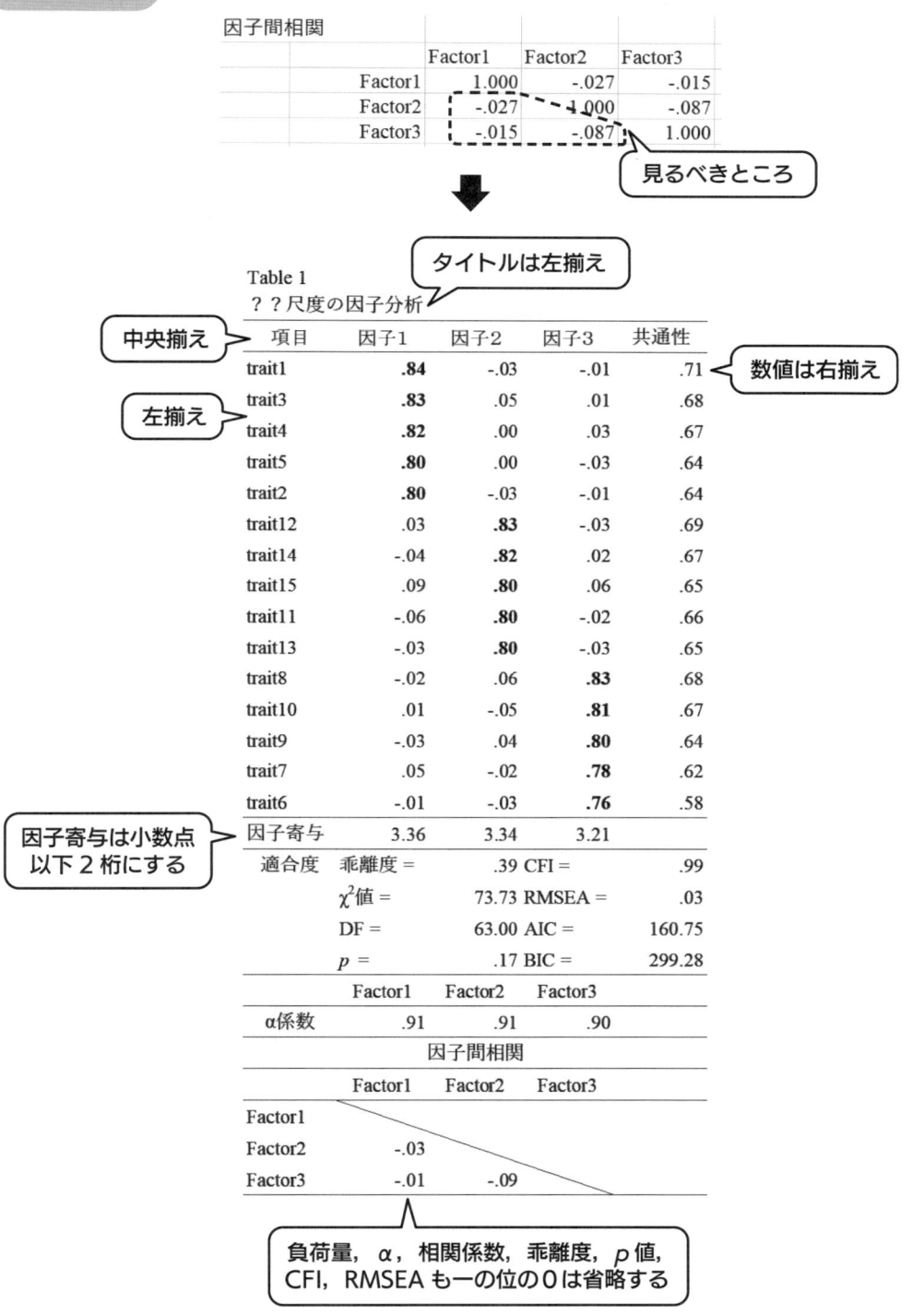

因子間相関

	Factor1	Factor2	Factor3
Factor1	1.000	-.027	-.015
Factor2	-.027	1.000	-.087
Factor3	-.015	-.087	1.000

見るべきところ

タイトルは左揃え

Table 1
？？尺度の因子分析

中央揃え

左揃え

数値は右揃え

項目	因子1	因子2	因子3	共通性
trait1	**.84**	-.03	-.01	.71
trait3	**.83**	.05	.01	.68
trait4	**.82**	.00	.03	.67
trait5	**.80**	.00	-.03	.64
trait2	**.80**	-.03	-.01	.64
trait12	.03	**.83**	-.03	.69
trait14	-.04	**.82**	.02	.67
trait15	.09	**.80**	.06	.65
trait11	-.06	**.80**	-.02	.66
trait13	-.03	**.80**	-.03	.65
trait8	-.02	.06	**.83**	.68
trait10	.01	-.05	**.81**	.67
trait9	-.03	.04	**.80**	.64
trait7	.05	-.02	**.78**	.62
trait6	-.01	-.03	**.76**	.58
因子寄与	3.36	3.34	3.21	

因子寄与は小数点以下2桁にする

適合度	乖離度 =		.39	CFI =		.99
	χ^2値 =		73.73	RMSEA =		.03
	DF =		63.00	AIC =		160.75
	p =		.17	BIC =		299.28

	Factor1	Factor2	Factor3
α係数	.91	.91	.90

因子間相関

	Factor1	Factor2	Factor3
Factor1			
Factor2	-.03		
Factor3	-.01	-.09	

負荷量，α，相関係数，乖離度，*p* 値，CFI，RMSEA も一の位の0は省略する

7）カイ二乗値は，順位和相関分析における正規分布の検定（第10章第2節）と同様に，仮説として立てた因子構造とデータが当てはまるかどうかについて*p*値を用いて判断します。そのため，有意差があることは因子構造とデータの間に差があるとみなされるため，有意差が見られないときにデータの当てはまりが良いと判断されます。

尺度得点をデータに加える

HADでは「尺度得点」をチェックを入れて分析を実行すると，結果に基づいて各因子を構成する項目の平均値（尺度得点）が自動的に算出されます。算出された尺度得点を分析に使用する際には，データセットに追加しましょう。

---

❶「ScoreM」シートをクリックする。

❷尺度得点の列を選択する。

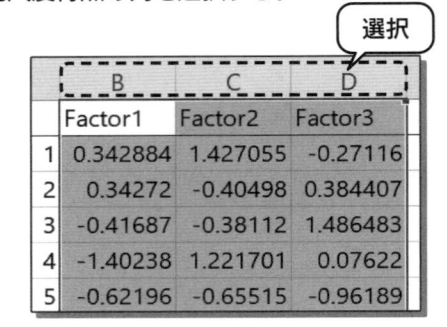

選択

	B	C	D
	Factor1	Factor2	Factor3
1	0.342884	1.427055	-0.27116
2	0.34272	-0.40498	0.384407
3	-0.41687	-0.38112	1.486483
4	-1.40238	1.221701	0.07622
5	-0.62196	-0.65515	-0.96189

❸右クリックして，「変数をデータセットに追加」をクリックする。

右クリックして選択

❹データセットのデータの一番右端を見て，変数が追加されていることを確認する。

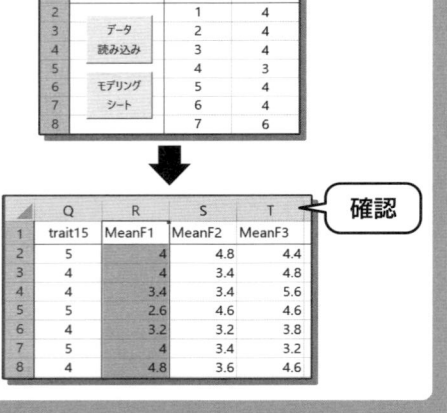

確認

❺変数名を変更する（変数名は因子の概念の名前）。

Factor1 → 因子1
Factor2 → 因子2
Factor3 → 因子3

因子1	因子2	因子3
0.342884	1.427055	-0.27116
0.34272	-0.40498	0.384407
-0.41687	-0.38112	1.486483

❻「データ読み込み」をクリックする。

	A	B	C
1	変数名	ID	trait1
2		1	4
3	データ	2	4
4	読み込み	3	4

表の作成方法

❶ 因子負荷量と「因子寄与」「適合度」「α係数」まで含めて選択し，コピーする。

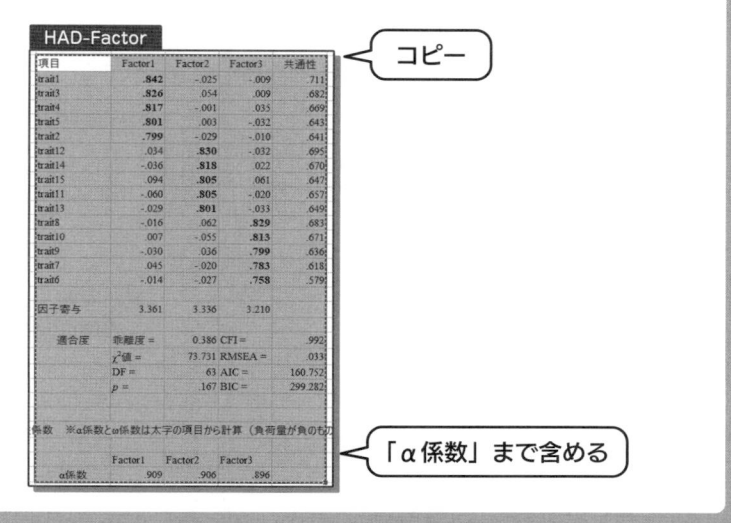

❷ 別に開いておいた Excel ファイルの B2 のセルに貼り付ける。

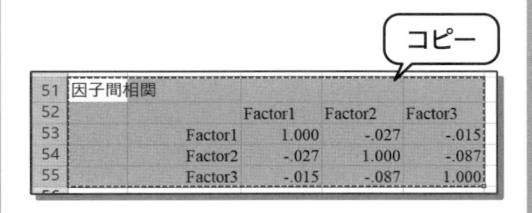

❸ 「Factor」シートに戻る。

❹ 因子間相関をコピーする。

51	因子間相関			
52		Factor1	Factor2	Factor3
53	Factor1	1.000	-.027	-.015
54	Factor2	-.027	1.000	-.087
55	Factor3	-.015	-.087	1.000

❺ 「α係数」の下に因子間相関を貼り付ける。このとき，α係数の「Factor1」と因子間相関の「Factor1」のセルの列を合わせる。

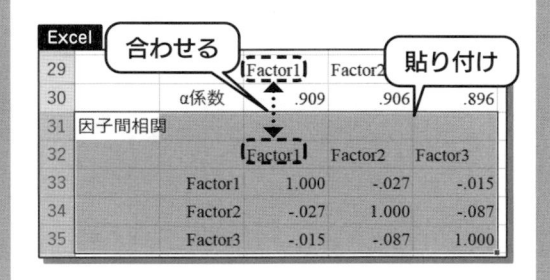

232

6「因子間相関」のセルを切り取り，右隣のセルに貼り付ける。

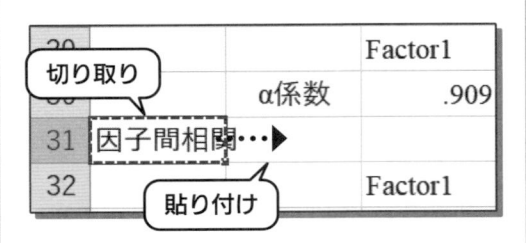

7因子間相関のセルを含めて表の端のセルまで選択し，「セルを結合して中央揃え」で結合させる。

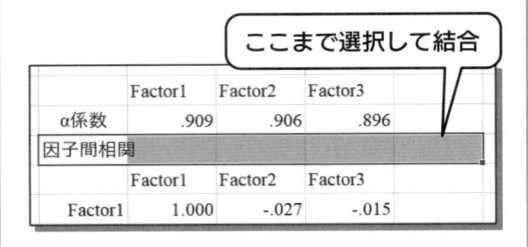

8適合度と因子間相関の間の行を選択して削除する。

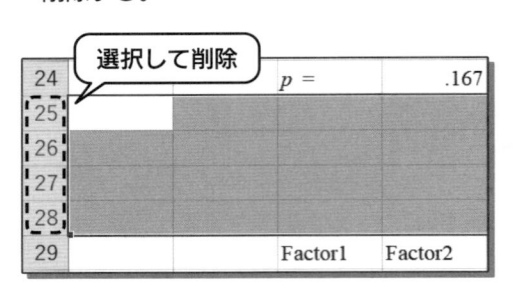

9因子寄与の上下の行を，Ctrl キーを押して同時選択し，削除する。

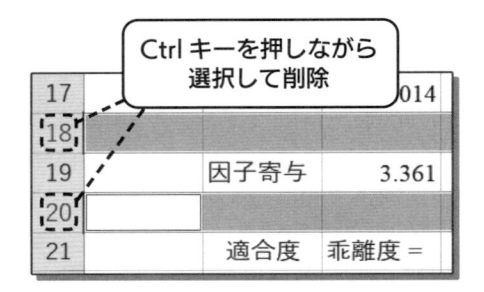

10変数名以下を選択し，数値を小数点以下2桁に揃える。

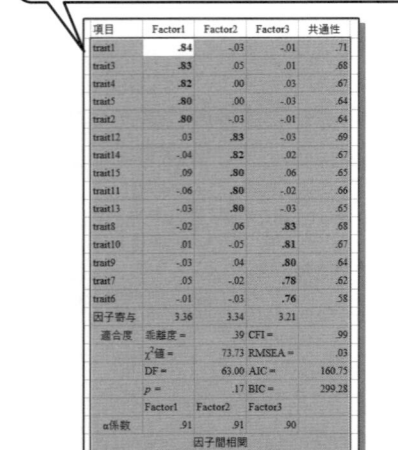

11適合度の自由度（DF）を選択し，数値メニューで「標準」を選択する（小数点以下を削除して整数にするため）。

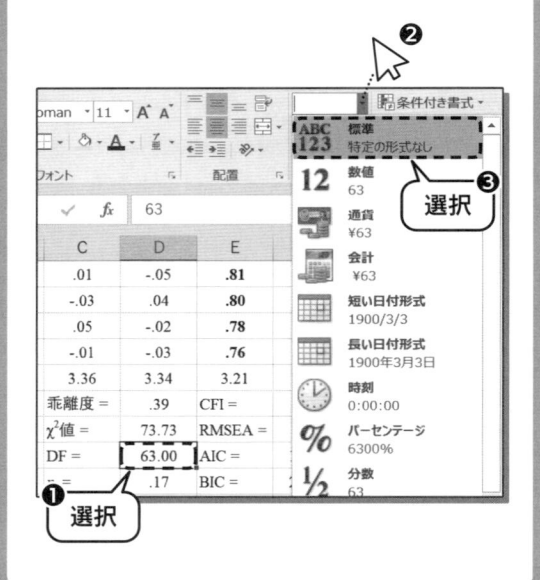

⓬α係数と因子間相関の Factor 1 〜 Factor 3 を，Ctrl キーを押しながら同時に選択し，中央揃えにする。

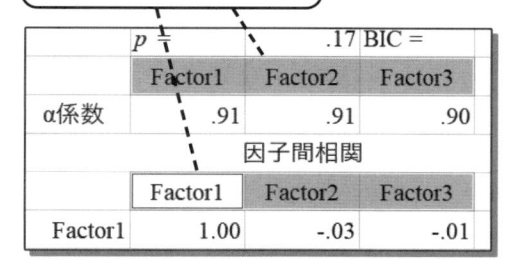

⓭因子間相関の右上の係数を，Ctrl キーを押しながら同時に選択して，削除する。

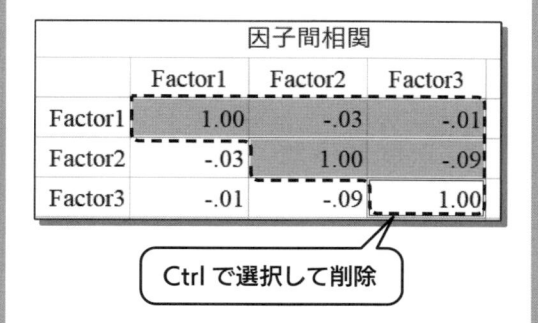

⓮同じ因子間相関のセルを，Ctrl キーを押しながら同時に選択する。

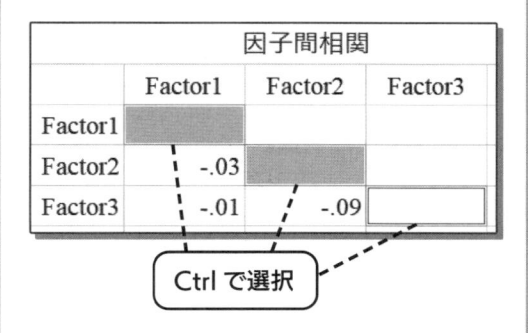

⓯罫線の「▼」をクリックして，一番下の「その他の罫線」を選択する。

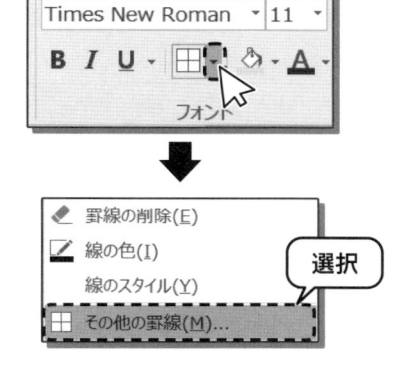

⓰罫線の「＼」をクリックして，「OK」をクリックする。

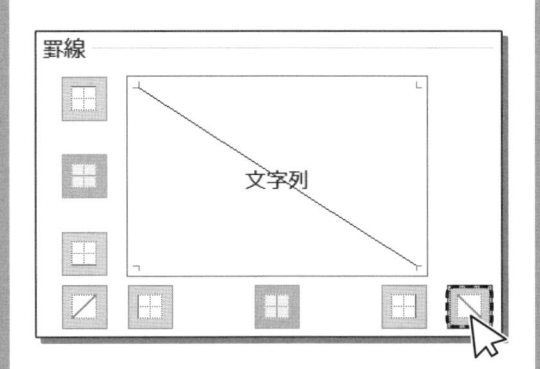

⓱ Factor の列を選択し，左揃えにする。

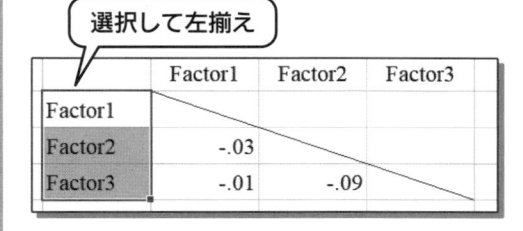

234

⓲表の一行目の「項目」のセルを選択し，中央揃えにする。

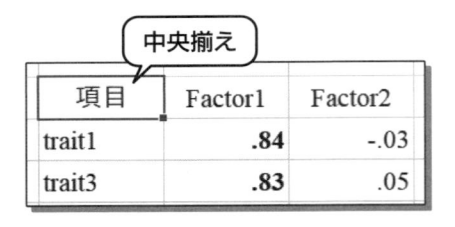

⓳因子名を変える。

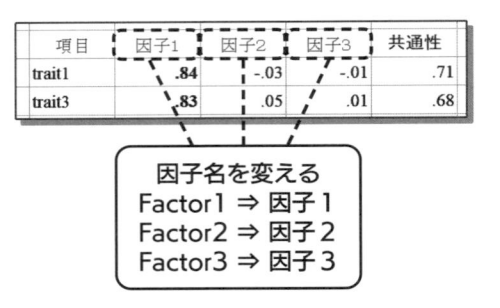

因子名を変える
Factor1 ⇒ 因子 1
Factor2 ⇒ 因子 2
Factor3 ⇒ 因子 3

⓴因子数のセルを選択する。

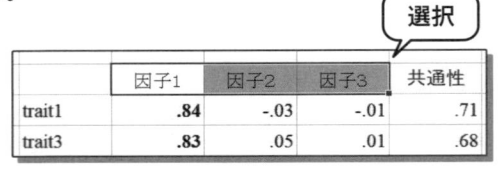

選択

㉑「罫線」→「上罫線＋下罫線」をクリックする。

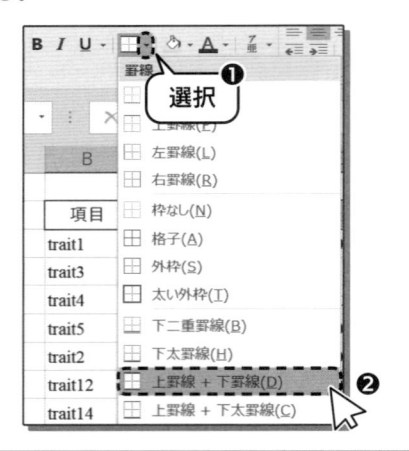

㉒表下の「因子寄与」「Factor」「因子間相関」「相関係数」の行を，Ctrl キーを押しながら同時に選択し，中央揃えにする。

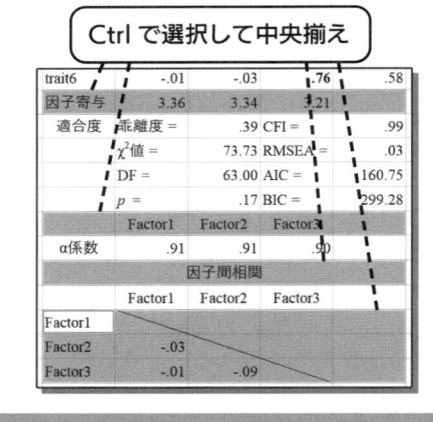

Ctrl で選択して中央揃え

㉓「上罫線＋下罫線」をクリックする。

ここから先の作業は，第 5 章第 1 節「表の作成方法」の⓭〜㉕と同じです。pp. 47-48 を参照してください。Table のタイトルは，「？？尺度の因子分析」です。

分析結果の書き方

仮説：「？？尺度は３因子構造になるだろう。」

Table 1
？？尺度の因子分析

項目	因子1	因子2	因子3	共通性
trait1	**.84**	-.03	-.01	.71
trait3	**.83**	.05	.01	.68
trait4	**.82**	.00	.03	.67
trait5	**.80**	.00	-.03	.64
trait2	**.80**	-.03	-.01	.64
trait12	.03	**.83**	-.03	.69
trait14	-.04	**.82**	.02	.67
trait15	.09	**.80**	.06	.65
trait11	-.06	**.80**	-.02	.66
trait13	-.03	**.80**	-.03	.65
trait8	-.02	.06	**.83**	.68
trait10	.01	-.05	**.81**	.67
trait9	-.03	.04	**.80**	.64
trait7	.05	-.02	**.78**	.62
trait6	-.01	-.03	**.76**	.58
因子寄与	3.36	3.34	3.21	

適合度	乖離度 =		.39	CFI =	.99
	χ^2値 =		73.73	RMSEA =	.03
	DF =		63.00	AIC =	160.75
	p =		.17	BIC =	299.28

	Factor1	Factor2	Factor3
α係数	.91	.91	.90

因子間相関

	Factor1	Factor2	Factor3
Factor1			
Factor2	-.03		
Factor3	-.01	-.09	

【因子分析および信頼性分析の内的一貫性が十分だった場合】

　因子分析の結果を Table 1 に示す。？？尺度の 15 項目における３因子構造モデルについて最尤法を用いた因子分析を行った。その結果，十分に良い適合度が得られたため（$\chi^2(63) = 73.73$, *ns*, CFI = .99, RMSEA = .03），仮説は支持された。各因子の信頼性係数は，第１因子（α = .91），第２因子（α = .91），第３因子（α = .90）であり，全ての因子において十分な内的一貫性が見られた。よって，第１因子を「因子１」，第２因子を「因子２」，第３因子を「因子３」と名付け，以下の分析に用いた。

> 因子の名称は，項目の内容を踏まえた上で分析者が命名する

【因子分析および信頼性分析の内的一貫性が不十分だった場合】

　因子分析の結果を Table 1 に示す。？？尺度の 15 項目における 3 因子構造モデルについて最尤法を用いた因子分析を行った。その結果，モデルへの当てはまりが良いとは言えなかったため（$\chi^2(63) = 173.73$, $p < .05$, CFI = .79, RMSEA = .13），仮説は支持されなかった。

【因子分析の結果が先行研究とは異なったため，モデルの比較を行った場合】

　？？尺度の 15 項目における 1 因子構造モデルについて最尤法を用いた因子分析を行った。その結果，モデルへの当てはまりが良いとは言えなかった（$\chi^2(90) = 1219.76$, $p < .05$, CFI = .69, RMSEA = .21, AIC = 1290.95, BIC = 1340.42）。そのため，2 因子構造および 3 因子構造について検討したところ，2 因子構造（$\chi^2(76) = 609.18$, $p < .05$, CFI = .69, RMSEA = .19, AIC = 689.94, BIC = 785.59）よりも 3 因子構造（$\chi^2(63) = 73.73$, ns, CFI = .99, RMSEA = .03, AIC = 160.75, BIC = 299.28）の当てはまりが良いことが示された。よって，本研究では 3 因子構造を採用し，第 1 因子を「因子 1」，第 2 因子を「因子 2」，第 3 因子を「因子 3」と名付け，以下の分析に用いた。

> AIC と BIC の数値が低い方が当てはまりが良いと言える

第2節　確認的（確証的）因子分析 ……………………………………

　確認的因子分析は因子分析を厳密に行う方法です。因子分析では因子数だけを予測しますが，確認的因子分析ではどの因子にどの項目が含まれるかまで予測したモデルを検証します。確認的因子分析は，特に先行研究で報告された尺度を用いたとき，今回のデータが報告されたモデルと全く同じ因子構造として再現されるかどうかを検証します。そのため，因子分析のときよりも多くの適合度指標（モデルがどの程度当てはまっているかを示す値）が算出されます。

　確認的因子分析は**共分散構造分析**（SEM：Structural Equation Modeling）を用いて行います。共分散構造分析とは，複数の心理変数の関係性を 1 つのモデルとしてまとめる方法です。この分析では，実際に測定したデータの変数だけではなく，データの背後にある潜在的な心理（潜在変数と呼びます）を仮定してモデルを作り，そのモデルが実際のデータにどれくらい当てはまるかを検証します。確認的因子分析は，各項目が測定していると考えられている心理（因子）を想定します。潜在変数を仮定する必要があるため，確認的因子分析は共分散構造分析が必要となります。

　HAD で確認的因子分析を行うためには，**「ソルバーオン」**バージョンのファイルをダウンロードしなければなりません。ソルバーオンバージョンを使用する際，セキュリティの関係でファイルのエラーが出る可能性がありますが，適切な設定をすれば問題なく使用できます[8]。

サンプルデータ

　因子分析のサンプルデータは，「？？尺度」という仮想の心理尺度を測定した 200 名の調査データです。15 項目あり，3 つの下位概念に分かれることを想定して作成されました。因子分析は推測統計ではありませんが，因子構造の仮説を立てます。そのため，今回は，以下の仮説を立てました。

仮説：「？？尺度は，3 因子構造になるだろう。」

○**使用するサンプルデータ：「因子分析（因子・確認的）」シート**
※データは著者が作成した架空のものです。分析結果を信用しないようにして下さい。

---

8) Mac でソルバーオンバージョンの HAD を開こうとしてもエラーが起こり開くことができません。清水先生によれば，HAD は Windows で開くか，ソルバーオフバージョンを使ってください，とのことです。

分析方法

1 清水先生のHP（https://norimune.net/had）にアクセスし，「HADのダウンロード」をクリックする。

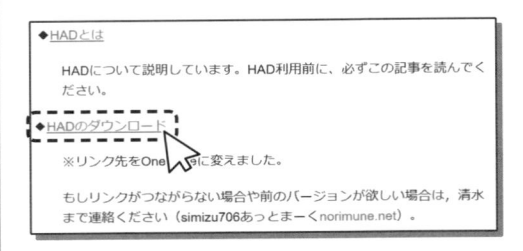

2 「HAD18」をクリックする。

3 「HAD18on ソルバーオン ver」をクリックする。

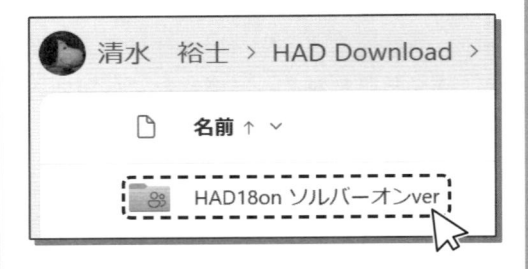

4 「HADon18_005.xlsm」をチェックし，「↓ ダウンロード」をクリックしてファイルをダウンロードする。

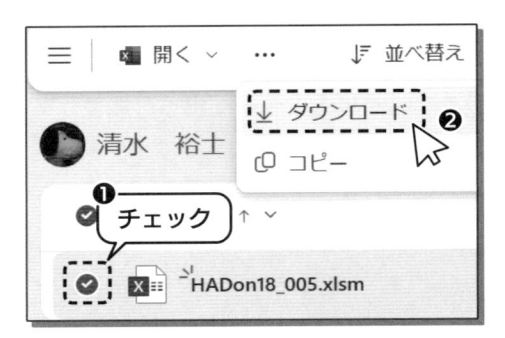

確認的因子分析を行う

5 ファイルを開いて，「データ」シートにデータをコピペし，データの読み込みをする。

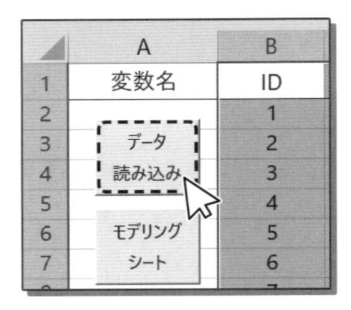

6 ファイルを開いたときに以下のエラーが出た場合，「OK」をクリックした上で，pp. 245-246 に掲載されている方法で設定を変える。

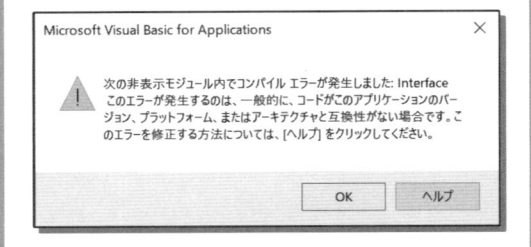

7「使用変数」をクリックする。

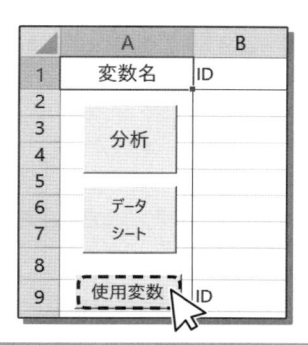

8使用する変数をドラッグしながら選択し，「追加→」をクリックする。

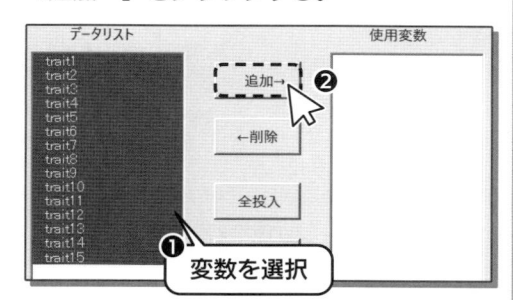

9使用する変数が「使用変数」の欄に移動したことを確認したら，「OK」をクリックする。

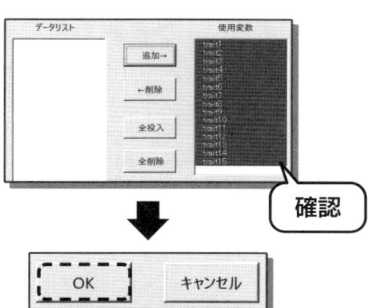

10「因子分析」をチェックする。

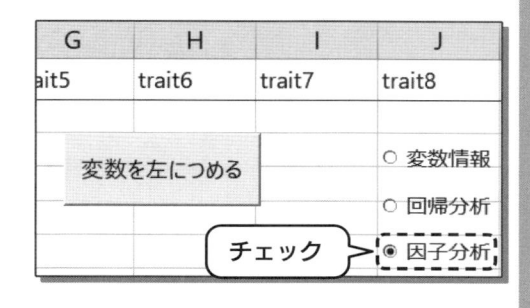

11「モデル保存」の右にある「構造方程式モデル」をクリックする。

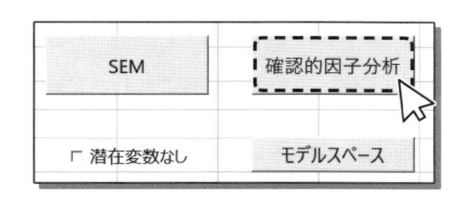

12「確認的因子分析」をクリックする。

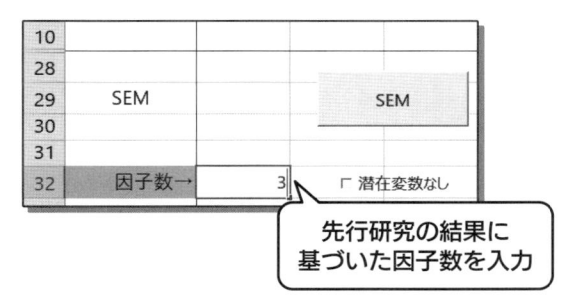

13「因子数→」の右隣のセルに，先行研究の結果から予測される因子数を入力する（今回は 3因子構造）。

14 モデルスペースをクリックする。

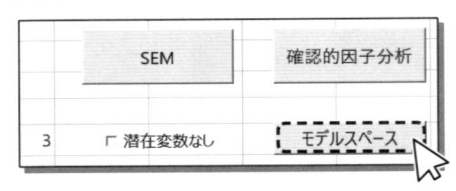

15 モデルスペースの説明。

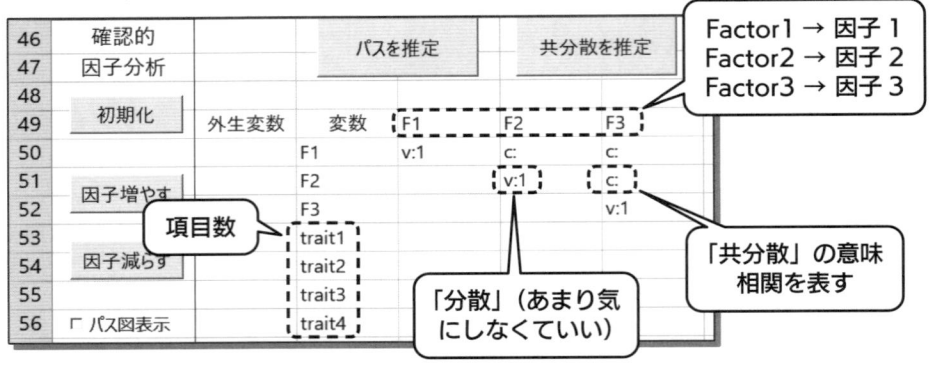

Factor1 → 因子 1
Factor2 → 因子 2
Factor3 → 因子 3

項目数

「分散」（あまり気にしなくていい）

「共分散」の意味 相関を表す

16 「v:1」や「c:」は，因子間相関を算出することを意味している。

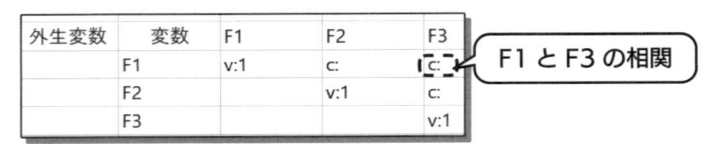

F1 と F3 の相関

17 第 1 因子に含まれると予測される項目（今回は trait1 ～ trait5）の「F1」列のセルを選択し，「パスを推定」をクリックする。

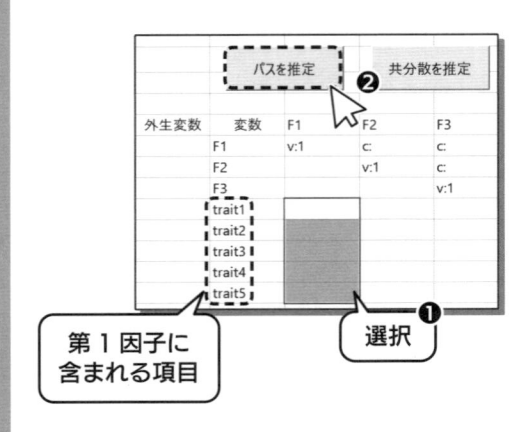

第 1 因子に含まれる項目

選択

18 同様に，第 2 因子（trait6 ～ 10）と第 3 因子（trait11 ～ 15）に含まれる項目を選択し，「パスを推定」をクリックして「p:」を入力する。

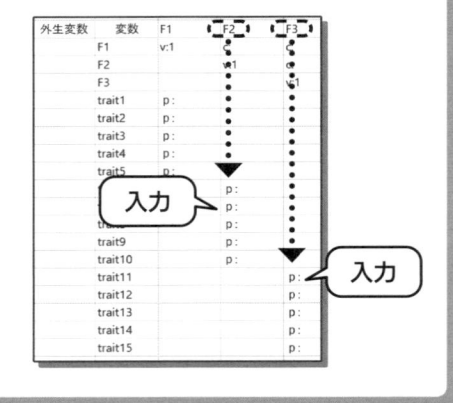

入力

入力

⓳「モデルチェック」をクリックする。

⓴「外生変数」の下のセルに○が出たことを確認する（○が出ない場合は何か間違えているためこれまでの工程を確認する）。

㉑「パス図表示」をチェックすると，パス図が表示される（ただし，今回表示されるパス図は体裁が整っていないので，分析結果に図示するときは見やすいように編集が必要）。「パス図表示」のチェックを外すと，図は消える。

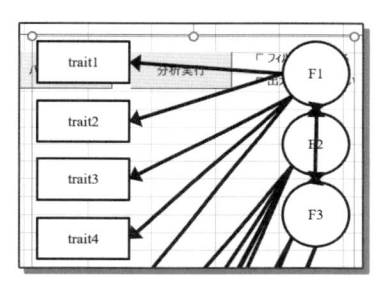

㉒「因子得点」をチェックする。

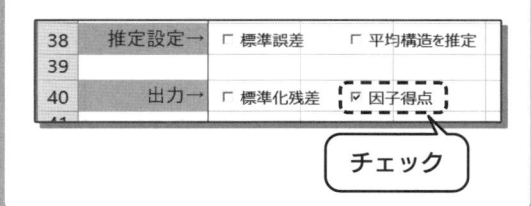

㉓「分析実行」をクリックする。

分析結果の見方

モデルの適合度

モデル適合度		
	推定	独立
χ2乗値	98.767	1878.214
df	87	105
p 値	.183	.000
CFI	.994	
RMSEA	.026	
SRMR	.038	
GFI	.944	
AGFI	.923	
AIC	164.767	
BIC	273.611	
CAIC	273.776	

見るべきところ

適合度を判断する指標

- χ^2 値と p 値：p 値が **0.05 以上**（非有意）でモデルの当てはまりが良い。
- CFI（Comparative Fit Index）：**0.95 以上**の値でモデルの当てはまりが良い。
- RMSEA（Root Mean Square Error of Approximation）：**0.05 以下**であればモデルの当てはまりが良く，0.10 以上であればモデルの適合は良くない。
- SRMR（Standardized Root Mean Squared Residua）：**0.05 以下**であればモデルの当てはまりが良く，0.10 以上であればモデルの適合は良くない。
- GFI（Goodness of Fit Index）：値が 1 に近いほど当てはまりがよい（0.90 以上が望ましい）でモデルの当てはまりが良い。
- AGFI（Adjusted Goodness of Fit Index）：値が 1 に近いほど当てはまりがよい（0.90 以上が望ましい）。「**GFI ≧ AGFI**」であり，GFI に比べて AGFI が著しく低下するモデルはあまり好ましくない。
- AIC（Akaike's Information Criterion）と BIC（Bayesian Information Criterion）：複数のモデルを比較し，最も良い適合度のモデルを探す際に使う指標。**数値が低い**ほど，より良い適合のモデルとみなされる。
- CAIC（Consistent Akaike's Information Criterion）：複数のモデルを比較し，最も良い適合度のモデルを探す際に使う指標。**数値が低い**ほど，より良い適合のモデルとみなされる。**標本数が非常に大きい時**に参照する。

因子負荷量

太字になった数値で各項目が
どの因子に含まれるかが分かる

因子パターン

項目	Factor1	Factor2	Factor3	共通性
trait1	**.844**	.000	.000	.712
trait2	**.802**	.000	.000	.643
trait3	**.821**	.000	.000	.674
trait4	**.815**	.000	.000	.665
trait5	**.803**	.000	.000	.644
trait6	.000	**.761**	.000	.579
trait7	.000	**.785**	.000	.617
trait8	.000	**.820**	.000	.672
trait9	.000	**.797**	.000	.634
trait10	.000	**.818**	.000	.669
trait11	.000	.000	**.808**	.653
trait12	.000	.000	**.834**	.695
trait13	.000	.000	**.806**	.650
trait14	.000	.000	**.817**	.668
trait15	.000	.000	**.790**	.624

見るべきところ

各因子の信頼性係数（α係数）

信頼性係数　※α係数とω係数は太字の項目から計算（負荷量が負のものは逆転）

	Factor1	Factor2	Factor3
α係数	.909	.896	.906
ω係数	.910	.897	.906

見るべきところ

因子間相関

因子間相関

	Factor1	Factor2	Factor3
Factor1	1.000	-.019	-.027
Factor2	-.019	1.000	-.089
Factor3	-.027	-.089	1.000

見るべきところ

表の作成方法

　確認的因子分析では，予測と一貫しなかったとき以外，必ずしも因子負荷量の表を結果に載せなければならないということはありません。

　表を作成する際には，本章第 1 節を参照してください。

分析結果の書き方

仮説：「？？尺度は3因子構造になるだろう。」

【確認的因子分析および信頼性分析の内的一貫性が十分だった場合】

因子分析の結果を Table 1 に示す。？？尺度の15項目における3因子構造モデルについて最尤法を用いた確認的因子分析を行った。その結果，十分に良い適合度が得られたため（$\chi^2(87)$ =98.77, *ns*, CFI = .99, RMSEA = .03, GFI = .94, AGFI = .92）[9]，仮説は支持された。各因子の信頼性係数は，第1因子（α = .91），第2因子（α = .90），第3因子（α = .91）であり，全ての因子において十分な内的一貫性が見られた。よって，第1因子を「因子1」，第2因子を「因子2」，第3因子を「因子3」と名付け，以下の分析に用いた。

> 因子の名称は，項目の内容を踏まえた上で分析者が命名する

【確認的因子分析および信頼性分析の内的一貫性が不十分だった場合】

因子分析の結果を Table 1 に示す。？？尺度の15項目における3因子構造モデルについて最尤法を用いた確認的因子分析を行った。その結果，良い適合度は得られなかったため（$\chi^2(63)$ = 173.73, *p* < .05, CFI = .79, RMSEA = .13, GFI = .84, AGFI = .82），仮説は支持されなかった。

---

9) 適合度指標としては，他にも SRMR や CAIC などありますが，SRMR は RMSEA が表記されていれば問題ありません。また，CAIC はサンプルサイズが非常に大きい場合にのみ参照します。

エラーの対処方法

1 「データ読み込み」をクリックした際，以下のエラーが出た場合は，まず「ＯＫ」をクリックして表記を消す。

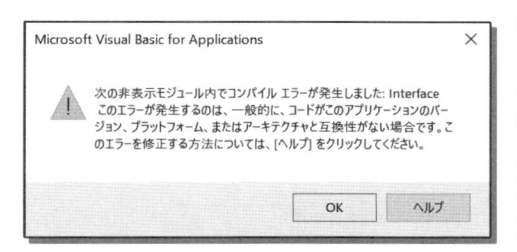

2 Excel の「ファイル」をクリックする。

3 「オプション」をクリックする。

4 「アドイン」をクリックする。

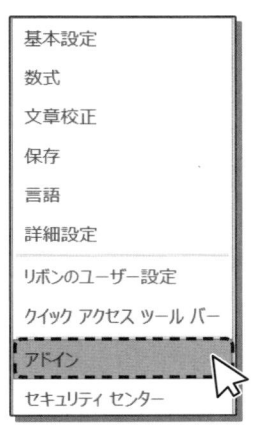

5 下の方にある「設定」をクリックする。

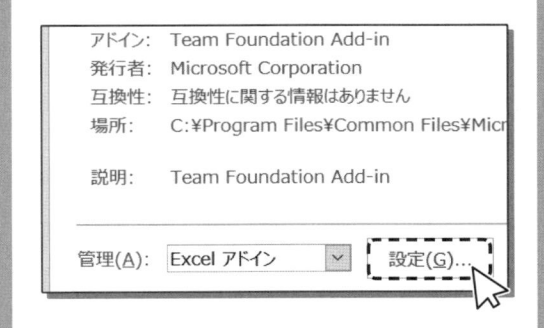

6 「ソルバーアドイン」にチェックを入れて，「OK」をクリックする。

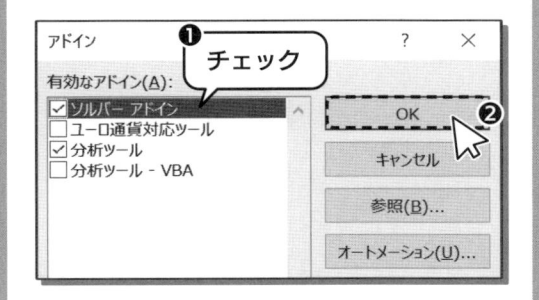

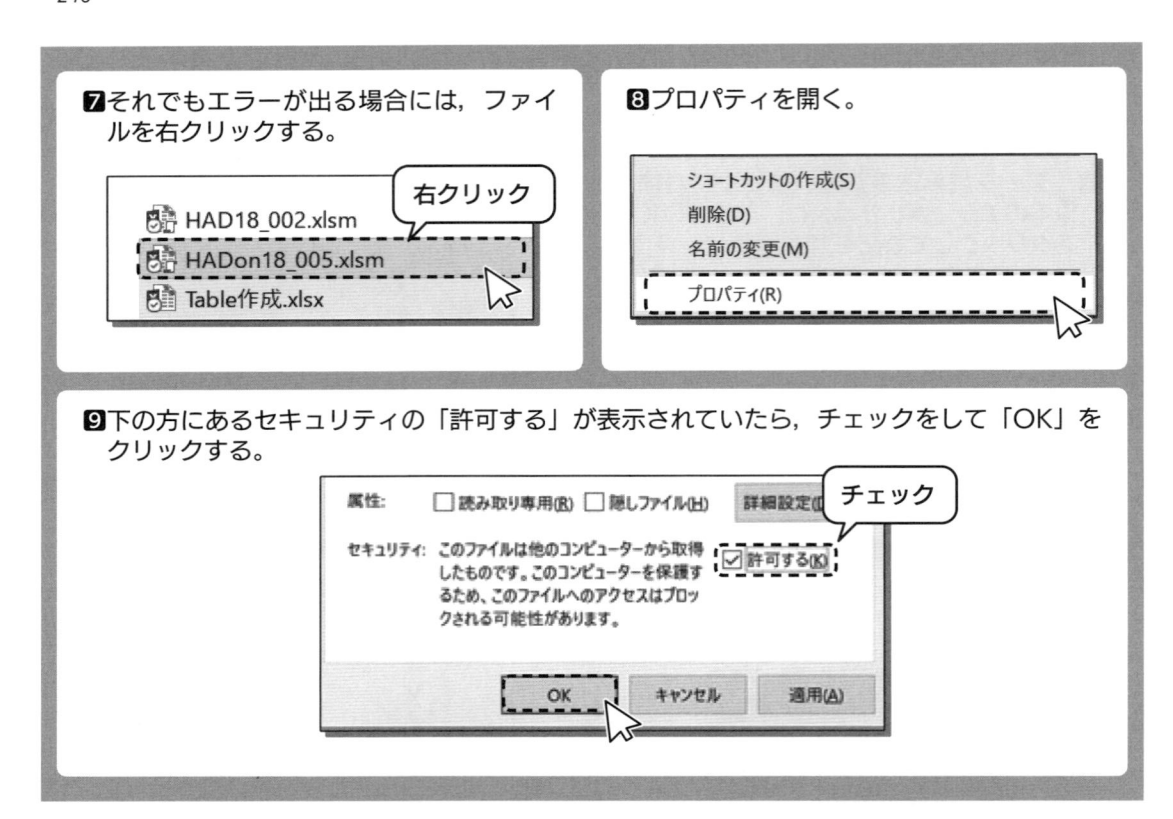

7 それでもエラーが出る場合には，ファイルを右クリックする。

右クリック

🗎 HAD18_002.xlsm
🗎 HADon18_005.xlsm
🗎 Table作成.xlsx

8 プロパティを開く。

ショートカットの作成(S)
削除(D)
名前の変更(M)
プロパティ(R)

9 下の方にあるセキュリティの「許可する」が表示されていたら，チェックをして「OK」をクリックする。

チェック

属性： ☐読み取り専用(R) ☐隠しファイル(H)　詳細設定(D)

セキュリティ： このファイルは他のコンピューターから取得したものです。このコンピューターを保護するため，このファイルへのアクセスはブロックされる可能性があります。　☑許可する(K)

OK　キャンセル　適用(A)

きみ な ら で き る！

索　　引

■ 執筆者紹介

横田晋大（よこた くにひろ）

広島修道大学健康科学部心理学科教授。専門は社会心理学，進化心理学，応用心理学。北海道大学大学院文学研究科博士後期課程修了，博士（文学）。主な著作に，『公認心理師の基礎と実践⑨——感情・人格心理学』（第 9 章担当，遠見書房，2020 年），『システム正当化理論』（第 11 章翻訳，ちとせプレス，2022 年），『進化でわかる人間行動の事典』（「殺す」担当，朝倉書店，2021 年），『紛争と和解を考える——集団の心理と行動』（第 4 章担当，誠信書房，2019 年）など。

広島修道大学テキストシリーズ

フリー統計分析ツール HAD のトリセツ

心理学データの分析から結果のまとめ方まで

2025 年 3 月 15 日　初版第 1 刷発行　　（定価はカヴァーに表示してあります）

著　者　横田晋大

発行者　中西　良

発行所　株式会社ナカニシヤ出版

☎ 606-8161　京都市左京区一乗寺木ノ本町 15 番地

Telephone　　075-723-0111
Facsimile　　075-723-0095
Website　https://www.nakanishiya.co.jp/
E-mail　　iihon-ippai@nakanishiya.co.jp
郵便振替　01030-0-13128

装幀＝鈴木素美／印刷・製本＝ファインワークス
Copyright © 2025 by K. Yokota
Printed in Japan.
ISBN978-4-7795-1840-9